Zhongguo Tese Chaoxianzu Minsu Tiyu Wenhua
Jiqi Duoyuanhua Fazhan Yanjiu

金青云 著

中国特色朝鲜族民俗体育文化及其多元化发展研究

人民出版社

目　录

绪　论 ·· 1

第一章　导　言 ·· 7

　　第一节　问题的提出 ··· 7

　　第二节　研究思路与研究意义 ····································· 10

　　第三节　研究对象与方法 ·· 11

　　第四节　研究基本观点实际应用价值、重点与难点 ········ 16

　　第五节　研究的总体设计 ·· 17

第二章　中国特色朝鲜族民俗体育文化 ······················ 20

　　第一节　朝鲜族民俗的文化生态基础 ························· 20

　　第二节　朝鲜族民俗文化及民俗体育的形成与演化 ······ 25

　　第三节　朝鲜族民俗体育的文化内涵与特质、总体特征 ··· 28

第三章　中国特色朝鲜族民俗体育文化的生活化发展研究 ··· 43

　　第一节　朝鲜族民俗体育文化的生活方式与生活化 ······ 45

　　第二节　朝鲜族民俗体育文化的生活化条件分析 ········· 55

第三节　中国特色朝鲜族民俗体育文化的特征及

　　　　生活化发展的影响因素…………………………………… 65

第四章　"民生"视域下中国特色朝鲜族体育文化发展及路径选择……… 90

　　第一节　"民生体育"的提出及现实意义…………………………… 97

　　第二节　"民生"视域下朝鲜族体育文化发展中存在的问题………… 111

　　第三节　"民生"视域下朝鲜族体育文化的发展………………… 137

　　第四节　"民生"视域下朝鲜族体育文化的路径选择………………… 146

　　第五节　"民生"视域下朝鲜族农村民俗体育文化发展研究………… 157

　　第六节　"民生"视域下朝鲜族民俗体育的生活化发展研究………… 176

第五章　中国特色朝鲜族民俗体育文化产业可持续发展战略研究……… 182

　　第一节　朝鲜族民俗体育文化产业化政策体系构建的思考………… 182

　　第二节　朝鲜族民俗体育文化产业可持续发展战略提出背景………… 187

　　第三节　朝鲜族民俗体育文化产业可持续发展的理论研究………… 192

　　第四节　朝鲜族民俗体育文化产业可持续发展的内容构成………… 198

　　第五节　朝鲜族民俗体育文化产业可持续发展对策………………… 205

　　第六节　朝鲜族特色民俗体育旅游资源开发研究………………… 216

　　第七节　朝鲜族民俗体育文化产业"走出去"战略构想………………… 263

第六章　边缘文化背景下中国特色朝鲜族民俗体育文化传承研究……… 274

　　第一节　边缘文化与民俗体育文化………………………………… 276

　　第二节　朝鲜族民俗体育文化发展的理性思考…………………… 281

　　第三节　边缘文化背景下朝鲜族民俗体育文化发展策略…………… 287

后　记　…………………………………………………………………… 292

绪 论

　　文化传统就像故乡、家乡一样，和每个人都有千丝万缕的联系，从而吸引着人们去探索其来龙去脉。作为生活文化的民俗也是如此，因为它是人们赖以生存、繁衍，得以存续的基本方式。研究民俗文化的存在面貌、源流和多元化发展，对于认识一个民族的发展形态及其未来发展具有重要意义。

　　本书全面系统地审视朝鲜族民俗体育文化，发掘朝鲜族民俗体育的诸多层面，解析它们的文化特征和本质，对朝鲜族民俗体育所凝聚的社会文化内蕴和朝鲜族民俗体育之发展趋势，特别是朝鲜族民俗体育文化所具有的中国特色作尝试性的探索，以求得到合理的科学结论，为朝鲜族民俗体育文化的保护与传承提供坚实的基础。同时，围绕"立足现实，关注民众，贴近民生"的主旨对朝鲜族民俗体育给予正确、合理的学术定位，使朝鲜族民俗体育逐渐向"民生化""生活化""产业化"等多元化方向发展的切实可行的决策和实施方案。本成果的主要内容和重要观点如下：

　　第一，以较为宽广的视野审视朝鲜族民俗的文化生态基础，即作为其创造主体的中国朝鲜族的形成及其分布和朝鲜族民俗体育所植根的民族传统和文化环境，从朝鲜族迁入初期入手，概括朝鲜族民俗体育文化形成与演化，分析朝鲜族民俗体育的文化内涵、特质与功能。

　　从历史上看，朝鲜族的形成大体上始于明清之交，是以1910年间迁入的移民为基础，以1910—1945年间迁入的移民为主体而形成的，朝鲜族主要集中分布在东北三省。

自从朝鲜族迁入我国以来，能够很好地保存和传承自己的民族文化，包括固有的民俗体育文化。究其原因和条件，主要有如下几个方面：首先，因为形成了拥有一定人口的较为稳固的民族聚居区。这是一个民族构建共同体，以保障民族生存、守护民族体育文化的基石。其次，因为朝鲜族作为由 56 个民族组成的民族大家庭中的一员，作为先进的文化民族，获得了堂堂正正的主人公地位。朝鲜族从迁入我国的那时起，同各兄弟民族一道，为开发和建设东北地区流下了辛勤的汗水，为中华民族的解放事业，为创建新中国，付出了巨大牺牲，作出了重大贡献。再次，中国共产党的民族政策，给朝鲜族保存和继承发扬自己的民族体育文化提供了重要保证；党和国家保护少数民族文化的各种措施给朝鲜族民俗体育文化的保存和传承形成了良好的文化环境。

朝鲜族又同中国的其他兄弟民族共同生活在中华文化大环境中，朝鲜族的生活文化既具有朝鲜民族的固有特点，又具有作为中华民族成员的文化特点。其文化一直兼具"二重性"的特点。这种特点不仅仅凸现于文学领域，而且成为体育、艺术等各个领域的共同现象。它在自身的发展过程中，逐渐形成朝鲜族民俗体育文化的总体特征与中国特色，集中体现在历史传承性、民族地域性、时代演变性、浓郁观赏性这四个方面。

随着朝鲜族在中国逐渐形成一个民族群体，朝鲜族民俗体育文化开始生根发芽。对于其起源学术界有诸多不同的观点：一是通过古代与周边国家的文化往来从外传入并逐渐成为朝鲜族民俗体育项目（秋千、象棋）；二是朝鲜民族固有的、从民族内部的各项信仰活动和物质生产劳动中产生的、独特的民俗体育活动（跳板、拔河、射箭）。

朝鲜族民俗体育在人类社会化进程中所具有独特的文化象征意义和符号阐释。如，象棋运动规则象征着和谐而均衡的民族生存意识和疆土保护意识；摔跤运动象征着男性勇敢、刚毅的气质和追求和谐、共生的文化选择和心理趋向；拔河运动透射出朝鲜族团结向上的文化心理特征；秋千运动反映出朝鲜族女性独特文化审美趋向和积极向上与自然、命运抗争的文化心理；跳板运动折射出朝鲜族女性敢于抗争封建束缚、渴望自由的美好愿望；弓箭运动透射出朝鲜族独特的思维方式、处世哲学和军事战略思想等。

第二，以生活化的视角审视、概括、开发朝鲜族民族民俗体育，把中国特色朝鲜族民俗体育中的优良传统与现代社会的发展趋势有机结合起来，充分发掘朝鲜族民俗体育中具有优势的要素，让其走入生活。在弘扬传承朝鲜族民俗体育文化的同时形成生活化，让更多的人认识到它的社会价值和文化价值。

从体育的生活方式与生活化入手，了解体育生活化要通过完善体育生活方式来实现，良好的体育生活方式能够促进体育生活化的形成与发展。进而分析朝鲜族民俗体育生活化的历史必然性，即朝鲜族民俗体育文化传承的重要性、民俗体育的多元功能、民俗体育本身的生活化内涵、朝鲜族民俗体育生活化的发展需要等。

围绕朝鲜族民俗体育的特征及生活化运行的影响因素进行了分析。从中国特色朝鲜族民俗体育生活化运行的条件入手，重点对影响民俗体育生活化的政治条件、经济条件、文化条件等方面进行分析。并以民俗体育的内、外部特征为基础，探讨朝鲜族民俗体育的特点。今后应充分发挥政府的主导作用，推进生活化进程、加快相关配套法规实施的进程、加大民族教育力度、开发和导入朝鲜族民俗体育课程、在传承中发展朝鲜族民俗体育文化等中国特色朝鲜族民俗体育生活化运行的策略。

第三，以民生问题为切入点，以民生体育为主线，运用其相关理论知识，阐述了中国朝鲜族体育文化发展中凸显的民生问题，寻求民生视域下中国朝鲜族体育文化的多元化发展的路径。

从"民生""民生体育"提出的理论背景入手，提出"民生体育"建设的现实意义。阐述了少数民族地区公共体育资源配置、弱势群体体育保障、退役运动员安置、少数民族地区青少年体质下降等中国朝鲜族体育文化发展中凸显的民生问题。

对中国朝鲜族体育文化的建设，一方面需要促使体育管理部门转变政府职能，按照科学发展观，统筹兼顾的原则，开展朝鲜族学校体育、群众体育和竞技体育以及民俗体育，使其得以全面、协调、平衡可持续发展；另一方面需要在民生视域下，切实解决公平和效率问题，构建面向大众的多元化体育服务体系，开展丰富多样的少数民族地区全民健身活动，增强人民体质，让人民分享体育发展成果、享受体育带来的健康和快乐，走一条"立足现实，关注民众，贴近民生"的独具中国特色的朝鲜族民俗体育文化之路。提出"民生"视域下中国特色朝鲜族体育文化独特的发展路径。

围绕新农村建设背景下对中国朝鲜族民俗体育文化发展进行了分析，发现朝鲜族农村在农民参与民俗体育活动的积极性、学校教育对民俗体育活动的支撑等方面存在诸多问题。在此基础上，通过宣传增强农民参与民俗体育活动的意识、集思广益进一步开发朝鲜族农村民俗体育文化、立足现实开拓农村民俗体育产业化发展新途径、依托学校教育培养农村民俗体育文化传承力量等方案，提出新农村建设背景下延边少数民族地区朝鲜族农村民俗体育文化发展的理性思考。

此外，对朝鲜族农村民俗体育文化的载体及其渊源进行进一步探索，朝鲜族民俗体育运动的起源主要来自于朝鲜族生存过程中的各种物质生产活动、原始宗教礼仪和祭礼等信仰活动和岁时风俗之中等历史记载。如，朝鲜族传统名剧《春香传》，也从端午节春香荡秋千的故事说起。关于秋千的历史，在《宋史·高丽传》时早有记载；摔跤有关的最早的文献记载于1454年《高丽史》；历史上虽然没有确切记载跳板运动的由来，但相传跳板在"高丽"以前就已经流行了。

第四，通过产业政策引导和推动其产业化发展，围绕以民俗走向市场，成为民族区域经济发展的新增长点；以关注民众的物质与精神生活，帮助决策机构寻找一个切合点，在弘扬朝鲜族民俗体育文化的同时振兴经济，提高民众的经济生活水平；从理论系统上探索和回答我国朝鲜族民俗体育文化产业发展的科学性；加快民族地区经济社会发展，增进民族团结和和谐社会建设。

2001年3月8日，延边搭上了中国"西部大开发"这趟快车。回顾之后10年的发展，朝鲜族体育事业取得了前所未有的辉煌成绩；2009年8月，国务院正式批复《中国图们江区域合作开发规划纲要——以长吉图为先导区》，使图们江区域成为迄今唯一一个国家批准实施的沿边开发开放区域。从政策层面看，延边区域享受西部大开发、民族区域自治、图们江区域开发等多项优惠政策于一身，这将为朝鲜族体育文化产业的发展带来新的机遇和挑战。

从中国特色朝鲜族民俗体育文化产业化政策体系构建的前瞻思考入手，从政策、文化资源、文化安全等层面探索中国特色朝鲜族民俗体育文化产业可持续发展，提出中国朝鲜族特色民俗体育旅游资源开发模式。如，长白山体育旅游资源开发利用模式，重视"跨境旅游"和"冰雪旅游"，让长白山的冰雪概念和独特的冰雪景观成为长白山、中国图们江区域乃至东北地区具有轰动效应的新亮点；通过 SWOT 分析方法，对延边地区环海兰湖体育休闲圈的开发条件与市场前景、环海兰湖体育休闲圈的资源分布特征与开发模式进行分析，制定了中国特色朝鲜族民俗体育文化产业"走出去"战略构想。

第五，从文化哲学的理论层面分析中国朝鲜族社会的文化特性和功能，从政治、经济、文化的视角解释"边缘"的含义，提出朝鲜族社会边缘文化和边缘文化区域的概念，并立足于边缘文化系统的建构，以文化优势为基础，构思实现全方位发展的边缘文化背景下朝鲜族民俗体育文化发展战略。

从边缘文化的形成入手，提出了中国朝鲜族文化具有"文化边缘性"的观点，并以"延边苹果梨"为朝鲜族边缘文化的象征，提出坚持朝鲜族民俗体育的边缘文化发展战略。

提出多元文化共生时代朝鲜族民俗体育文化传承的理性思考。如，朝鲜族民俗体育的现代化调适与变革来促其推广和普及；突出变与不变相统一的原则来实现朝鲜族民俗体育本身"其具有普遍意义的精神和内容是不变的，其具体内容和形式则是变动不居的"目的；推进自治立法保护，开发和导入体育课程的方式，建立健全朝鲜族传统体育监管机制；建立文化"走出去，请进来"的模式，不仅不断调整自己的民族文化结构，使其适应社会的发展，也以民俗体育旅游等为平台，使朝鲜族民俗体育文化向社会化、市场化转型的多种发展模式。

　　本书充分运用政策、区位、民族、资源优势，阐述了朝鲜族民俗体育的文化内涵、结构、特质，从整体上把握和概括朝鲜族民俗体育文化的总体特征与中国特色，且第一次发掘和弘扬朝鲜族优秀的民俗体育文化传统，并对它进行全方位、系统性、综合性的多元化研究，取出精华，提出朝鲜族民俗体育文化的多元化发展的目标定位、基本途径，具有较强的现实针对性和实践中的可操作性。

　　深信《中国特色朝鲜族民俗体育文化及其多元化发展研究》在学术上一定会对中国朝鲜族体育文化研究产生重要影响，并对加快民族地区经济社会发展，增进民族团结和和谐社会建设，为党的民族政策和我国少数民族民俗体育文化事业的发展作出贡献。

金青云
2018 年 9 月 26 日于延边大学

第一章 导 言

第一节 问题的提出

文化传统就像故乡、家乡一样，和每个人都有千丝万缕的联系，从而吸引着人们去探索其来龙去脉。作为生活文化的民俗也是如此，因为它是人们赖以生存、繁衍，得以存续的基本方式。研究民俗文化的存在面貌、源流和多元化发展，对于认识一个民族的发展形态及其未来发展具有重要意义。

中国朝鲜族作为中华民族大家庭的成员之一，在中华大地扎下根，并同其他民族一道在开发、建设和保卫祖国的东北边疆的历史进程中，继承和发扬自己固有的传统文化，保持民族生活方式中的优良传统和民族风格，而且积极吸取和吸收其他兄弟民族的优秀文化，以适应具有中国民族特色的新型生活方式，其文化一直兼具"二重性"的特点。这种特点不仅仅凸显于文学领域，而且成为教育、体育、艺术等各个领域的共同现象。朝鲜族民俗体育文化是朝鲜族民俗文化的重要组成部分，是一种朝鲜族的生活文化，也是朝鲜族人民的宝贵文化财富，更是中华民族民俗体育文化总体的一个有机组成部分，它在自身的发展过程中形成了鲜明的中国特色。

党的十七大明确提出："必须在经济发展的基础上，更加注重社会建设，着力保障和改善民生，推进社会体制改革，扩大公共服务，完善社会管理，促进社会公平正义。"2008 年 9 月 29 日，胡锦涛总书记在北京奥运会、残奥会表彰大会上提出："体育是人民的事业，要着眼于满足人民群众体育需求，为人民提供更多更好的体育公共服务，让人民分享体育发展成果，享受体育带来的健康和快乐，形成健康文明的生活方式。""要继续推进体育改革创新，要发展体育产业，引导更多社会力量兴办体育，促进体育事业和体育产业协调发展。"

党的十八大报告提出："广泛开展全民健身运动，促进群众体育和竞技体育全面发展"，这不仅为我国体育事业的发展指明了方向，也强调了没有健康就没有小康的道理。

同时，习近平同志对我国体育事业寄予厚望，党的十八大以来多次发表重要讲话，强调从全面建成小康社会、实现中华民族伟大复兴的战略高度重视发展体育事业。这为我国体育事业发展提出了明确要求、指明了前进方向，全国体育工作者深受鼓舞。深入学习贯彻习近平同志系列讲话精神，是当前和今后一个时期全国体育系统的重要任务。我们要立足体育事业长远发展，采取具有针对性和实效性的措施，努力实现从体育大国向体育强国迈进的目标。

习近平同志强调："体育是社会发展和人类进步的重要标志，是综合国力和社会文明程度的重要体现。体育在提高人民身体素质和健康水平、促进人的全面发展，丰富人民精神文化生活、推动经济社会发展，激励全国各族人民弘扬追求卓越、突破自我的精神方面，都有着不可替代的重要作用。"这一重要论述，是对新的历史时期我国体育事业进一步改革发展的准确定位，对于我们更加充分地认识体育工作的价值和意义具有重要指导意义。体育系统要从实现"两个一百年"奋斗目标的高度来认识自身所肩负的使命与责任，跳出体育看体育、立足全局抓体育、围绕中心干体育，不断挖掘和充分展现体育的综合社会价值和作用，满足人民群众的体育需求，为全面建成小康社会和实现中华民族伟大复兴中国梦作出独特而积极的贡献。

党的十九大报告中，习近平对于未来五年中国体育产业以及体育事业的发展有重点提及："广泛开展全民健身活动，加快推进体育强国建设，筹办好北京冬奥会、冬残奥会。"意味着在新时代、新思想、新矛盾、新目标的今天，体育产业和体育事业已经站在了新的历史起点，要成为实现伟大复兴中国梦的见证者、参与者和奉献者。

2005 年，国务院办公厅下发《关于加强我国非物质文化遗产保护工作的意见》等，促进我国非物质文化遗产保护工程全面启动。这些是党中央、国务院站在引领中华民族伟大复兴的战略高度，对中国体育未来发展作出的新部署、提出的新目标。意味着体育与生活、体育与民生、体育与产业、民俗体育文化的传承与保护等成为现阶段学术界和人们所关心的焦点与核心问题。

少数民族民俗体育是以农业社会为文化背景的一种体育实践类型，是非物质文化的重要组成部分，是一笔宝贵的文化财富。因而更激发了学术界对少数民族民俗体育研究的满腔热情，将我国民俗体育研究推向了一个更新的高潮。

目前，国内外对民俗体育的研究仍然突出了文化学的视角，逐渐表现出民俗与体育、民俗与游戏相结合的研究趋势。与此相比，纵观中国朝鲜族民俗体育文化研究，皆略滞后。虽然，不少学者和研究生就关于我国朝鲜族民俗体育的现状、原因、影响因素等方面进行了深入细致的研究，取得了许多很有价值的研究成果，为我国朝鲜族民俗体育文化的传承与发展提供了非常有意义的借鉴和思考。但这些研究局限于从文化传承的角度谈论朝鲜族民俗体育，尚属于局部的、战术性的研究。到目前为止没有人全面、科学、系统地发掘朝鲜族民俗体育的诸多层面、解析它们的文化特征和本质，更没有从跨学科、多学科交叉来综合分析朝鲜族民俗体育文化的多元化发展的整体性研究。

为此，本研究围绕"立足现实，关注民众，贴近民生"的主旨，一方面对中国朝鲜族民俗体育进行开拓性的探索，以求得到合理的科学结论，为朝鲜族民俗体育文化的保护与传承提供坚实的基础；另一方面对朝鲜族民俗体育给予正确、合理的学术定位，提出使朝鲜族民俗体育逐渐向"民生化""生活化""产业化"等多元化方向发展的切实可行的决策和实施方案。

第二节　研究思路与研究意义

一、研究思路

中国朝鲜族是中华民族大家庭中的一个具有优秀文化传统的民族，其民俗体育具有独特的地域特点和鲜明的民族特征，表现为民族文化的多种特质，具有历史性、传承性、区域性、文化性等特点。审视、把握和概括、开发少数民族体育文化资源；围绕以民俗走向市场，成为民族区域经济发展的新增长点；走一条"立足现实，关注民众，贴近民生"的中国特色的朝鲜族民俗体育文化及其多元化发展模式。

二、研究意义

目前，200多万的朝鲜族人民散居在全国各个省市，主要集中在黑龙江、吉林和辽宁省，延边朝鲜族自治州是我国最大的朝鲜族聚居区。2001年3月8日和2009年8月30日，延边分别享受"西部大开发"和《中国图们江区域合作开发规划纲要——以长吉图为先导区》政策。

本研究充分运用政策、区位、民族、资源优势，阐述了朝鲜族民俗体育的文化内涵、结构、特质，从整体上把握和概括朝鲜族民俗体育文化的总体特征与中国特色，在一定程度上填补学术界对朝鲜族民俗体育研究的空白点；帮助决策机构寻找一个切合点，在弘扬朝鲜族民俗体育文化的同时，呼唤民生、振兴经济、提高民众的经济生活水平；从理论系统上探索和回答中国特色朝鲜族民俗体育文化的多元化发展的科学性，为把握朝鲜族民俗体育发展脉络、加快民族地区经济社会发展、增进民族团结和和谐社会建设，对党的民族政策和我国少数民族体育文化事业的发展具有一定的现实意义和价值。

第三节　研究对象与方法

一、研究对象

至 21 世纪 20 年代，中国朝鲜族主要集中在吉林和黑龙江以及辽宁三省，占全国朝鲜族总人口的 92%，其中居住在延边朝鲜族自治州的朝鲜族人口为 83 万，占全国朝鲜族总人口的 43%。另外，朝鲜族人口超过 1 万人以上的省市分别是山东、北京、上海、内蒙古、天津、广东。[①] 本文将把中国朝鲜族民俗体育文化列为研究对象。

二、研究方法

（一）总体构思

从方法论角度探析中国特色朝鲜族民俗体育文化及其多元化的发展。采用定性、定量、定性与定量结合的方法分析调查资料，阐明观点。本着"实事求是、自下而上、洋为中用、中西结合"的原则，吸取国内民俗体育文化及其多元化发展方面的理论与成功经验，结合我国朝鲜族的具体情况加以利用和发展。

（二）主要研究方法

1. 田野作业方法

采用问卷调查和实地走访、访谈相结合的形式，在东北三省及朝鲜族自治州、自治县、朝鲜族乡镇（43 个）等地点进行田野调查，取得第一手材料；并

---

① 朴胜镇：《中韩建交对朝鲜族人口流动的影响》，《黑龙江民族丛刊》2013 年第 2 期。

采用"参与法"，深入到被调查的群众之中，从生活方式的参与，进而到文化心理、民族意识的参与。

2. 文献法

通过中国学术期刊网（CNKI）中的中国期刊全文数据库（CJFD），查阅了 1994—2013 年间的民俗、文化、生活、民生、产业、体育史学、朝鲜族体育等方面的相关文献两千余篇，并对其进行分类、归纳、分析与综合。

3. 数理统计法

对大量的调查结果进行数据处理，保证最终成果的科学性。

4. 逻辑分析法

从文化人类学、民族学、生态学、社会学、心理学等多角度探讨朝鲜族民俗体育产生的社会基础和民俗体育文化的生活化、民生化、产业化以及传承与保护等过程，力求论证充分，考证严谨，论点具有建设性。

5. 调查法

（1）访谈调查法

访谈调查是通过交谈收集资料的方法。是研究者通过与被访问者进行口头交谈的方式收集调查资料的一种研究方法，是社会调查的常用方法。①

为了进一步了解朝鲜族民俗体育文化发展状况及基层对它的重视、普及、推广等方面的情况，笔者对部分体育界的专家（学者）、教练进行了访谈，并进行了实地调查和观摩教学。主要访谈人员有：延边州政协委员体育学博士金昌权、延边大学民族体育学教授姜允哲、吉林省跳板队主教练金民英、吉林省秋千队主教练李春梅、吉林省摔跤队主教练李雪峰、延边州体育局副局长朴永哲、延边州体育局群众处处长金虎峰、全国少数民族运动会秋千冠军边海燕等。

专家、教练员的呼声反映了他们对朝鲜族民俗体育的一份热爱和责任。他们希望国家有关部门采取一系列措施来保护这些传统体育项目，保护专业人

---

① 张力为：《体育科学研究方法》，高等教育出版社 2002 年版，第 195 页。

才，避免人才流失。访谈中还了解到一些体育专家、学者，虽然在实践中并没有更多深入思考和专门研究朝鲜族民俗体育项目对人的发展以及对民族社会化发展所具有的价值和作用，但已经意识到这些传统项目具有的独特的教育价值和功能。其中，姜允哲等教授提议，要把朝鲜族民俗体育项目纳入到学校体育课程中；金昌权博士在2016年延边州政协第十二届四次会议中还专门提出"政府应重视朝鲜族传统体育"等提案。

（2）实地调查法

对东北三省部分朝鲜族学校（主要延边地区）、体育运动学校、各市县文体局、体育活动中心、社区、农村等地方进行了观摩与实地调查。

（3）个案研究法

个案研究是指对某种类型单一案例的深入调查。为了进一步了解朝鲜族民俗体育的现状、存在问题、今后发展方向等问题，特意采访了金昌权博士。下面选一个案进一步分析。

个案：延边州政协委员金昌权博士（时间：2016年1月12日）

问：您认为朝鲜族体育的传统意义是什么？

答：朝鲜族民俗体育作为中华民族传统体育的重要组成部分，具有悠久的发展历史，包含着朝鲜民族历史与文化，并且对挖掘朝鲜族文化资源具有很大的价值与意义。

问：目前发展朝鲜族民俗体育中所存在的问题是什么？

答：虽然距离2011年6月颁布的《延边朝鲜族自治州保护和发展朝鲜族传统体育条例》（以下简称《条例》），已有近5年的时间，但延边朝鲜族自治州政府对于如何挖掘、保护、传承等方面的重视还不够，尤其是朝鲜族传统体育后备人才的匮乏是最大的问题。据调查，目前从事朝鲜族摔跤运动的专业运动员仅有12人；开展朝鲜族秋千项目的学校共8所，其中小学4所，中学4所，再加上由于受北方天气影响，冬季无法完成正常的教学与训练。

问：今后对它的发展有何建议？

答：政府应提起足够的重视。严格按照《条例》的规定执行，并且在小学、中学、大学中广泛的开展。

除金昌权博士的访谈个案以外，笔者经过走访了解了有关部门的官员和专家学者，其主要观点整理如下：

管理层的态度：严格遵守和坚持国家相关部门的要求，但在对朝鲜族民俗体育项目传承问题等方面还是存在执行力度不够等问题，因此，应重视选材，从小学开始应开设朝鲜族民俗体育项目。

专家、学者的态度：表现出应该且必须传承朝鲜族民俗体育的积极愿望和迫切心情。希望能够在力所能及的情况下在中小学逐步开展朝鲜族民俗体育项目，保持和继承本民族优秀的文化遗产。

运动员的态度：民俗体育应该从娃娃抓起，从小重视基本技术、技能，另外，缺乏人才是最关键的核心问题。

（4）问卷调查法

①工具：设计了《中国特色朝鲜族民俗体育发展研究》《中国特色朝鲜族民俗体育文化的生活化、民生化、产业化发展研究》《休闲限制》《休闲动机》《主观幸福感》《体育行为》等与本课题相关的问卷。

②问卷的效度

内容效度：是指一个测验的内容代表它所要测量的主题的程度。① 对于问卷的内容效度检验，本论文根据"专家咨询评价法，就是聘请与本论文相关的专家、教授对问卷问题进行逐条审核，检验其是否切题、明确。以多数专家（80%以上）意见为合格"② 的原理进行问卷内容效度的检验。

结构效度是指问卷调查（或测验）的结果（调查数值或测值）与问卷中问题的某种结构特征（或规律性）之间的对应程度。如完全（或大多）对应符合，则表明问卷（或测验）的结构效度较高。本研究根据调查主题及问题类别，请12位专家逐一判断每一个问题和各类问题项目构成的总体结构是否与调查主

---

① 张力为：《体育科学研究方法》，高等教育出版社 2002 年版，第 108 页。

② 陈小蓉：《体育科学研究原理与方法》，北京体育大学出版社 2001 年版，第 99 页。

题一致性程度。专家们对判断问题的分类正确率均超过 90% 以上。这符合"专家判断问题的分类，正确率达 80% 以上，且总体结构与调查主题相符合，则问卷的结构效度是有效的"① 这一普通社会调查问卷的结构效度检验理论。

③问卷的信度

信度是效度的基础，效度是信度的目的，两者高度统一。

信度：指同一个问卷对同一组调查对象进行两次调查所得答案结果的一致性程度，即说明所回收答案的可靠程度。信度检验的目的在于检验问卷答案的稳定性。一般采用"重测信度法"，即将同一份问卷在不同的时间（一般相距为 15 天左右）里交同一批调查对象各填写一次，然后逐人（份）逐条求其相关系数（R），凡相关显著者则可信度就高，反之可信度就低。对其相关关系不显著的问句应作修改或删除。根据这一理论，根据"以第一次测量结果为准，第二次测量用以计算测量结果的相关关系"② 和"回答问卷后计算两次问卷材料（得分或比例）的相关系数"，进行显著性检验。检验结果，相关系数均在 0.9 以上，在 0.05 水平上表现出显著性意义。

④抽样方法

研究表明，"抽样误差在一定程度内与样本对象的数量没有关系，而只同总体对象的分布和抽样方法有关系"，③ 本研究为保证样本对于总体的代表性，采用了判断抽样方法，通过朝鲜族体育专家、学者凭自己的经验作判断，决定样本的选择，它是一种非概率抽样。这种方法对于"同性质程度高而我们又熟悉的总体，都是方便可行"。④

⑤问卷调查实施过程

根据调查对象、调查内容及调查范围等实际情况，实际调查时间为 2012 年 7 月至 2013 年 6 月期间。其具体步骤如下：对调查人员进行培训，详细说

---

① 张力为：《体育科学研究方法》，高等教育出版社 2002 年版，第 108 页。
② 陈小蓉：《体育科学研究原理与方法》，北京体育大学出版社 2001 年版，第 99 页。
③ 鲁洁、吴康宁编著：《教育社会学》，人民出版社 1991 年版，第 40 页。
④ 鲁洁、吴康宁编著：《教育社会学》，人民出版社 1991 年版，第 40 页。

明问卷的内容及填写方法；调查人员到实地完成发放后，尽量当场进行回收；对回收的问卷，由本人逐一检查，以判断录用还是剔除，确定可以利用的有效问卷。

第四节　研究基本观点实际应用价值、重点与难点

一、研究基本观点与实际应用价值

（一）观点与理论创新

基本观点是通过收集和调查实证，全面分析朝鲜族民俗体育的形成及其分布和它所植根的民族传统和文化环境；探究朝鲜族民俗体育在自身发展过程中遇到的文化选择及由此产生的新的文化组合机制、朝鲜族民俗体育文化的总体特征；围绕党中央、国务院对中国体育的发展提出的新部署、新目标，提出朝鲜族民俗体育向产业化发展的决策和实施方案，讨论特色、优势和局限性，并对它给予正确的学术定位，提出全局意义上中国朝鲜族民俗体育文化的多元化发展的谋略与策划。

本研究的创新之处在于，第一次发掘和弘扬朝鲜族优秀的民俗体育文化传统，并对它进行全方位、系统性、综合性的多元化研究，取出精华，提出朝鲜族民俗体育文化及多元化发展的目标定位、基本途径，具有较强的现实针对性和实践中的可操作性。

（二）实际应用价值

本课题的研究，概括起来有以下几个方面的实际应用价值。从本源上探寻中国特色朝鲜族民俗体育文化及其在多元化发展中所遇到的问题，为中国朝鲜族体育文化的传承与发展的研究奠定理论上的基础；进一步挖掘和整理中国朝

鲜族体育文化宝库，掌握和发现现阶段朝鲜族体育的特点和规律，对区域经济的发展具有一定的现实意义和价值；为宣传和弘扬中国少数民族政策与少数民族体育文化的发展提供有效资料。

二、研究重点与难点

（一）重点

把握和概括朝鲜族民俗体育文化的总体特征与中国特色，提出朝鲜族民俗体育向生活化、民生化、产业化等多元化发展的决策和实施方案，科学地确定多元文化生态环境下朝鲜族民俗体育保护和发展的基本思路与发展战略，从总体上把握中国特色朝鲜族民俗体育文化的多元化发展脉络。

（二）难点

在有限的时间内做多个地域的田野调查，全方位地收集相关资料，并进行多学科的交叉与综合研究。

第五节　研究的总体设计

本研究紧紧围绕"中国特色朝鲜族民俗体育文化及其多元化发展研究"这一总论题，共分三个部分组成。其研究框架流程如图 1—1 所示：

第一章：导言部分。主要围绕问题的提出、研究思路与研究意义、研究对象与方法、研究的基本观点与实际应用价值、重点与难点、研究的总体设计等几个问题展开概述。

第二章：中国特色朝鲜族民俗体育文化。

第一节：中国特色朝鲜族民俗的文化生态基础部分。论述了中国朝鲜族的

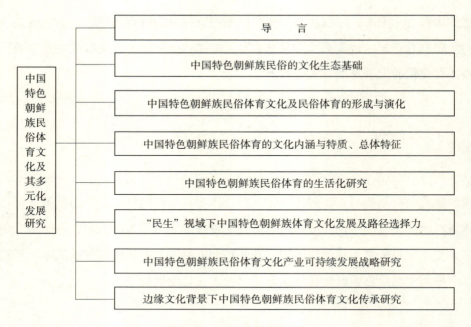

图1—1 研究的总体设计

形成及其分布、文化渊源、自然文化环境等方面，为本研究提供理论支撑。

第二节：中国朝鲜族民俗体育的形成与演化部分。该章从中国朝鲜族迁入初期入手，对新中国成立前、新中国成立后特别是改革开放以后的朝鲜族民俗体育文化形成与演化等方面进行全面的整理与分析。

第三节：中国特色朝鲜族民俗体育的文化内涵、特质与总体特征的研究部分。本节从中国朝鲜族民俗的构成及文化内涵入手，对中国朝鲜族民俗体育文化的基本概况、文化特质与文化象征以及朝鲜族民俗体育的总体特征与中国特色等方面进行全面而系统地分析。

第三章：中国特色朝鲜族民俗体育文化的生活化发展研究。主要围绕朝鲜族民俗体育的生活化与生活方式、生活化运行的文化条件、生活化运行的特点及存在的问题、生活化运行策略等方面进行分析。

第四章："民生"视域下中国特色朝鲜族体育文化发展及路径选择部分。本节主要阐述了"民生"体育的提出及现实意义、朝鲜族民俗体育领域内凸显的民生问题、"民生"视域下朝鲜族体育文化的发展及路径选择等。

第五章：中国特色朝鲜族民俗体育文化产业可持续发展战略研究部分。主要提出中国特色朝鲜族民俗体育文化产业可持续发展战略的提出背景、理论研究、内容构成、实施、朝鲜族民俗体育旅游资源开发、朝鲜族民俗体育文化"走出去"战略构想等。

第六章：边缘文化背景下中国特色朝鲜族民俗体育文化的传承研究部分。主要概括和收集了边缘文化与民俗体育文化等相关内容、提出边缘文化背景下朝鲜族民俗体育文化发展的理性思考和传承与发展策略等。

第二章 中国特色朝鲜族民俗体育文化

第一节 朝鲜族民俗的文化生态基础

一、朝鲜族的迁入与民族共同体的形成

朝鲜族是我国 55 个少数民族中具有优秀文化传统的民族之一。以自己的智慧和汗水开拓东北边疆，成为中华民族大家庭的一员。

从历史上看，我国与朝鲜是山水相连的邻邦。两国人民自古以来就相互来往，过境谋生。早在先秦时期，就有不少古朝鲜人在鸭绿江以西地区劳动、生息、繁衍，先后归属箕氏、卫氏朝鲜。[①] 据史籍记载，唐宋时期有许多新罗人流居山东、江苏、浙江等沿海地区，他们的居住地被称为"新罗坊"。自辽代到清朝时期，历代都有众多的朝鲜人迁徙到我国东北地区居住。这些朝鲜人中，大多数为在战争中被俘的战俘和老百姓，也有一部分是越境潜入的流民。然而，明末清初以前移居我国的朝鲜人并没有形成稳定的族群，而是逐渐融合于汉族、满族等民族之中，没能作为民族的独立群体一直延续下来。

---

① 王锺翰：《中国民族史（增订本）》，中国社会科学出版社 2001 年版，第 892 页。

中国朝鲜族是特定的概念，是指作为中国少数民族之一的朝鲜族。我国朝鲜族的形成，大体上始于明清之交。①

明末清初以来，东北地区由于明清战争的破坏，一时野无农夫，路无商贾，土旷人稀，生计凋敝。针对这种情况，清廷曾颁布《招民开垦令》鼓励流民开垦土地。当时，朝鲜的"穷黎之在惠山、茂山等处者，越江结舍垦田，络绎往来"。②

朝鲜降兵和俘虏以及流民成为清朝时期最早在我国东北定居的朝鲜族先民。如现今辽宁省本溪县山城子乡、盖州市陈屯乡等地"朴姓"村屯的村民们就是他们的后裔。③ 从以上的历史记载中可以判断明清之交是形成中国朝鲜族的历史源头。

明清之际开始的朝鲜人的迁入，形成了3次移民大潮。

第一次的移民大潮发生在19世纪中叶至1910年之间。这时期迁入的朝鲜人主要是因经济原因移居的难民和流民。

当时的朝鲜受到连续发生严重自然灾害的影响，民不聊生，生计凋敝。尤其是1860年的北关水灾使得朝鲜北部10多个郡邑全部被洪水淹没，又如，1869年和1870年朝鲜北部地区发生前所未有的特大旱灾，史称"己庚大灾"，致使朝鲜北关饿殍遍野。濒临死亡线上的朝鲜北部难民为了谋求生路，不顾清王朝的封禁令，冒禁犯越，纷纷涌入我国东北地区。④

自19世纪中叶以后，帝国主义列强入侵我国，割占我国的领土，边疆危机日益加深。在这种形势下，清廷为了加强东北边防，逐渐开禁东北，实行"移民实边"政策。在"移民实边"的实施过程中，清政府把流入东北的朝鲜越垦者的管理正式纳入议事日程，设立专管朝鲜流民越垦事宜的行政机构，还开辟了朝鲜流民的专垦区，从而为朝鲜流民大批移居我国东北提供了前所未

---

① 许辉勋：《朝鲜族民俗文化及其中国特色》，延边大学出版社2007年版，第8页。

② （清）张风台：《长白汇征录》，吉林文史出版社1987年版。

③ 权立主编：《中国朝鲜族史研究》，延边大学出版社1993年版，第46页。

④ 李治亭等：《东北通史》，中州古籍出版社2003年版，第501页。

有的有利条件。如 1885 年清政府把图们江以北地域划为朝鲜移民的专垦区。①
于是，19 世纪 80 年代以来，大批朝鲜垦民继续涌入我国东北，其中图们江以
北地区的朝鲜移民越来越多。19 世纪末在我国东北居住的朝鲜族有 7 万多人，
到了 1910 年左右增至 10 余万人。②

第二次移民大潮出现于 1910 年"朝日合并"至 1931 年"九一八"事变前
夕。这一时期的迁入者大部分为在日本帝国主义殖民统治下失去生计基础的破
产农民和许多为争取民族解放而到中国寻找出路的反日志士。到了 1910 年 8
月，日本帝国主义强迫朝鲜政府缔结"韩日合并条约"，完全吞并了朝鲜。可
见，1910 年"朝日合并"至 1931 年"九一八"事变前夕，是朝鲜人迁入我国
最多的时期。其人数达到了 100 万人。③

第三次移民大潮产生于 1931 年"九一八"事变至 1945 年抗日战争结束。
这一时期移居到我国的朝鲜人有两大类。其一，由于 1929—1923 年世界经济
危机影响和日本帝国主义统治者所推行的殖民地农业政策而陷入极度贫困境地
的破产农民；其二，因日本帝国主义推行的移民政策而被强制迁移的"屯垦民
（当时称开拓民）"。到了 20 世纪 30 年代前期，在朝鲜农村每年出现数十万破
产者和流浪者。这些贫民为了求生谋食，纷纷移居我国东北。此时的朝鲜人的
迁入属于自发性移民。

到了 20 世纪 30 年代后期，日本帝国主义为使我国东北成为扩大分化战争
的巩固后方和粮食基地，加紧推行对东北的强制性移民。日本帝国主义殖民统
治者从 1937 年开始实施"满洲农业移民百万户计划"，其目标为在 20 年内移
民 100 万户、500 万名日本人。

此外，1937 年"七七"事变以来，朝鲜的反日团体、左翼团体的负责人
和骨干以及一些商贩等约三万人迁入我国关内。1945 年我国关内的朝鲜人达

---

① 薛虹、李澍田主编：《中国东北史》，吉林文史出版社 1991 年版，第 463 页。
② 权立主编：《中国朝鲜族史研究》（2），延边大学出版社 1994 年版，第 58 页。
③ 孙春日主编：《中国朝鲜族社会文化发展史》，延边教育出版社 2002 年版，第 19 页。

到十余万人，其中华北地区居多。① 到了 1945 年，东北的朝鲜族共有二百多万人。②

从朝鲜人迁入我国的历史过程来看，现今的中国朝鲜族是以 19 世纪中叶至 1910 年期间迁入的移民为基础，以 1910—1945 年间迁入的移民为主体而形成的民族共同体。朝鲜族共同体的形成大体上自 19 世纪中叶开始，至中华人民共和国成立基本完成，经历了约一百余年的复杂过程。1949 年 9 月，中国人民政治协商会议召开之际，朝鲜族以中国境内少数民族一员的资格出席会议。从此，朝鲜族作为中华民族大家庭中新的成员，从侨居中国的朝鲜人中划分出来，在真正意义上确立了其中国少数民族的地位。

二、朝鲜族的分布

要考察朝鲜族在我国的分布状况，应先弄清楚朝鲜族的迁入途径。从历史地理学的角度看，朝鲜人在近现代时期从朝鲜半岛渡过鸭绿江、图们江迁移到中国，其迁入顺序为由西而东。鸭绿江以北是朝鲜人最早迁入的地区。

从原籍上看，迁入我国的朝鲜人来自朝鲜半岛的不同地区，其分布格局也呈现出差异性和多样性，这使得朝鲜族民俗也形成了地域性差异和多元性。

新中国成立之后，我国的朝鲜族主要分布逐渐遍及全国各地。据 2010 年第六次全国人口普查显示，朝鲜族总人口为 1830929 人（吉林省 1040167 人、黑龙江省 327806 人、辽宁省 241052 人），比 2000 年减少 92913 人。其他省、市中，朝鲜族人口超过 1 万人的有山东省（61556 人）、北京市（37380 人）、上海市（22257 人）、内蒙古自治区（18464 人）、天津市（18247 人）、广东省（17615 人）。③

到目前为止，在全国朝鲜族聚居地区建立的自治政权机构有：朝鲜族自治

---

① 权立主编：《中国朝鲜族史研究》（2），延边大学出版社 1994 年版，第 59—60 页。
② 朝鲜学编委会：《朝鲜学研究》（第一卷），延边大学出版社 1989 年版，第 140 页。
③ 朴胜镇：《中韩建交对朝鲜族人口流动的影响》，《黑龙江民族丛刊》2013 年第 2 期。

州1个、朝鲜族自治县1个、朝鲜族乡、镇（包括民族联合乡、镇）43个。①

延边朝鲜族自治州是我国朝鲜族的最大聚居区。据2010年统计，全州朝鲜族人口总数达到961955人，占全州总人口的39%。在全州6个市、2个县中，朝鲜族人口分布为延吉市有286846人，占全市总人口的57.93%；图们市有77928人，占全市总人口的57.3%；敦化市有23478人，占全市总人口的4.87%；珲春市有136960人，占全市总人口的42.8%；龙井市有186300人，占全市总人口的69%；和龙市有123503人，占全市总人口的55.18%；汪清县有80960人，占全县总人口的32%；安图县有45980人，占全县总人口的20.9%。②

中国朝鲜族从分布格局上看，有以下几个特点：首先，朝鲜族人口绝大多数集中在东北三省，少量人口分散居住在山东省、北京市、上海市和内蒙古自治区等地；其次，东北地区的朝鲜族多分布在利于灌溉和开发水田的大小江河流域和河谷盆地及河谷平原；朝鲜族的分布具有聚居、散居、杂居相互结合的特点。再次，从原籍上看，在朝鲜族中，咸镜道人、庆尚道人、平安道人占有绝大多数，因而这三个群体成为中国朝鲜族的三大主流。

三、中国朝鲜族的文化渊源

中国朝鲜族迁入神州大地已经历了一个多世纪的漫长岁月。朝鲜族早已成为中华民族大家庭的一员。在一百多年的历史长河中，中国朝鲜族在继承和发展本民族优秀文化传统的同时，既吸收汉族和其他民族的优秀文化，又借鉴世界上先进国家的优秀文化，形成了既区别于中国汉族和其他民族的传统文化，又区别于朝鲜半岛文化的独特的文化体系。③

一个民族之所以成为民族，最根本的莫过于形成自己特有的文化，而且相

---

① 韩俊光：《朝鲜族》，民族出版社1996年版，第14—16页。
② 延边州统计局编：《延边统计年鉴（2010）》，中国统计出版社2010年版。
③ 金华主编：《中国特色朝鲜族文化研究院》，延边人民出版社2004年版，第38页。

对稳定还具有特点的文化会体现在民族共同体成员的实际生活中。如体现在他们的思维方式和行为方式上，体现在他们所创造的物质产品和精神产品上。与此同时，民族的文化还会以多种方式在民族群体中流传下去，世代相继地产生影响，从而形成民族的文化传统。于是，文化特点和文化传统便成为识别民族的属性上起重要作用的民族文化。一个民族之所以久存不衰，主要在于他们的文化一代传一代，从而保证了民族文化的延续。

作为东北地区文明民族之一，朝鲜民族具有悠久的历史文化传统，而且长期影响着民族文化进程的主要文化因素有物质文化上的狩猎文化与农耕文化相结合的传统生计方式，制度文化方面带有村落共同体特征和宗法制原则的社会运营机制和人际关系，精神文化领域里具有萨满教性质的巫俗文化。此外，朝鲜民族文化在其文化本原上，体现出狩猎文化与农耕文化的双重性，前者使朝鲜民族文化显得热情、奔放，后者使得朝鲜民族文化崇文尚礼。

朝鲜民族的传统文化是历史上传承下来的民族文化遗产。它所蕴涵而且代代相传的思维方式、行为准则、价值观念，一方面具有强烈的历史性、遗传性，另一方面又具有鲜活的现实性、变异性，它在不断地影响着民族成员们，并为开创新文化提供历史的根据和现实的基础。

第二节　朝鲜族民俗文化及民俗体育的形成与演化

一、中国朝鲜族民俗文化的形成与演化

朝鲜族民俗伴随着朝鲜族的形成，在朝鲜族所繁衍生息的中国的自然文化环境中得到发展。朝鲜族民俗在新中国成立前，先后经历了清朝时期、民国时期、伪满时期和解放战争时期，经受了种种磨难，但以顽强的生命力得以延续

和传承。①

　　把朝鲜族民俗的形成发展作为一种生生不息的动态进程去梳理朝鲜族民俗的发展历史，即新中国成立前的朝鲜族民俗、新中国成立后27年的朝鲜族民俗、改革开放以后的朝鲜族民俗，考察朝鲜族民俗在不同时期的不同表现以及自身发展与客观环境的相互关系，将朝鲜族民俗的发展轨迹勾画得较为清楚，并从中探究朝鲜族民俗在自身发展过程中遇到的文化选择问题以及由此产生的新的文化组合机制。

　　解放战争时期，东北解放区的朝鲜族在中国共产党的民族政策关怀下，获得了与国内其他民族一样的平等权利，特别是通过史无前例的土地改革，同其他兄弟民族一道，分得了土地，成为中华大地上的真正主人。中国共产党的民族政策和措施，不仅给东北解放区的朝鲜族带来平等的民族地位，使他们成为东北大地的主人，而且为以后朝鲜族文化的发展，特别是朝鲜族风俗习惯的保持和传承，开辟了美好前景。

　　新中国成立后，五六十年代是朝鲜族的生活步入安定阶段、朝鲜族的民族文化得到较稳定发展的时期。朝鲜族在新中国成立后17年间，充分利用本民族的各种优势，不仅继续保存和继承、发展传统的风俗习惯，还开始产生新的民俗文化。

　　党的十一届三中全会以来，随着思想文化上的拨乱反正，朝鲜族的传统民俗大多得以恢复和激活，使人们得以重见许多朝鲜族传统的生活文化。当然人们在为不少传统的民俗文化能够得以复苏和新生感到欣慰的同时，也应注意到随着社会的发展，民俗文化处在变异和消亡的过程中。随着朝鲜族村落共同体开始解体，朝鲜族民俗也面临散失的危机。随着社会全面转型，朝鲜族民俗又遇到因现代化而要与时俱进的新问题。

---

① 　许辉勋：《中国朝鲜族民俗的形成与演进》，《延边大学学报》2011年第6期。

二、中国朝鲜族民俗体育的形成与演化

由于中国朝鲜族的历史是由迁入的民族逐渐过渡为我国的少数民族的历史，所以其文化也就一直兼具有两种特点，也就是说具有"二重性"。这种情况不仅仅凸现于文学领域，而且成为艺术、教育、新闻和体育等各个领域的共同现象。

由于日本帝国主义的侵略所导致的千百万妻离子散、远离故土的朝鲜族移民，逢农闲期的传统节日时，以民俗体育运动来丰富节日的氛围、增强在异国他乡里的民族凝聚力。民俗体育从 20 世纪初开始，曾以大型竞赛的形式在中国朝鲜族社会里传承与发展。其中，摔跤、秋千、跳板、弓箭等是中国朝鲜族民俗体育的代表项目。

1881 年，吉林将军奉旨废止对延边地区的封禁政策以后，朝鲜族更是大规模迁移。他们在延边开荒种地，创办学校，并利用民间传统节假日，如端午、中秋等节日开展村落与村落之间的体育比赛来欢度节日。这些民间体育活动的主要内容大体上是摔跤、秋千、跳板、顶瓮竞走、射箭、拔河等项目。1925 年，在龙井成立了延边最早的民间体育组织机构——"间岛体育会"。体育组织的产生标志着体育运动开始从自发的形式发展为有组织的社会体育运动，每逢传统节日将举行摔跤、秋千、跳板等朝鲜民族传统体育项目。

"九一八"事变以后，游击区的体育活动在中国共产党的领导下较为蓬勃开展，其朝鲜族民族传统体育项目受到抗日游击根据地人民政府特别重视，使民族传统体育发展为大众化，并服务于武装斗争。

新中国成立以后，中国共产党实现了各民族一律平等，民族传统体育获得新生。在党和国家重视和关怀下，1953 年 11 月 8 日，在天津拉开了全国民族体育表演及竞赛大会的序幕。1984 年中华人民共和国体育运动委员会（以下简称"国家体委"）、中华人民共和国国家民族事务委员会（以下简称"国家民委"）将其定为第一届全国少数民族传统体育运动会。至此，少数民族传统体育事业走上了新的发展道路。这次运动会把朝鲜族摔跤作为竞赛项目，朝鲜族跳板列为表演项目，给大会增添了光彩，展示了朝鲜族人民活泼向上的新气象。

党的十一届三中全会以后，党中央把民族团结、民族平等和各民族共同繁荣发展的问题，提高到关系国家前途命运的战略高度，把民族工作列为了全党工作中的一部分，把发展民族传统体育事业作为民族工作、体育工作的一部分，并作为民族地区社会主义精神文明建设的一项内容，民族传统体育备受党和国家的关怀和重视。

1981 年 10 月，在北京召开了由国家体委和国家民委共同举办的全国少数民族事业座谈会。大会研究和制定了民族体育的方针、政策，认为少数民族体育事业是我国体育事业的重要组成部分，对增进民族团结、弘扬民族文化、振奋民族精神具有重要的意义。会上还特别肯定了开发民族传统体育项目对现代化体育的发展具有积极的推动作用，决定从 1982 年开始每隔 4 年举办一次全国少数民族运动会。①

1986 年 5 月国家体委决定，朝鲜族秋千等 4 项少数民族传统体育项目正式纳入全国少数民族体育运动会的比赛项目中，跳板作为表演项目。

自 1993 年开始，吉林省为了更好地迎接全国少数民族运动会，每隔 2 年举办全省少数民族传统体育项目的运动会，提高了运动水平，表明了朝鲜族传统体育事业进入了繁荣发展的新时期。

第三节　朝鲜族民俗体育的文化内涵与特质、总体特征

一、中国朝鲜族民俗的构成及文化内涵

作者将从衣食住等物质民俗和家庭生活、亲族关系、人生仪礼、民间节日等社会民俗以及民间游戏、民间文学、民间信仰等精神民俗和不同层面还原朝

---

① 金青云：《中国朝鲜族体育发展战略研究》，北京体育大学出版社 2010 年版，第 186—187 页。

鲜族民俗的基本面貌，并深入揭示朝鲜族民俗的文化内涵和深层意蕴。

朝鲜族的饮食民俗包括饮食材料、食物种类及其结构、进食方式与饮食礼节等，朝鲜族传统饮食极富民族特色，风格独具，体现出喜食鲜辣生冷的独特饮食习俗。

朝鲜族的服饰民俗包括服饰材料、服饰的分类与构成、服饰的色彩与装饰图案、服饰穿着礼节等，朝鲜族传统服饰民俗体现出讲究文雅端庄，以洁净为美的民族风格和特色。

朝鲜族的居住民俗包括房屋造型、房屋结构、居住设施、建房与入住风俗等，朝鲜族的传统居住民俗以追求儒雅的文化氛围为特点。

朝鲜族的衣食住民俗表现出喜冷辣、爱洁净、求儒雅的传统文化心理。

朝鲜族的家庭生活民俗包括家庭形态、家庭成员及其相互关系、家系继承、亲族、宗族集团等，朝鲜族传统家庭大多规模不大，人数较少，因为朝鲜族富于流动性，好变恶常，"安土重迁"意识不强烈，其家庭成员关系上"男主外，女主内""长子优先"较为普遍，在亲族关系上注重血缘，一直在遵循"同一血亲不婚"的习俗。

朝鲜族的人生仪礼包括诞生礼、成年礼、婚礼、寿庆礼、丧葬礼等，其中诞生礼、婚礼、寿庆礼是朝鲜族特有的三大传统仪礼，朝鲜族民间有"能接大桌三次，才算一生有福气"之说。朝鲜族的人生仪礼最能生动地体现朝鲜族的传统价值观和人生态度。

朝鲜族的岁时民俗主要为民间节日，朝鲜族的传统民间节日主要有岁首节、正初十二地支日与人日、立春节、上元节、鬼节、佣工日、上巳节、寒食节、佛诞节、端午节、流头节、三伏、七夕节、百中日、秋夕节、冬至、腊日等。

朝鲜族民间游戏多种多样，其中身体活动游戏主要有摔跤、江江水越来、过人桥等；使用器具游戏主要有掷柶、斗花、秋千、跳板、射箭、拔河、车战、草环战等；传统儿童游戏主要有放风筝、打陀螺、打蚱蜢、拍纸四角、弹球进洞、滚铁环、抓子、踢格子、跳皮筋等。

朝鲜族的民间信仰习俗大致包括家神崇拜、村落崇拜、巫俗信仰等。朝鲜族的民间信仰浓郁地反映出"现世主义"的价值观。

二、中国朝鲜族民俗体育文化内涵

朝鲜族民俗体育是指以我国东北地区为主要栖息地的朝鲜族民族聚居区社会里世代相传，具有朝鲜族民族文化特点的各种体育活动的总称。朝鲜族民俗体育，其内容丰富多彩，历史悠久。朝鲜民俗体育最大的特点是它的民族性。由于朝鲜族人民自古以来以农耕生产为主业，因而朝鲜族民俗体育风格独特、形式多样、具有农耕民族文化特色。

朝鲜族传统体育项目具有朝鲜民族所特有的文化内涵和体育技能显现。其中，最有代表性的已成为全国少数民族传统体育运动会的主要竞赛项目。如朝鲜族的摔跤、秋千、跳板等。朝鲜族民族传统体育，能够得到中华大地上的56个民族的认可和青睐，无疑使本民族为之骄傲，引以为荣，并且从中获得了极大的自尊。①

（一）中国朝鲜族多元文化的交融与发展

朝鲜族聚集区多元文化形成与地理环境有密切关系，在地域上具有得天独厚的优势。延边东与俄罗斯滨海接壤，南隔图们江与朝鲜相望，中、俄、朝三国交界面临日本海，是东三省沟通海内外的重要窗口，也是东北亚区域经济、人口、地理三个重心的交汇点。这种自然条件，大大便利了中、朝、日等国人民的交往，又促进了中国朝鲜族聚集区多元文化的形成和发展，随着经济交流的频繁，中、韩、日相互间的文化交流也不断加深，在习俗上互相濡染。新中国成立七十年来，朝鲜族聚集区的多元文化在同一时空中通过相互借鉴和交融，逐渐丢

---

① 金英雄：《中国朝鲜族民族传统体育的传承与发展》，博士学位论文，（韩国）首尔大学体育系，2005年，第1—2页。

弃了不适应时代变迁的部分文化要素，重新整合和建构文化模式，使朝鲜族集居区文化在中华民族文化系统中日益呈现出强势，也改变了边缘化的区位劣势。历史上形成的多元文化的这种趋同，对朝鲜族聚集区的社会安定和文化发展起到了非常重要的作用。①

（二）中国朝鲜族民俗体育文化渊源

随着朝鲜族在中国扎下根，逐渐形成一个民族群体的同时，朝鲜族民俗也作为其生存所必需的生活文化开始生根发芽。学术界对朝鲜族民俗体育的起源存有诸多不同的观点：一是通过古代与周边国家的文化往来从外传入并逐渐成为朝鲜族民俗体育项目；二是朝鲜民族固有的、从民族内部的各项信仰活动和物质生产劳动中产生的、独特的民俗体育活动。本文主要从文化交流、民族物质生产劳动和各种信仰活动的角度分析秋千、跳板、摔跤、拔河、象棋、弓箭、顶瓮竞走等朝鲜族民俗体育项目的起源与生成过程。

（三）来源于文化交流

1. 摔跤

摔跤，也称"撩跤"或"掼跤"，过去也称"角力"或"角抵"，朝鲜语称"希日木"，是朝鲜族历史悠久的民间体育活动项目。与摔跤有关的最早的文献记载于 1454 年《高丽史》。早在三国时期，朝鲜人就十分盛行摔跤，在黄海道安岳群出土的建于 4 世纪中叶的高句丽王古墓的壁画上，生动逼真地描绘了两个大力士摔跤的情景。表明公元 4 世纪以前已经开展摔跤运动。高丽时把摔跤冠军称为"力士"，大加褒奖，并从中挑选国王的护卫"甲士"。② 据《李朝角力》记载，李朝时官方的设行减少，端午节摔跤成为农民盛行的娱乐游戏，农闲时在乡村涌现出很多出色的摔跤手。朝鲜李朝宪宗时期（1827—1849 年）由洪

---

① 金青云：《中国朝鲜族体育发展战略研究》，北京体育大学出版社 2010 年版，第 179 页。

② 金青云：《中国朝鲜族体育发展战略研究》，北京体育大学出版社 2010 年版，第 179 页。

锡谟所著的《东国岁时记》的"五月"条里，记有年轻人进行摔跤游戏的场景。

2. 秋千

秋千作为朝鲜族妇女所喜爱的民间活动，目前已经成为全国少数民族运动会正式比赛项目之一。关于秋千起源有几种说法：一是 13 世纪朝鲜族妇女参加社会生产劳动，为了给孩子们寻求娱乐游戏，在门的横框上拴上两条绳子，让孩子们荡着玩；二是为了驱赶蚊子的叮咬制作的一种摇篮而成的雏形；三是从中国传入朝鲜半岛。

朝鲜族传统名剧《春香传》，也从端午节春香荡秋千的故事说起。关于秋千的历史，在《宋史·高丽传》时早有记载。宋真宗大中祥符八年（1015 年），高丽遣郭元来宋朝，他说：高丽，"端午有秋千之戏"。13 世纪的《高丽史·崔忠献传》记述道，端午忠献设秋千戏于柏井洞宫，"宴文武四品以上三日"。意为忠献王在柏井洞宫进行荡秋千娱乐活动，文四品以上的官司吏们设宴欢庆了一整天。说明荡秋千已经盛行于王宫贵族阶层。李朝《成宗实录》记载，15 世纪京城（指现在的韩国首尔市），于端午节在市中心钟路大街北巷摆设秋千场地，市民分南北二队举行比赛，妇女从四面八方涌入赛场，人山人海，美如胜景。①2006 年 5 月 20 日，经国务院批准，秋千项目被列入第一批国家级非物质文化遗产名录。

3. 象棋（又称将棋）

象棋是朝鲜族男性中最普遍的一种游戏之一。据民俗史料记载，朝鲜族象棋最早是从印度传入到中国，又从中国传入朝鲜半岛的。最初称作象棋，到李朝中宗时期（1506—1544 年）才逐渐改称将棋。我国学术界则普遍认为朝鲜族象棋是从中国传入的，而中国象棋创始于南宋刘克庄时代，现行的棋制已在 13 世纪完全定型。也有学者认为民间流行的象棋不迟于 11 世纪末，有的学者则认为现行的我国象棋是 10 世纪中叶，由后周的福济制作。这些观点通过朝

---

① 金青云：《中国朝鲜族体育发展战略研究》，北京体育大学出版社 2010 年版，第 179 页。

鲜李朝时期的历史文献和我国的相关历史文献都可以得到考证。

（四）来源于物质生产劳动和各种信仰活动

1. 跳板

跳板是朝鲜族妇女普遍喜爱的游戏之一，是全国少数民族运动会的表演项目。历史上虽然没有确切记载跳板运动的由来，但相传跳板在"高丽"以前就已经流行了。在清乾隆年间的文人徐葆光所著《中山传信录》中，称之为"板舞戏"。民间传说，古时候朝鲜族妇女难得出家门，便做跳板游戏腾跃半空，来观看墙外的风光。李朝诗人柳得恭在《岁时风谣》中描写道："盈庭板舞小宾娘，绿襦经裙一样装，超跳争高使捷体，不羞全面出前墙。"旧时妇女们常常在元宵节、端午节、中秋节欢聚一处，从傍晚一直跳到深夜。

2. 拔河

拔河是人数相等的双方对拉一根粗绳以比试力量的对抗性运动。历史文献记载，拔河最初产生于朝鲜南部的水田地区，是以水稻生产的朝鲜族农耕型经济类型产物，具有五百多年的历史。朝鲜族历来喜欢从事水稻生产，而过去落后的生产力和"靠天吃饭"的生存意识，使农业生产被动地依赖于自然，拔河起初是为了祈求丰收或祈雨而进行的民俗体育，说明拔河与朝鲜民族的农业生产活动密切相关。①

3. 射箭（又称弓箭）

射箭是借助弓的弹力将箭射出去，在一定距离内比试准确性的一种技艺性游戏。朝鲜族的射箭又称"弓箭"，是一种具有武术性质的民俗体育。后来到了封建时期，射箭作为练武的主要方法之一，在每年的中秋节举行大规模的射箭竞赛，平时也经常开展民间射箭活动。在封建后期，朝鲜半岛民间曾有叫做"射亭"的团体，主要从事传授射箭技艺，举行射箭比赛等活动。"射亭"是指在练习射箭的场所建起来的亭子，也指以这个场所为标志的射箭者团体。这样

---

① 　千寿山：《朝鲜族风俗》，延边人民出版社 2003 年版，第 301 页。

的民间射箭团体其成员少则数十人多达百余人。① 目前，"弓箭"作为朝鲜族民俗体育项目，在延边大学等少数民族高等院校中成为一门专业选修课程来推广，深受师生喜欢。

4. 顶瓮竞走

顶瓮竞走是朝鲜族传统体育活动，主要流行于吉林省延边朝鲜族自治州。常在劳动之余举行，参加者均为女子。比赛开始前，参加者先头顶一盛有 10 斤水的瓦瓮，站在出发线上，裁判员发令后，即快步疾走，每次赛程为一百米或二百米。走时，以瓦瓮不倒、水不溅出和最先到达终点者为胜。

三、中国朝鲜族民俗体育的文化特质

文化特质是指文化本身固有的特征和性质，朝鲜族民俗体育在人类社会化进程中所具有独特的文化象征意义和符号阐释。本文把朝鲜族民俗体育项目分为智能类、运动类、技能类等三种形式。

（一）智能类民俗体育的文化特质（主要以象棋项目为主）

1. "象棋"规则象征着和谐而均衡的民族生存意识

朝鲜族象棋基本遵循汉族象棋的规则，但在棋子的形态和走法上略有差异。朝鲜族象棋更加注重雍容、庄重、典雅的文化风格，突出有序的竞争和竞争中必须遵循规则与和谐，突出协调与均衡。而且与汉族象棋一样，棋盘上都设有"楚河汉界"，反映着朝鲜与我国自古以来都具有强烈的保护疆域的文化意识。朝鲜象棋的马和相（象）的布置可以互换；帅（将）布置在"九宫"的中心，"九宫"并压在最后，比其他子向前跳出来一步等。这些规则，反映了自古以来独特的地理生存环境促使朝鲜民族追求更为和谐而均衡的民族生存意识和文化心理特征。

---

① 　许辉勋：《朝鲜族民俗文化及其中国特色》，延边大学出版社 2007 年版，第 9—14 页。

2."象棋"子字的颜色象征着协调美

朝鲜族象棋通常以红、青两种颜色来分组，红方棋子上的字为红色，其字体为楷书体，青方棋子上的字为青色，其字体为草书体。朝鲜族下象棋有"老红少青"之习俗，红色棋子由年长者执之，年少者则执青色棋子，以此为礼节。这种礼节方式一方面反映朝鲜族为人处事所追求的协调之美，达到人与人之间、人与自然之间的均衡和谐的生存理念，也反映着朝鲜族历来重视道德教育、尊老爱幼的美德。

3."象棋"的走法反映强烈的疆土保护意识

朝鲜族象棋的走法，与汉族象棋不同的是相、炮、士的走法。如"相"的走法并不是两格对角线的走法，而是一格直线两格对角线；又如"炮"要想移动或吃子，都要跨越一个子，如没有可跨越的子，便不能动；还有士这个棋子，直线、斜线都可以走。这种走法的局限性反映了朝鲜族精益求精的文化心理品质，也是为抵抗外敌而采取的军事战略需要，象征着自古以来儒家思想影响的朝鲜具有较严格的疆土保护意识和不败意识。①

（二）运动类民俗体育的文化特质

1."摔跤"的文化特质

朝鲜族摔跤作为力量与技术的象征具有独特的文化内涵。朝鲜族摔跤运动最突出的特点是使用脚绳，最有特色的是冠军奖品。当冠军决出之后，政府官员亲自将一头膘肥体壮、持经披彩的大黄牛奖给优胜者。此时，摔跤"英雄"便骑在牛背上绕场一周，观众载歌载舞，鼓掌欢呼，热闹非凡。"英雄"返回家乡后，全村男女老少齐出动，通宵达旦，欢歌饮酒为他庆贺。所以，摔跤运动在各种运动会上总是作为"压场戏"列在最后。

朝鲜族摔跤运动象征着男性勇敢、刚毅的气质。摔跤运动能使用人体的大

---

① 崔英锦：《朝鲜族传统游戏传承的教育人类学研究》，博士学位论文，中央民族大学教育系，2007 年，第 53—54 页。

块肌肉的力量，磨炼运动员的意志。两位摔跤选手相遇后，谁胜谁负，取决于力量大小和能否持久"战斗"；从摔跤运动的技术——内勾、外勾、互相拉、推、压倒、箍脖等特点反映人体的运动技巧、力量与技术的有机结合能力和身体的敏捷能力。摔跤比赛中，两虎相斗，相持不下的动人场面时，靠的是技术与战术、更是智慧与毅力的较量。①

摔跤运动的比赛规则与"腿带"颜色反映朝鲜族男性独特的文化特质。比赛规则是必用"腿带"来保持身体的均衡性与竞争的公平性。一般用红色和白色，或者黄色和白色。这种独特的颜色的使用，一方面折射出具有"白衣民族"之称朝鲜族乐观面对一切困境、喜欢和平安乐的生活，以及永不屈服的独特的生存理念文化心理特征；另一方面通过颜色的搭配，象征着朝鲜族男性的力量和技术的协调美，展示了男性的无限征服力与竞争者之间永远共存的生存意义与和谐的生存观念和生活态度。朝鲜族摔跤大体可分为攻击式和回旋防御式。比赛方法可按体重分级别，也可以不分级别，比赛一般采用三局两胜制。比赛规则还要求不准扭对方的脖子和臂部，不许用头部和拳头击伤对手。这一与众不同的独特的规则，体现着朝鲜族求得和谐、共生的文化选择和生存心理取向。

2."拔河"的文化特质

拔河运动在朝鲜族中主要流行于南道人。绳子主要用稻草来制作，而稻草是从家家户户收来的。其制作方法是先用稻草搓成较细的草绳，再用这些细绳做成相当粗大的草绳作为主绳，这样的草绳其直径约为五十至六十厘米，长度达三百至四百米，其前端做成环形，还在主绳上按一定的间隔接上许多直径为十厘米左右、长度为三米左右的支绳，做成的主绳其形状犹如一条长有许多脚的巨龙，参赛人数少则几十人，多则几百人，再加上啦啦队员、吹号声、战旗等，场面非常壮观。从这种庞大的规模中，反映出朝鲜族互相团结，和平共处的主题，并且把相互存在作为生存意义发展成为共同的民族意识。这种精神透

---

① 崔英锦：《朝鲜族摔跤的教育人类学解析》，《民族教育研究》2008 年第 6 期。

射出朝鲜族团结向上的文化心理特征，突出传统文化的优秀品格。

3."铁连极"的文化特质

铁连极的功能就是锻炼人的力量和意志，经常参加铁连极的练习，不仅可以提高练习者的上肢及腰腹部的力量和下肢的灵活性，同时还可以在提高人体的力量、耐力、灵敏度和柔韧性等方面起着积极的作用。铁连极在各民族和谐共存价值观的推动下，呈现出朝鲜族固有的传统文化心理特征，发挥着独特的教育价值，为构建和谐社会起着重要的内在作用。同时，这些传统文化的教育功能和价值，影响和感染着一代又一代，增强了民族的凝聚力，把相互存在作为民族生存的意义，把各民族共同发展作为民族奋斗的目标。

4."顶瓮竞走"的文化特质

朝鲜族传统体育是民族传统文化在体育方面的表现，最能反映民族文化的个性特征。作为一种可传承的民族文化形式，它深深扎根于民族文化的土壤中，并在传承过程中体现自身的文化价值。在长期的生产和生活实践中积累起来的传统体育文化形式丰富多彩，有着鲜明的民族特点和地域文化特征，形成了与其民族文化传统一脉相承的朝鲜族特色文化。历史上，朝鲜族男尊女卑现象比较突出，如一些民族体育项目仅限于女子，如秋千、跳板和顶瓮竞走等，但随着社会的进步，这种现象逐渐在改变。

朝鲜族传统体育的教育倡导儒家以孝为本的道德观念。朝鲜族的价值观具有明显的儒家特点，重视子女教育、尊重老人、讲求礼仪等。朝鲜族每个家庭都很重视老人的花甲寿辰。父母60周年诞辰那天，子女们要为老人举办"花甲宴"（也叫花甲礼）。花甲宴上，子女亲戚欢聚一堂，老两口穿上新衣端坐正中，身穿盛装的子女按辈分长幼为序排开坐下。祝寿开始，从长子夫妇起，到孙子止，依次斟酒向老人跪拜祝福，感谢老人的辛苦操劳及养育之恩。朝鲜族妇女温顺贤惠，外柔内刚，富有牺牲精神，而且特别能吃苦耐劳。在封建社会只承认妇女人格中的两种价值，即哺育子女的生育价值和侍奉家族的家务劳动价值，女性必须把做好贤妻良母视为天职。朝鲜族妇女在长期的农业生产中，面对寒冷、多山、多沼泽的不利自然环境，造就了吃苦耐劳的生活习惯。妇女在搬运物品时一般都用头顶，也孕育出一些独特的传统体育活动，如顶瓮竞走等。在朝鲜族聚居的地区，妇女习惯头顶着瓦瓮送水或在搬运物品时一般都有用头顶的习俗，不论顶什么东西，都很少用手来扶着，因为她们从小练就了极好的平衡能力。朝鲜族为了从小培养姑娘头顶重物的能力，经常举行一些头顶瓦瓮的竞走比赛，这种比赛深受朝鲜族姑娘的喜爱，主要流行于吉林省延边朝鲜族自治州。常在劳动之余举行，参加者均为女子。比赛开始前，参加者先头顶一个盛有 10 斤水的瓦瓮，站在出发线上，裁判员发令后，快步疾走，一般赛程为 100 米。走时，以瓦瓮不倒、水不溅出和最先到达终点者为胜。比赛获得胜利的姑娘，被认为是聪明灵巧的好姑娘，因此她们常常是小伙子们追求的对象。

（三）技能类民俗体育的文化特质

1."秋千"的文化特质

朝鲜族特有的生活方式和民族文化赋予了朝鲜族秋千独特的文化心理取向、价值观念和人格特征。再加上朝鲜族秋千具有独特的审美价值和风格。历史约定俗成地把秋千规定为朝鲜族女性专有的民俗运动。"高、飘、悠、巧、柔、欢、美"是人们对朝鲜族秋千从印象到心灵的直接感观，它表现出朝鲜族女性美的特质。它的文学艺术形象则把秋千的审美观提升到活跃生命的传达。从直观感性的美到感悟生命的价值，朝鲜族秋千影响着一代又一代朝鲜族人民。

秋千的比赛方法反映出朝鲜族和谐向上的心理特征。秋千一般分为单人荡和双人荡，竞技方法多样，有以能够用脚触及悬于高处的树枝或花者为胜；有在踏板下系一绳子，以脚触及绳子上的铃铛，其次数多者为胜，是最常用的方法。朝鲜族女性在荡秋千时体现出来的精神面貌，不仅折射出朝鲜族妇女积极向上、与自然、命运抗争的文化心理，也反映出不屈不挠、刚毅好强、勇敢面对一切困难的文化心理特征和任劳任怨的民族个性。

朝鲜族秋千独特的制作方法和玩法反映朝鲜族女性独特的文化审美取向。秋千架的高度为 10—12 米，两根柱子之间的距离，底部为 3.5 米，顶端为 2 米。两根秋千绳分别拴在秋千上端两根平行的横木上，绳子下端绑结脚凳，脚凳距地面 80 厘米。距离脚凳 130 厘米高处的两根秋千绳上，各拴一个用以系手腕的安全套（用布带做成）。进行比赛时，秋千架前竖立铃铛架（距地面 10 米）。开始荡时，由一个人站在脚凳后面，两手抓住脚凳把秋千手向前推送几步。此时秋千手用两条腿一伸一屈地向高处悠荡，荡到一定的高度时，开始用脚或身子撞响铃铛，以撞响铃的次数多者为胜。李朝著名的音乐家留下了词句："争揽彩素如飞龙，金铃语半空。"一些民间歌谣道出了荡秋千的少女希望得到纯真爱情的情怀。尤其是荡秋千时所穿的艳丽服装和独特的佩戴饰物、触铃时的美妙声音、身体的协调性，仿佛与大自然的美丽浑然一体，充分体现了朝鲜族女性独特的文化娱乐与审美取向、乐观、在逆境中顽强求生的独特的娱乐与审美心理。①

2. "跳板"的文化特质

跳板讲究多种技巧姿态，不但需要胆量，而且需要智慧和技能。有腾空而起，翻滚而下；有跃身曲体，双腿伸开，落地垂立；有挺胸展臂，双腿岔开，落地合拢的姿态等。跳板靠两个人的协调合作进行。两人分站在木板的两端，错落起跳，靠跳离、着落的自弹力使身体腾空。比赛分抽线（高度）和表演两项。

朝鲜族跳板的制作方法和玩法，反映了朝鲜族女性独特的文化审美取向。跳板器材主要由木板、板垫两部分组成，木板选用坚韧而有弹力的木料加工制作而成，长度为 5—5.5 米，宽度为 30—40 厘米，厚度为 5—6 厘米，板垫高度为 30 厘米，垫在跳板的中部，加重固定。跳时一般以两人为一组，各站在木板的一端，轮番向空中跳起，落下时用力踏板，将对方弹起至空中，周而复始，而且在空中还可做分腿、大转身、跳花环等动作。弹得越高，动作变化也越多。跳板运动多在春节至端午节期间举行，每当节庆和农闲季节，姑娘们穿着鲜艳的彩裙（朝鲜族民族服装），围在跳板架旁，届时穿着五颜六色的漂亮衣服打扮得花枝招展的妇女们聚在一起，轮番腾空而起，翻然而下，其场面犹如一幅美丽的风俗图画。这种独特的场面，反映了朝鲜族女性乐观、在逆境中顽强求生的独特的文化娱乐与审美心理。尤其是朝鲜族女性跳板时穿着艳丽的服装和独特的

---

① 崔英锦：《朝鲜族秋千的文化性格与教育功能解析》，《民族教育研究》2007 年第 4 期。

装饰，象征着朝鲜族女性向往幸福、积极向上、顽强生存的民族个性。①

3."弓箭"的文化特质

朝鲜人"弓箭"好是有历史渊源的。古代中国对于四野边民，称为东夷、西戎、北狄、南蛮。朝鲜半岛属于东夷的大范畴，"夷"这个字在《说文解字》上的解释就是一个人持着一张弓。《后汉书·东夷传》说"乐浪，檀弓出其地"。明代朝鲜人所写的《朝鲜史略》上有这样的记载：高丽恭愍王与倭寇对阵时，曾于两百多步外（大约一百五十米）引弓毙敌。历史记载：高句丽国始祖——朱蒙（东明圣王）幼时便善于狩猎，"年甫七岁，岿然异常，自作弓矢射之，百发百中"，表现出了非凡的射技本领。朱蒙一词，便是古代夫余语言的音译，意即善射。

"弓箭"下弦后弓体呈 190 度向上弯曲，全世界独一无二，且具有很强的弹力。角弓是用竹、杨柳、松萩（胡枝子）木等 8 种以上的木头和水牛的角组合制作而成，弓长度仅有 90 厘米左右，体积非常小，但其射程达到六百米以上、有效命中率一百五十米左右、威力能穿透五百米以外的盔甲。比赛方法为参加者每人射三轮或五轮，并以射中靶心的箭数多寡决出胜负。五轮时达到 13 支，就能被评为"上手"。历来朝鲜领土比较小，这种自然条件的局限要求人才使用的有效性和对武器精益求精的文化心理品质。也透射出朝鲜族独特的思维方式、处世哲学、抵抗外敌的军事战略思想，象征着朝鲜族所特有的领土保护意识、生存文化心理和个性特征。

四、中国朝鲜族民俗体育的总体特征与中国特色

朝鲜族作为中华民族大家庭的成员之一，在中华大地扎下根并在同其他民族一道开发、建设和保卫祖国的东北边疆的历史进程中，继承和发扬自己固有的传统文化，保持民族生活方式中的优良传统和民族风格，而且积极汲取和吸

---

① 赵晚墨：《我们民族的民俗文化》，（韩国）亭申出版社 2006 年版，第 344 页。

收其他兄弟民族的优秀文化，以适应具有中国多民族特色的新型生活方式，而朝鲜族民俗的总体特征与中国特色，集中体现在朴素性与原文化性、地域性差异、复合性与兼容性等几个方面。

在此基础上，本研究把中国朝鲜族民俗体育的总体特征大致分为历史传承性、民族地域性、时代演变性、浓郁观赏性等几个方面。

（一）历史传承性

民俗体育是一种传统性的体育文化，包括两个方面：一是指民俗体育是在时间上的连续性，即历史的纵向连续性，它在时间上可以世世代代延续的一种社会文化；二是指民俗体育在空间伸展上的蔓延性，在空间上可以传播和扩散的，即民俗体育的横向传播过程。[1] 朝鲜族民俗体育文化是朝鲜族民族文化得以延续的具体手段之一，至此朝鲜族民俗体育文化是在历史演进过程中，历经沧桑，饱受磨难，但始终传承不绝。在一代又一代的延续中，通过朝鲜族各种传统节日令民俗体育活动随着民族的发展不断地传承下去。如秋千、摔跤、拔河、跳板等，体现了朝鲜族具有民族特色的民俗体育项目。朝鲜族民俗体育文化是朝鲜族文化的一种传承形式，并深深地扎根于朝鲜族的文化土壤之中，在传承的过程中体现本民族的文化价值。

（二）民族地域性

在不同地域居住的不同民族，所形成和发展起来的民风民俗具有较大的差异性。一定的民族居住在一定的地区，他们在特定的地域条件下形成自己的民俗体育文化，一旦民族文化心理形成，虽然受到自然环境、社会环境、文化心理等方面的影响，他们还会继续保存着本民族的民俗体育活动。[2] 例如：每逢佳节时，都会有朝鲜族民俗体育的比赛，像秋千、摔跤、射箭、跳板等民俗体

---

[1]　中国体育史学会：《中国近代体育史》，北京体育学院出版社 1992 年版，第 12—20 页。

[2]　刘小明：《绍兴民俗体育文化研究》，《赤峰学院学报》2011 年第 7 期。

育运动，充分体现了地域环境造就的不同民俗体育文化。

（三）时代演变性

朝鲜族民俗传统体育文化是朝鲜族文化因子中的一种，其发展演化往往带有强烈的时代性特点。民俗体育来自民间，并被人们共同传承，在群众生活中被反复遵照，世代相习。时代的演变是民俗体育在传承过程中引起的自发的和渐进的发展变化，它与当时的生产力息息相关，是人们精神娱乐的一部分。[①] 随着时代的发展，各民族之间的文化交流日益频繁，从内容到形式或多或少有些变化。当然这些变化并不都是积极性的，但是被广大的民众所接受。所以，朝鲜族民俗体育文化的时代演变性是新故推移、选择取舍的过程，避免故步自封，停滞僵化，也是朝鲜族民俗体育文化得以保存和发展的原动力。

（四）浓郁观赏性

朝鲜族民俗体育最大的特点就是把健身性、艺术性、娱乐性融为一体。独特的形式、强烈的动感、美妙的音乐、鲜明的舞蹈节奏、色彩缤纷的民族服饰，不仅让人们领略了独特的民族风情，而且还给人们带来了强烈的震撼和美的享受。

朝鲜族的秋千、跳板、摔跤、拔河比赛，往往成为一个民族集聚的盛会，男女老少齐聚一堂，欢天喜地，沉浸在无比的愉悦之中。通过表演者和观赏者双方的互动，可以增强民族自信心和责任感。

---

① 刘小明：《绍兴民俗体育文化研究》，《赤峰学院学报》2011 年第 7 期。

第三章　中国特色朝鲜族民俗体育文化的
生活化发展研究

改革开放四十多年来，社会主义市场经济逐步建立，我国已经在经济、文化、政治、军事、科技等各个领域都取得了较高的成就。社会主义现代化建设为人的全面发展提供了最根本的物质前提。随着劳动方式的深刻变化，体育将成为现代社会人类生存之必需，成为人们社会生活中必不可少的内容，因此一种代表更高文明程度的生活方式——体育生活方式应运而生。①

在以社会、经济转型为基础特征的社会发展背景下，中国体育正在向以群众体育为基础、竞技与群众体育协调发展的战略转移。《中华人民共和国体育法》和《全民健身计划纲要》等法规文件的颁布实施，使大众体育权利在法律上得到了确认，推动了大众体育的发展，全国上下全民健身火热朝天。生活方式变革在我国悄然兴起，体育在生活方式中重新找到了文化定位点，体育进入人们的生活，成为生活的有机组成部分，我国体育生活化悄然诞生。

2008年北京奥运会后，胡锦涛总书记在北京奥运会、残奥会表彰大会上提出："体育是人民的事业，要着眼于满足人民群众体育需求，为人民提供更多更好的体育公共服务，让人民分享体育发展成果，享受体育带来的健康和快乐，形成健康文明的生活方式。"

党的十八大是在我国进入全面建成小康社会决定性阶段召开的一次十分重

---

① 　熊茂祥等：《我国欠发达地区体育生活化研究》，《武汉体育学院学报》2002年第1期。

43

要的大会。十八大中明确提出了夺取中国特色社会主义新胜利的基本要求，确定了 2020 年全面建成小康社会的目标，对在新的时代条件下推进中国特色社会主义从经济建设、政治建设、文化建设、社会建设、生态文明建设等方面作出了总体战略部署，描绘了全面建成小康社会、加快推进社会主义现代化的宏伟蓝图，是我们党团结带领全国各族人民坚定不移沿着中国特色社会主义道路继续前进、为全面建成小康社会而奋斗的政治宣言和行动纲领。

习近平总书记在党的十九大报告中，对于未来五年中国体育产业以及体育事业的发展有重点提出："广泛开展全民健身活动，加快推进体育强国建设，筹办好北京冬奥会、冬残奥会。"意味着在新时代、新思想、新矛盾、新目标的今天，体育产业和体育事业已经站在了新的历史起点，要成为实现伟大复兴中国梦的见证者、参与者和奉献者。

同时，习近平总书记的系列重要讲话、批示，对体育工作进行了一系列精辟论述，形成了一个科学、系统、完整的思想体系。我们要联系实际，反复领会，深入思考，准确把握其科学内涵和精神实质，用以武装头脑，统一思想，统领工作。习近平总书记提出："全面小康的指标必然包含全民健康和体育发展方面，体育是中华民族伟大复兴的标志性事业。"我们要从实现"两个一百年"奋斗目标的高度来认识自身所肩负的政治使命和社会责任，跳出体育看体育、立足全局抓体育、围绕中心干体育，不断挖掘和充分展现体育在促进全民健康、为国争光、经济发展、文化建设、国际交往等方面的综合价值，为实现中华民族伟大复兴的"中国梦"作出应有贡献。

自从 1989 年联合国教科文组织首次提出非物质文化遗产的概念以来，保护非物质文化遗产已经成为世界各国不可阻挡的历史潮流。2005 年，国务院办公厅下发《关于加强我国非物质文化遗产保护工作的意见》，促进我国非物质文化遗产保护工程全面启动。《国家"十一五"文化发展规划纲要》的颁布使民俗体育文化明确了地位，找到了发展方向。这些是党中央、国务院站在引领中华民族伟大复兴的战略高度，对中国体育未来发展作出的新部署，提出的新目标。这意味着体育与生活、民俗体育文化的传承与保护等成为现阶段学术界和人们所关心的焦点与核心问题。

由于少数民族民俗体育是以农业社会为文化背景的一种体育实践类型，是非物质文化的重要组成部分，是一笔宝贵的文化财富。① 因而更激发了学术界对少数民族民俗体育研究的满腔热情，将我国民俗体育研究推向了一个更新的高潮。现如今，体育领域内的生活化问题已成为人民最为关注的话题，朝鲜族作为中华民族的成员之一，在中华大地扎下根，同其他民族一道开发、建设和保卫祖国的东北边疆。为此，本书研究围绕"立足现实、关心民众、贴近民生"的主旨，一方面对朝鲜族民俗体育进行开拓性的探索，以求得到合理的科学结论，为朝鲜族民俗体育文化的传承和保护提供坚实的基础；另一方面，提出使朝鲜族民俗体育逐渐向生活化方向发展的切实可行的决策和实施方案。

此外，体育是人类最具特征的生命活动，生活是人类极其丰富复杂的日常生活。生活方式是一个有着深邃内容的理论问题和实践问题，如何安排人类的生活，是历史永恒的课题。②

第一节　朝鲜族民俗体育文化的生活方式与生活化

一、体育的生活方式与生活化

（一）体育生活方式

1994 年，世界卫生组织（World Health Organization，以下简称 WHO）和国际运动医学联合会联合召开了以"健康促进体育"为主题会议。WHO 认为，虽然个人健康的责任很大程度上要由个人和家庭承担，但政府必须采取行动创

---

① 田晓岫编著：《中国民俗学概论》，华夏出版社 2003 年版，第 145 页。
② 梁利民编著：《关于体育生活化的深层思考》，《上海体育学院学报》1997 年第 4 期。

造一个使公民形成和保持体育生活方式的社会和体育环境。这是自体育生活化后，世界范围内第一次把体育生活方式作为一个独立概念提出。①

80 年代初期开始，我国一些专家学者研究生活方式问题，随着我国改革开放的发展，研究也逐渐深入。学者们根据转型时期中国社会生活方式对各领域的问题进行探究和考察，根据各自学科的特点，对生活方式的概念有着不同的认识。

如社会学认为："生活方式乃是人们在一定条件下生活的样式和方法。具体地讲，它可以表述为：生活方式是一定的个人、群体及社会全体成员活动的特征；这种生活主要取决于一定的物质生产方式，同时也受种种主、客观条件的制约和影响；它的领域包括物质生活、精神生活、群众生活三个系统的全部总和。并以丰富的内容和形式构成一个完整的独立的社会活动体系。"②

哲学观点是："生活方式是人们直接地满足需要的活动所凭借的各种条件和采取的形式，是生活条件，人们对它的利用形成和生活关系的统一体。"③

社会历史哲学认为："作为现实社会活动综合表现的社会生活方式，既是社会历史发展所决定的，又是社会的现实条件所规定的；既包括作为社会主体的人的内在追求，又包括制约人的追求的各种外在的要素。可见，社会生活方式是由社会历史总体条件决定的人的现实社会行为模式。"④

生活方式的概念多种多样，是因为它所研究的内容十分丰富，涉及的方面十分广泛，研究者的侧重角度、思维方式等不同而产生的差异。但无论研究者从哪一角度出发，都有一定的意义，这对我们研究朝鲜族体育生活化有了很大的帮助。

生活方式是社会整体结构及其运行状况具体而生动的反映形式，不同的自

---

① 李文川、肖焕禹：《体育生活方式的概念界定及其范畴结构》，《上海体育学院学报》2010 年第 3 期。

② 司马云杰：《文化社会学》，山东人民出版社 1987 年版，第 550 页。

③ 李秀林、李准春等：《中国现代化之哲学探讨》，人民出版社 1995 年版，第 103 页。

④ 张尚仁：《社会历史哲学引论》，人民出版社 1992 年版，第 229 页。

然社会环境和历史文化传统主导着不同的生活方式。体育作为文化的重要组成部分，随着经济、文化、科技的发展而发展，并受地域文化和民族传统文化的影响。体育生活方式从属于生活方式系统，是部分与整体的关系，是在一定社会客观条件的制约下，社会中的个体、群体或全体成员为一定价值观所指导的满足多层次需要的全体体育运动的稳定形式和行为特征。①

（二）体育的生活化

体育生活化这一概念是从西方引入的，20 世纪下半叶以来，现代科学技术的发展改变了社会生产和人们的生活方式的同时，高科技产物对人们的生产生活所带来的副作用也随之而来，加上激烈的社会竞争和快速的生活节奏，使人们承受的心理和生理压力剧增，人类身体机能衰退。严重的健康问题已经亟待解决。

在这种环境下，许多发达国家开始重视群众体育，寻求解决这一问题的方法，如德国制定实施的"黄金计划"，已广泛开展了群众体育，大众体育俱乐部迅速增加，体育人口也随之增长，有超过 1/3 的人参加了体育俱乐部；自从1964 年日本东京奥运会结束之后，日本把体育的重点转移到群众体育发展；美国在 1980 年和 1990 年分别开发以改善健康、祛除疾病为目的的"健康公民2000"计划，并宣布 10 月 4 日为"跑步健康日"，五月定为"健康月"，提出"依靠药物，不如健身"的口号；联合国教科文组织在 1978 年通过和发表了以促进大众体育发展为主要任务的《体育运动国际宪章》；1994 年在乌拉圭举行的第五届世界群众体育大会同样把"群众体育与健康"作为重心，制订了"体育为人人，健康为人人"的口号。

80 年代后期，放眼世界各国都在实施各种促进大众健身活动的方案，在多达 80 多个国家，全民健身活动正在火热的开展中。一种全球化的体育风潮已经形成，提倡以人为本的体育生活化，充分发挥满足人类物质、精神、文

---

① 　贾立强、牛志宁：《浅谈现代体育生活方式与健康》，《运动》2011 年第 4 期。

明、休闲、娱乐等需求的体育价值，把以马斯洛需要层次理论为核心的、提高生活质量的、多方面满足人类需求的理念在全世界广泛传播。

关于国内对于体育生活化的概念，不少学者从 20 世纪 80 年代起就已开始研究。梁利民在《体育生活化的理论构架》（1997）中围绕体育生活化教学的概念。①2001 年，关辉认为体育生活化就是为了健康，使体育活动行为渗透到个人或家庭生活当中，成为家庭生活支出构成的日常行为。② 熊茂湘在 1999 年对体育生活化概念进行阐述，最后归纳为：将体育活动转化成社会成员现实的生活方式，是相应的社会主体真正使体育活动融进自己的生活空间与生存空间。③2004 年，孙燕提出，体育生活化包括两层含义：其一作为名词概念来使用，与"体育生活方式"近义，即主要突出以体育活动为主要内容和特征的生活活动的形式；其二是作为动词概念来使用，主要强调体育融入生活，形成体育生活方式的过程。④

体育生活化，就是人们运用体育运动的形式和内容充实生活方式，维护终身健康，提高生活质量。在体育生活中，运动神经、肌肉得到发展，同时获得社会技能，理解社会的规范和程序；成年人获得生活的平衡和对社会需求的满足。它包含着蕴藏于人类自身深处的"需要—创造"性，"需要"是体育生活化的根源，"创造"是体育生活化的本质。

目前相对贴切的说法就是：将体育作为个体或家庭生活方式的组成部分，使人们自觉自愿，经常性地参加体育活动，形成一种健康、文明的生活方式的一个过程。目的是要使体育回归到生活中去，体育可以通过健身锻炼增进健康，也可以通过丰富余暇生活提高生活质量。⑤

要理解体育生活化的概念需要注意：身体活动是人们日常生活中需要经常

① 梁利民:《体育生活化的理论构架》,《上海体育学院学报》1999 年第 2 期。

② 关辉、夏平:《体育生活化探析——我国居民的体育生活化状况》,《楚雄师专学报》2001 年第 3 期。

③ 熊茂湘:《体育生活化对可持续发展的支持》,《湘潭大学学报》1999 年第 2 期。

④ 孙燕:《对体育生活化的思考》,《解放军体育学院学报》2004 年第 4 期。

⑤ 陈济川:《关于国民体育生活化进程影响因素的思考》,《宁德师专学报》2004 年第 3 期。

进行的一种稳定的行为。偶尔参加体育锻炼不能说明体育已经成为我们生活中所必需的一部分。体育生活化也可以分为几个层次，在现实社会中，有多方因素制约着体育生活化水平的提高。从客观上来讲，物质生活条件、国家政策、场地设施等都对体育生活化有一定的影响；从主观上来说，人们对体育的态度、思想、意识都决定着体育生活化的普及。体育生活化走进人们的日常生活都被这些条件所限制着。要体育生活化达到最高水平，就要在人们的日常生活中形成一种自觉的体育行为。体育生活化将形成一种不受外在条件的束缚、将体育手段和体育目的相结合的方式。体育生活化的形成过程是与国家的经济水平和发展速度相联系的。体育是人们在闲暇时间用来满足自身需求和锻炼体质的活动，这种活动的前提是在人们日常的生存需求得到保障的情况下。

要将体育生活化，加强科学现代化的生活方式是最主要的途径。作为一个重要组成部分，文明、健康的生活方式是体育的必要手段，使体育融入人们的日常生活，就要改善体育生活方式。

（三）体育生活化与体育生活方式的区别

体育生活方式是特指一种人们体育生活中的稳定形式和行为特征，它是生活方式的一个理论的分支，以人们的生活作为研究对象。

而体育生活化是阐述体育与人们生活相融合的过程，它的研究对象是人们的生活与体育的关系。与体育生活方式不同的是，体育生活化是一种现象，也是一种有利于体育事业发展的良好形势。

体育生活化和体育生活方式是相互作用、相互影响的关系，体育生活化要通过完善体育生活方式来实现，良好的体育生活方式能够促进体育生活化的形成与发展。

二、民俗体育生活方式与生活化

民俗体育是由一定民众所创造，为一定民众所传承和享用，并融入和依附于民众日常生活的风俗习惯（如节日、礼仪等）之中的一种集体性、模式性、传统性、生活化的体育活动，它既是一种体育文化，也是一种生活文化。

我们所阐述的朝鲜族民俗体育生活化是融合了朝鲜族民俗体育文化和体育生活化的一项研究。从贴近人们生活的角度，分析中国特色朝鲜族民俗体育文化。中国特色朝鲜族民俗体育文化的生活化是：把朝鲜族民众所创造和传承的特色民俗体育文化，作为个体或家庭生活方式的组成部分，形成一种充满朝鲜民族风俗习惯的、健康文明的体育生活方式的过程。它肩负民族文化传承的重任。

三、朝鲜族民俗体育文化的生活方式与生活化

1869 年，生活在朝鲜边境的朝鲜人民由于连年灾荒、政府腐败昏庸，纷纷跨过图们江向我国东北地区转移。在我国废除对延边地区的封禁政策后，朝鲜人民更是大规模的迁移，使我国东北地区的朝鲜人民具有一定规模。他们在这片土地上独立创建了自己的村落，拥有自己的土地、学校，形成了自给自足的生活方式。人们的业余生活也随之丰富起来，他们在闲暇时间开始了体育活动，独创了吸收两国文化的特色体育项目。

秋千是朝鲜族妇女最喜爱的运动之一，这一活动经常在节日举行，有时还进行比赛。节日里，姑娘们身穿色彩艳丽的彩裙，围在秋千旁，比试高低，只有被挑选出来的能手，才能参加运动会的比赛。比赛时，在高空的彩带上悬挂一串金黄色的铜铃，比赛选手荡起秋千，看谁能碰响铜铃，碰到的次数越多，成绩越高。飘逸的长裙，叮当悦耳的铃声，惊险的摆荡，令人叹为观止。秋千比赛规定，只限女子参加，分设单人、双人和团体赛，项目分高度比赛和触铃比赛。高度比赛以在规定的试荡次数内荡达的最高点来计算成绩，触铃比赛是以在规定的高度上和时间内运动员触铃的次数来计算成绩。比赛场地为 20×8 米的长方形平坦地面，秋千架高 12 米，起荡台高 1.3 米。在高度比赛中，选手均有 6 次试荡机会，而在触铃比赛中则只限 1 次。秋千在当时社会是人们生

活中不可或缺的娱乐项目。

跳板是一项朝鲜族的传统综合类女子体育项目，多在元宵、端午、中秋等节日举行。朝鲜族民间有句俗话说："姑娘时不跳跳板，出嫁后就会难产。"因此，跳板运动很受朝鲜族重视与喜爱。跳板类似于跷跷板，用木架支住一块长木板中心，两人分别站在木板两端，彼此轮番跳起，借一方跳起后下落的重力，将另一方弹起腾跃空中。比赛方法有"抽线"和"表演"两种。"抽线"是在跳板两端各置一线团，抽出线头系于比赛者的脚踝上，在规定时间内，比赛者弹跳时所抽出线的长度，丈量出其弹起的高度来判断胜负。"表演"有自选动作和规定动作，主要根据比赛者的跳腾动作难度和姿势进行评分。规定项目是将规定的几种动作连接起来表演；自选项目有手持扇子、花环、彩带等物进行的表演，可以不断做出劈腿、弓身、钻环、跳绳等十分优美的造型动作。伴随着有节奏的踏跳，身着彩裙的朝鲜族少女，优美地在空中表演旋转、空翻等各种动作。这就是生活在松花江畔朝鲜族妇女喜爱的传统体育娱乐活动。

摔跤是朝鲜族男子喜爱的运动，它最初是由朝鲜族农民所创造的。一般分为儿童、少年、壮年三个级别比赛，由少年摔跤开场。比赛双方穿上特制的摔跤服，右腿上扎一束白带子，各自将左手套进对方的带里，右手抓住对方的腰带。比赛时，双方各右膝跪地，左膝弯曲，右手搂住对方左肩，从背后抓住对方腰带，左手紧抓对方腿带。裁判员发令后，双方同时迅速站起，猛摔对手。无时间限制，以摔倒对方为胜。一般采取三局二胜制，经过多局较量后决出获胜者。人们常选一头肥壮的黄牛作为奖品奖给优胜者，比赛结束时获胜者牵着黄牛在锣鼓声中绕场一周。摔跤时规定套上腿绳。腿绳用长3米的麻布或白布制成，以90厘米围在腰际，余则缠在右侧大腿上。腰带为一条长1.5米的布带。

此外，朝鲜族象棋、弓箭、顶瓮竞走、武术、拔河等项目也深受朝鲜族人民喜爱，这些项目是当时人们闲暇时间主要的体育娱乐，也是当时人们生活不可或缺的一部分。

新中国成立后中国体育事业的蓬勃发展，尤其是东西方文化的交融和各民族之间文化血脉和深层的关联，使朝鲜族民俗体育受到强烈的冲击。朝鲜族民俗体育项目已经逐渐脱离了朝鲜族人们的生活，现今他们的日常闲暇时间还在进行锻炼，但是秋千、跳板、摔跤等民俗传统体育项目的身影已经淡出人们的视线。朝鲜族特有的民族文化的传承也遭遇危机。

四、朝鲜族民俗体育文化生活化的历史必然性

（一）民俗体育文化传承的重要性

众所周知，中国传统文化源远流长，博大精深，是中华民族在中国古代社会形成和发展起来的比较稳定的文化形态，是中华民族智慧的结晶，是中华民族的历史遗产在现实生活中的展现。在其久远博大之中，却"统之有宗，会之有元"。若由著述载籍而论，经史子集，万亿卷帙，概以"三玄""四书""五经"为其渊薮；如由学术统绪而言，三教九流、百家争鸣，则以儒、道两家为其归致。这个思想体系蕴涵着丰富的文化科学精神，至于文学、艺术皆根植于上述思想之中，逐渐形成了各自以地方为特色的区域文化，其中不乏下里巴人、喜闻乐见的文化形式，但也有许多阳春白雪、曲高和寡的部分逐渐散失了，于是传统文化传承就突显出了其不可或缺的重要性。

文化是民族的重要特征，是民族凝聚力、生命力、创造力的重要源泉。我国是一个多民族、多元文化的国度，中华文化博大精深、多彩绚丽，每一个民族不论大小，都对中华文化的形成和发展作出了独特贡献，每一个民族的文化，都是中华民族的共有精神财富。

马克思和恩格斯曾经指出："一个民族或一个时代一定经济发展阶段，便构成为经济基础，人们的国家制度、法的观念、艺术以至宗教观念，就是在这个基础上发展起来的，因而，也必须由这个基础来解释，而不是过去那样做得相反。"[1]中国民俗体育是世界体育文化的一个重要组成部分，它是一个根深蒂

---

[1] 《马克思恩格斯选集》第3卷，人民出版社1995年版，第574页。

固的，并形成了稳定特色的精神文化，在经过文化变迁的洗礼后，已经改变其特定的结构风格，呈现出丰富多彩、风格迥异的传统体育模式。

在民族发展的过程中，如果一个民族"丧失了现代化将意味着民族的贫困，丧失了传统文化则意味着民族的消亡。"①民俗的传承是一个民族的根本，民俗体育是朝鲜族民族文化中不可缺少的一个重要的文化基石。朝鲜族民俗体育不仅是中华民族的文化，更是世界文化的丰富遗产。

朝鲜族民俗体育蕴含着朝鲜族民族特有的生活方式、思维方式、创造力，体现了朝鲜族与众不同的生命力和民族价值。朝鲜族民俗体育的发展不仅仅是增进精神统一和民族团结的重要力量，也肩负着朝鲜族悠久历史文化传承的重任。现代主流体育项目的蓬勃发展，阻碍了民俗体育的开展，按照这种情况发展下去，朝鲜族民俗体育将会逐渐淡出人们的视野。朝鲜族民俗体育的由来是古代朝鲜族人们智慧的结晶，是那一时期人们生产生活的文化产物，是朝鲜族历史无法分割的一部分。如果将朝鲜族民俗体育冷落，就是将朝鲜族的根源弃之不顾。所以朝鲜族民俗体育的生活化开展是势在必行的历史性任务。

（二）民俗体育文化的多元功能

体育是人类社会发展中，根据生产和生活的需要，遵循人体身心的发展规律，以身体练习为基本手段，达到增强体质，提高运动技术水平，进行思想品德教育，丰富社会文化生活而进行的一种有目的、有意识、有组织的社会活动，是伴随人类社会的发展而逐步建立和发展起来的一个专门的科学领域。它同其他基础学科一样担负着生命安全教育的责任，加上当今现代生活的优越性，人们的体质情况令人担忧，体育能够锻炼身体的属性更应值得重视，同时它也起着帮助人们适应社会、适应生活和提高生活实践能力的重要作用。

"民俗体育"作为"体育"这一领域的组成部分，同样肩负着共同的使命和责任。中国朝鲜族民俗体育项目是由兢兢业业、富有运动天赋的朝鲜族人民

---

①　哈经雄、滕星主编：《民族教育学通论》，教育科学出版社 2001 年版，第 558 页。

创造并传承的，每一项都有其他少数民俗项目比拟不了的运动特色，极具健身性、娱乐性、休闲性、观赏性。

就以秋千为例，秋千制作简单，便于人们娱乐，又带几分惊险和刺激，因此深受人们喜爱，尤其是受到朝鲜族妇女的喜爱。朝鲜族妇女荡秋千的场面常常令人叹为观止。荡到最高时，秋千的绳几乎与地面平行，惊险万分，而且站在踏板上的姑娘们裙袂飘飘，宛如仙女下凡。荡秋千不仅能使她们的服饰得到充分展示，而且让她们内心的喜悦得到充分的释放，因此朝鲜族秋千被认为是最能展现朝鲜族女性美的体育项目之一。秋千不仅看上去美丽、新奇，运动者兴奋刺激，也涉及了科学的人体平衡系统，进行秋千的锻炼能够增强人体平衡能力，能起到治疗晕车、晕船的作用，锻炼时又简单容易上手，是一项很有价值的民俗体育项目。

跳板的跳法也有多种多样、多姿多彩，如：剪子跳、空翻跳、跳藤圈、舞花环、挥彩带等惊险、高难度而又优美。其难度动作不是一朝一夕就能完成的，必须要经过长时间的练习，而且对跳板人的心理素质也是有很严格的要求，要具有勇敢坚强的精神。试想跳板人身穿五颜六色的民族服饰，手拿扇子、圈、花环在空中翻转的画面，是多么的优美，一定如美丽的蝴蝶在空中飞舞一样迷人。跳板不仅能够锻炼人的心理素质，而且对增强腿部的弹跳力、锻炼空中控制身体的能力和提高前庭功能稳定性，以及健美形体均有显著作用。

（三）民俗体育文化本身的生活化内涵

民俗体育的定义中就已经包含了生活化的内涵。区别于其他体育的是，民俗体育的起源主要是依附于少数民族人群最初的日常生活和特有的民俗习惯，是由本民族民众的起居生活和基础需要而滋生、发展起来的，它离不开其产生的人群，更离不开他们的生活。具有中国特色的朝鲜族民俗体育也同样离不开朝鲜族人民，它应该回归到朝鲜族人们的生活中，这样才是真正的属于朝鲜族特有的民俗体育。

（四）民俗体育文化生活化的发展需要

改革开放以来，我国成功举办了十一届的少数民族运动会，竞技性民俗体育已经逐渐地从幼稚走向成熟，朝鲜族民俗体育项目也在多次少数民族运动会上大放异彩。但是群众体育方面与之比较就显得非常薄弱，朝鲜族的体育人群进行锻炼的项目已经越来越转为以国际主流项目为主，朝鲜族民俗体育项目的身影也只能在四年一次的少数民族运动会上展现出来。竞技体育毕竟是少数人进行的锻炼，只有少之又少的朝鲜族人群才能为了比赛而经常接触，这就导致了中国特色朝鲜族民俗体育的竞技发展和群众发展严重失衡。

2008 年北京奥运会之后，我国体育事业整体面临巨大的转折点，竞技事业高度发展的同时，国家开始要从体育大国转向体育强国，大力发展群众体育是无法避免的问题。在这种情况下，各地方也应该配合实施，民俗体育的生活化更是顺应国情、顺应民情的一个重要举措。

民俗体育生活化的发展源于需要，需要是一切活动的出发点，因为有需要人类才进行活动，体育需要是民俗体育生活化动力。现代社会由于运动不足导致种种"文明病"的产生。目前虽然人们工作时间减短了，但工作任务有增无减，精神处于高度紧张的状态，焦灼感较重。多姿多彩的朝鲜族民俗体育活动后，能够使人达到愉悦身心的感觉。这种需要能给予人们对民俗体育的满足感受，这是改变生活方式、生活态度的重要参数。人们对体育的需要是启发民俗体育生活化动力。

第二节　朝鲜族民俗体育文化的生活化条件分析

任何事物的运行发展都需要一定的内部和外部条件相配合，民俗体育生活化是社会文明发展的象征，当然，中国特色朝鲜族民俗体育的生活化也需要这些因素，本章重点对影响民俗体育生活化的政治、经济、文化等方面进行分析研究。

一、民俗体育文化生活化的经济条件分析

（一）物质文化与精神文化

恩格斯说过："一切社会变迁和政治变革的终极原因，不应当在人们的头脑中，在人们对永恒的真理和正义的日益增进的认识中去寻找，而应当在生产方式和交换方式的变更中去寻找；不应当在有关的时代的哲学中去寻找，而应当在有关的时代的经济学中去寻找。"① 这为我们民俗体育生活化指明了方向。

经济与民俗体育是人们的物质文化和精神文化的反映层面。首先，作为物质文化是指为了满足人类生存和发展需要所创造的物质产品及其所表现的文化，包括饮食、服饰、建筑、交通、生产工具以及乡村、城市等，是文化要素或者文化景观的物质方面表现。除此之外，物质文化还包括生产关系等。随着生产关系生产力的发展，逐步进入现代化的经济层面。

民俗体育是人们为了日常娱乐所创造出来的，不是人类社会与生俱来的，民俗体育是源于生活的，但我们不得不承认目前体育的发展已经高于生活。精神文化是属于精神、思想、观念范畴的文化。它是代表一定民族的特点反映其理论水平的思维方式、价值取向、伦理观念、心理状态、思想人格、审美情趣等精神成果的总和。②

物质决定精神，精神作用于物质，精神文化是物质文化的核心载体，它们两个的关系是相辅相成的。民俗体育活动的每个动作都给我们展现出美的感受，这对我们的生活和情感都产生影响，而经济因素正是决定这些主要原因。经济是人们维持生命延续的，如果连生命都保证不了延续，那何求更高层次的追求？那么民俗体育生活化的进行更是痴人说梦。物质生活的生产方式制约着整个社会生活、政治生活和精神生活的过程。这说明民俗体育生活化是依附着经济，经济是民俗体育生活的基础。奥林匹克运动在西方发达国家无论是竞技

---

① 《马克思恩格斯选集》第 3 卷，人民出版社 1995 年版，第 243 页。

② 曾丽雅：《关于建构中华民族当代精神文化的思考》，《江西社会科学》2002 年第 10 期。

方面，还是全民健身方面都发展得好于东方国家，我国在旧社会体育的发展也是落后的，随着经济的发展体育事业也蒸蒸日上，这些都证明了民俗体育的发展都是建立在一定的经济基础上。

（二）经济发展状况对体育生活化的影响

中华人民共和国成立后，通过有计划地进行大规模的社会主义建设，中国已成为世界上最具有发展潜力的经济大国之一，人民生活总体上达到小康水平。从 1953 年到 2010 年，中国已完成十一个"五年计划"，并取得举世瞩目的成就，为国民经济的发展打下了坚实基础；1978 年以来的改革开放，则使中国经济得到前所未有的快速增长。进入 21 世纪后，中国经济继续保持稳步高速增长。目前社会主义市场经济体制已经初步建立，市场在资源配置中的基础作用显著增强，宏观调控体系日趋完善；以公有制经济为主体、个体和私营等非公有制经济共同发展的格局基本形成，经济增长方式逐步由粗放型向集约型转变。按预定计划到 2020 年，建立起比较成熟的社会主义市场经济体制。

随着我国国民经济的快速发展，我国顺利加入世贸组织，国民收入不断增高，生活水平显著提高，民众培养了良好的体育消费观。近年来，由于健康等因素的影响，参加体育锻炼的人群越来越多，在各项健身活动上的花费也逐渐成为人们固定的消费，这对于我国体育生活化提供了物质保证。

延边朝鲜族自治州是中国朝鲜族最大的聚居区，1952 年成立区域自治，2001 年区域自治法的颁布使延边州经济形成自治。延边州经济发展与全国其他少数民族地区相比，始终名列前茅。"九五"以来，特别是享受国家西部大开发政策以后，国民经济发展速度明显加快，综合经济实力明显增强。2010 年，全州实现地区生产总值 533.6 亿元，增长 15.2%；全口径财政收入 88 亿元，增长 21.4%；其中地方级财政收入 41.3 亿元，增长 18.9%。全社会固定资产投资完成 739.8 亿元，增长 30.1%；规模以上工业完成增加值 210.1 亿元，增长 20.4%；社会消费品零售总额 257.7 亿元，增长 18.6%。产业结构日趋协调，新型工业异军突起，国民经济步入快速发展轨道。延边地区依托地域优势、资源优势、政策优势、"全国民族团结进步模范州"的社会优势，确立了把食品、医药、林产、能源矿产、对外经贸、旅游作为经济发展的六大支柱产业，通过国家扶持、招商引资等多种渠道筹措资金，发展特色经济的总体思路。人民生活水平也实现小康水平，2010 年城镇居民人均可支配收入为 14780 元。

中国朝鲜族聚居区的经济增长，带动了体育基础设施建设。延边州的政府和体育主管部门通过向上争取、本级投入以及协调县市政府投入，多措并举、多方投入，加大了体育基础设施建设。如，延边州的龙井市、延吉市新建了体育场，安图县、和龙市改造了体育场，珲春市、汪清县正谋划新建标准化体育场。

经济的增长促使政府更注重民俗体育的发展，开发建设民俗村，让民俗体育、民俗文化更加普及到日常的休闲娱乐当中，体验和感受民俗体育的地点增多，政府加大对体育场地设施的投入，体育场地的完善更加有利于居民参与体育锻炼，对朝鲜族民俗体育生活化的形成产生积极推动的作用。"十一五"计划的完成使延边州朝鲜族民俗体育得到了一定的物质保证，据调查显示这期间新建的民俗村有两处：2008 年，吉林—延吉高速公路上，建成了朝鲜族民俗村，让过往的游客也能感受到朝鲜族民俗体育的乐趣；2012 年中国朝鲜族民俗村的建成，是展现中国朝鲜族民俗文化的核心，最完整地集聚了中国朝鲜族民俗文化要素，成为展现中国朝鲜族民俗文化的一个平台，是延边朝鲜族民俗体育面向世界的一张新名片。

1996 年建立的延边朝鲜族民俗园，随着"十一五"计划的实施，延吉市经济社会发展水平和居民生活水平逐渐提高，为了进一步丰富延吉市的民俗业余生活，政府决定从 2007 年起取消民俗园的门票和租赁费用；长白朝鲜族小康村地处长白县，在 2005 年 4 月 25 日之前这里还是一个普通平常的山村，而短短的半年之后，在省财政的大力支持和全县人民的共同努力下，这里的旧貌换了新颜。发展成为一个集休闲、观展、娱乐和度假于一体的民俗旅游场所。长白村内有长 40 米，宽 30 米，总占地面积 1200 平方米，设置了秋千、跳板及摔跤三个项目场地的体育场。这些都促进了朝鲜族民俗体育生活化。

图们江区域是中国参与东北亚地区合作的重要平台。国务院在批复中指出："以吉林省为主体的图们江区域在中国沿边开放格局中具有重要战略地位，加快图们江区域合作开发，是新时期中国提升沿边开放水平、促进边疆繁荣稳定的重大举措。"东北亚区域合作对延边州经济发展起到了一定的推动作用，经过多年的建设，延边州正呈现出经济发展、政治安定、民族团结、社会进步的良好局面。已经具备打造东北亚区域经济中心"窗口"的条件。延边朝鲜族自治州经济的快速发展改变人民生活和价值观念，在这种条件下延边州发展特有的朝鲜族民俗体育就得到了一定的经济保证。

二、朝鲜族民俗体育文化的生活化发展文化条件

中国朝鲜族体育继承了具有原始民族风味的秋千、跳板、摔跤、顶缸竞走等项目，又开展了中国体育主流项目的排球、田径、拳击、健美操，对于足球、跆拳道、弓道、剑道、速滑等项目有所偏重，加上近几年来的外来新型体育的推广，高尔夫、滑雪等休闲活动开始不断发展。现如今，吸收了来自四面八方的各类体育文化的特色，发生了体育文化区域的交融，已经超越了二重性的特征。

党的十七届六中全会提出文化强国"创新文化走出去模式，推动中华文化走向世界"这一具体目标。在全球化和文化多元化时代背景下，朝鲜族民俗体育文化发展要依据文化"走出去"战略，使中国特色朝鲜族文化能够顺畅地走出去，走向世界。

中国图们江区域合作开发，带动了图们江区域旅游经济发展。图们江区域内旅游资源丰富，拥有独特的朝鲜族民俗旅游资源。有国家 5A 级自然保护区——长白山、沿图们江边境旅游带、吉林八景之一的"一眼望三国"的防川风景区、红旗朝鲜族第一村、仙景台国家重点风景名胜区、海兰湖国家 4A 级风景区、图们江江边公园等旅游景区，每年还举办中国延边朝鲜族民俗旅游博览会，举行各式各样的朝鲜族民俗节庆活动，迎接国内外旅游者。

图们江区域旅游资源的开发使朝鲜族民俗体育文化"走出去"，让更多的

人了解、认识、参与到民俗体育活动当中，红旗朝鲜族民族第一村就是良好的实例，民俗体育文化在旅游经济功能有限的转变下，是促进、继承、发展朝鲜族民俗体育生活化的有效方法。

三、朝鲜族民俗体育文化的生活化发展政策、法律法规

（一）政策条件

中华人民共和国成立以来，"平等、团结、进步、繁荣"的民族政策和"积极提倡，加强领导，改革提高，稳步发展"的方针，一直是我国少数民族体育基础建设和发展的保障。从 1978 年党的十一届三中全会以来，党和国家提出了"民族体育与现代体育比翼齐飞"的口号，全面推动了各民族体育共同发展。可见，少数民族体育事业的发展离不开党和国家的政策扶持。

1981 年，国家体委与国家民委在研究制定少数民族体育工作方针时指出："要贯彻落实党的民族政策，积极开展民族传统体育与近代体育活动，提高少数民族的健康水平和运动技术水平，活跃群众文化生活，促进民族团结，为建设社会主义精神文明服务。"[1]

1995 年，我国颁布了《全民健身计划纲要》指出："积极发展少数民族体育，在民族地区广泛开展以少数民族传统体育项目为主的体育健身活动。"指明了少数民族体育在全民健身计划纲要中的特殊作用。把具有悠久历史的民俗传统体育和最新提出的全民健身计划活动融为一体，不仅能促进全民健身的深入开展，也能传承少数民族特色文化。这两项计划的颁布促进了我国群众体育事业的发展。同年 8 月，《中华人民共和国体育法》颁布，"全民健身计划"得到了法律保障。其中第六条规定："国家扶持少数民族地区发展体育事业、培养少数民族体育人才。"第十五条规定："国家鼓励、支持民族民间传统体育项目的发掘、整理和提高工作。"

---

[1] 饶远、张云钢、徐红卫：《论中国少数民族体育政策的特征与启示》，《体育科学》2007 年第 10 期。

2011 年，国务院颁布《全民健身计划》(2011—2015)，指出："全民健身关系人民群众身体健康和生活幸福，是综合国力和社会文明进步的重要标志，是社会主义精神文明建设的重要内容，是全面建设小康社会的重要组成部分。为进一步发展全民健身事业，广泛开展全民健身运动，加快体育强国建设进程，制定本计划。"其目标任务是："到 2015 年，城乡居民体育健身意识进一步增强，参加体育锻炼的人显著增加，身体素质明显提高，形成覆盖城乡比较健全的全民健身公共服务体系。"

中共中央、国务院 2002 年 7 月 22 日发布的《关于进一步加强和改进新时期体育工作的意见》(以下简称《意见》)。《意见》还明确提出："要通过体育弘扬集体主义、爱国主义精神，增强国家和民族的向心力、凝聚力，创造文明和谐的社会环境"的体育发展目标，还出台了《边疆基本建设和事业补助金》《落后地区支援金》《少数民族补助金》等政策。

我国以民族区域自治为核心，实施民族区域自治政策使少数民族在经济、政治、文化等方面享受平等待遇。实现了"要抓住西部大开发的有利时机，积极扶持中西部地区和少数民族地区发展体育事业，发挥民族人才资源优势，努力促进区域体育的共同发展"这一构想。

延边属边境开放地区，又是少数民族地区，国家和吉林省在资金投放和政策倾斜方面一直给予特殊照顾，被国家确定为民族自治地区改革开放试验区。

2001 年 3 月，国务院正式批准延边州享受国家西部大开发的优惠政策。图们江地区的开发开放，得到了政府的高度重视和联合国的大力支持。时任国家主席江泽民于 1995 年 6 月第二次来延边视察时写下"开发珲春，开发图们江，发展与东北亚各国的友好合作关系"的题词。第八届全国人民代表大会第四次会议批准，将推进图们江地区开发开放写进《关于国民经济和社会发展"九五"计划和 2010 年远景目标纲要》中，联合国还成立了图们江地区项目管理委员会和图们江秘书处。

2009 年 8 月 30 日，国务院正式批复《中国图们江区域合作开发规划纲要——以长吉图为开发开放先导区》，标志着长吉图开发开放先导区建设已上升为国家战略，成为迄今唯一一个国家批准实施的沿边开发开放区域。

为了继承和保护朝鲜族传统体育项目，促进和发展朝鲜族传统体育事业，传承和弘扬朝鲜族传统体育文化，根据有关法律法规结合自治州有关法律法规，延边朝鲜族自治州制定《延边朝鲜族自治州保护和发展朝鲜族传统体育条例》（以下简称《条例》）。该《条例》经 2011 年 1 月 14 日延边朝鲜族自治州第十三届人民代表大会常务委员会第 4 次会议通过，2011 年 5 月 27 日吉林省第十一届人民代表大会常务委员会第 26 次会议批准。于 2011 年 6 月 8 日延边朝鲜族自治州第十三届人民代表大会常务委员会公告第 1 号公布。

国家体育总局也在《2001—2010 年体育改革和发展纲要》中提出"进一步发挥少数民族地区的优势，开发民族体育资源，做好民族传统体育项目的挖掘、整理和推广工作。少数民族地区要把发展民族传统体育与增进民族团结联系起来"。党和国家的一系列政策和法规的颁布，都为民俗体育生活化的实施打下了良好的政策基础。朝鲜族的民俗体育也在各项政策扶持下日益开展。

（二）政治、法律法规条件

经济制度决定着政治制度，我国是以生产资料公有制为基础的经济制度，以人民代表大会制度为政治制度的社会主义国家，我国政治的根本目标是满足人民日益增长的物质文化需求和保障每个公民的基本权益。人们在体育运动的参与上应充分享有主动性和平等性。从毛泽东 1952 年"发展体育运动，增强人民体质"的题词，到 1995 年我国颁布了历史上第一部《体育法》，把作为公民一项基本权利的体育赋予了真正的法律地位。再到 1996 年"关于体育政策，核心问题就要把体育工作的重点真正的转移到增强人民体质上。我们的体育工作，应该以增强人民体质，增强 12 亿人民的体质，作为根本宗旨"的提出。有效地激发了人民群众开展大众体育的积极性和热情。

在经济发展阶段，人民的一切劳动都是为了生存，对体育几乎没有要求。随着经济的发展，国家更加重视国民的体质问题，体育成为我国社会生活和发展不可分割的重要组成部分。国家一系列政策法规的出台，对人民履行了义务，赋予了人民参加体育锻炼的条件，人民也要履行对国家基本的义务。党和国家的积极感召，法律法规的颁布，为参与体育锻炼的大众创造了基本的权利保障，为各级体育事业的管理部门奠定了一定的基础。人们经历了从对体育没有需求到自愿、自发、积极地去开展体育锻炼的过程，从只满足生存的基本需求到追求健康、丰富、有品位的生活，在经历了这样大的转变之后，表现出来的是我国民众对体育权利的意识从模糊到清晰，行为从被动到主动的转化。也体现出我国改革开放以后对于体育法律的重视程度，这对于体育生活化的进程起到推波助澜的作用。

　　民俗体育文化的生活化的发展不只有经济、文化、政治政策的条件，还需要有约束民俗体育生活化法律法规。俗话说"无规矩不成方圆"，朝鲜族民俗体育文化的生活化发展还需要一定法律法规。2006年1月，国家民族事务委员会和国家体育总局根据《民族区域自治法》《国务院实施〈民族区域自治法〉若干规定》《体育法》和《全民健身计划纲要》的有关规定，联合下发了《关于加强少数民族传统体育工作的意见》（以下简称《意见》），①《意见》阐述了我国少数民族民俗体育文化发展的意义，明确了我国少数民族民俗体育文化的发展目标。朝鲜族民俗体育文化的发展也要明确自己的目标，遵循其发展的规律，根据各项法律法规的指导，体育局等有关单位要制定出符合延边少数民族地区民生的有关法律法规。

　　2011年6月8日，延边朝鲜族自治州公布施行了《延边朝鲜族自治州保护和发展朝鲜族传统体育条例》，其内容如下：为了继承和保护朝鲜族传统体育项目，促进和发展朝鲜族传统体育事业，传承和弘扬朝鲜族传统体育文化，根据有关法律法规，结合延边朝鲜族自治州实际制定本条例。本条例所称朝鲜族传统体育，是指朝鲜族群众所特有的、广泛普及和传承的秋千、跳板、摔跤等体育活动。县级以上人民政府应当保护和发展朝鲜族传统体育，坚持继承和创新、普及与提高相结合，保持和发扬朝鲜族传统体育的特色和优势，促进朝

---

① 　宋卫：《广东高校开展少数民族传统体育的现状及发展思路》，《体育学刊》2007年第6期。

鲜族传统体育同其他民族体育相融合。县级以上人民政府应当将朝鲜族传统体育的保护和发展纳入国民经济和社会发展规划。自治州人民政府民族事务行政主管部门负责本条例的组织实施。其主要职责是，研究制定朝鲜族传统体育发展规划和有关政策，组织开展朝鲜族传统体育活动；组织宣传有关保护少数民族传统体育的法律法规政策；协调相关部门做好朝鲜族传统的保护和发展工作；挖掘和整理朝鲜族传统体育文化资源；指导、监督和检查各县（市）及相关部门开展朝鲜族传统体育的保护和发展工作。县级以上人民政府体育行政主管部门负责朝鲜族传统体育运动和活动规则的整理、论证、完善和确定；负责朝鲜族传统体育项目教练员的培养、运动员的选拔和训练以及运动会的组织工作；负责开展朝鲜族传统体育项目的普及推广工作。县级以上人民政府教育行政部门负责开展朝鲜族传统体育项目的入校普及和培养后备人才工作；编制朝鲜族传统体育教程，纳入朝鲜族中小学体育课程。鼓励汉族中小学开设朝鲜族传统体育校本课程和开展朝鲜族传统体育活动。自治州行政区域内的高等院校负责培养朝鲜族传统体育人才；组织开展朝鲜族传统体育学科研究及学术交流活动。县级以上人民政府其他有关部门应当按照各自的职责做好保护和发展朝鲜族传统体育工作。县级以上人民政府应当重视和保护朝鲜族传统体育项目的传承人，鼓励具有较高水平和经验的朝鲜族传统体育专家带徒授业。县级以上人民政府应当设立保护和发展朝鲜族传统体育项目专项资金，纳入财政预算，并按财政收入增长比例逐年递增，主要用于建设朝鲜族传统体育基地；普及朝鲜族传统体育活动及组织各类赛事；保护和研究朝鲜族传统体育文化；培养朝鲜族传统体育优秀运动员和教练员；奖励朝鲜族传统体育优秀运动员和教练员；保护和发展朝鲜族传统体育的其他事项。县级以上人民政府鼓励企事业单位和社会团体自筹资金保护和发展朝鲜族传统体育事业，鼓励社会团体和个人对保护和发展朝鲜族传统体育事业提供捐助。自治州行政区内从事朝鲜族传统体育人才培养和生产、经营朝鲜族传统体育器材的企事业单位应缴纳的企业所得税，属于州分享部分由州人民政府决定并报省政府批准，实行减税或者免税。县级以上人民政府鼓励、支持公民、法人和其他组织与境内外的组织和个人，依法开展朝鲜族传统体育文化的交流和合作。乡（镇）以上人民政府鼓励各族群众参加朝鲜族传统体育活动，定期举办朝鲜族传统体育运动会，并把秋千、跳板、摔跤等朝鲜族传统体育优势项目列入运动会比赛项目。县级以上人民政府运动员、教练员有以下情形的，给予奖励和优待。对在省级以上少数民族传统体育运动会上获得第一、二、三等奖的运动员、教练员给予奖励；对在全国少数民族传统体育运动会上获得一、二等奖的运动员，具有高中文化程度的，参照国家运动员等级标准，推荐到延边大学体育学院运动训练专业深造；对在全国少数民族运动会上获得一等奖的运动员，在参加与朝鲜族传统体育相关教练员、体育教师公开招聘考试时，给予特殊岗位优待。本条例由延边朝鲜族自治州人民代表大会常务委员会负责解释。本条例自公布之日起施行。

第三节　中国特色朝鲜族民俗体育文化的特征及生活化发展的影响因素

一、中国朝鲜族民俗体育文化的特点

朝鲜族民俗体育文化是我国特有的非物质文化遗产，它伴随着时代、社会风俗、生活方式的变更，产生、发展、演变出具有自身特色的民俗体育特点。涂传飞、余万予、钞群英等对民俗体育的普遍性特征进行了系统研究，认为民俗体育具有内部和外部特征，其中内部特征主要有竞技性、娱乐性、依附性、民族的差异性和全人类的共通性等，外部特征主要包括历史性、地域性、传承性、变异性和观赏性等方面。[①] 内部和外部特征结合组成了民俗体育文化的整体特点。因此，本文以民俗体育文化的内、外部特征为基础，探讨朝鲜族民俗体育文化的特点。

---

① 涂传飞、余万予、钞群英：《对民俗体育特征的研究》，《武汉体育学院学报》2005 年第 11 期。

（一）朝鲜族民俗体育文化的内部特点

1. 朝鲜族民俗体育文化的竞技性

竞技性恰恰源于竞技运动的本身，而娱乐游戏则是竞技运动的主要起源之一。美国学者休密慈（Schmitz，K.L.）说过："竞技运动从根本上讲是游戏的延长，它的基础在于游戏，而它的主要价值是从游戏中所派生出来的。"朝鲜族民俗传统体育运动的起源是从生活中所需的技能与娱乐游戏中得来的。而民俗传统体育运动中的竞技性则是在达到最高生活技能和娱乐大众、激发民众热情的前提下很好的起到提高身体能力、心理和运动能力多方面素质的综合作用。

竞技性是体育活动的精髓，也是朝鲜族民俗体育的主要内部原因。朝鲜族民俗体育文化的竞技性主要是指民俗体育文化活动中所体现出的竞技精神即争胜心理。任何一种体育活动都具有奥林匹克"更高、更快、更强"精神，无论是奥运会主流项目还是具有传承意义的民俗体育项目。朝鲜族民俗体育文化的竞技性，可以使参与者在民俗体育活动中心情愉悦，起到锻炼意志品质的作用。如，秋千作为朝鲜族妇女所喜爱的民间活动，目前已经成为全国少数民族运动会正式比赛项目之一。同时，2006 年 5 月 20 日，经国务院批准，秋千项目被列入第一批国家级非物质文化遗产名录。

2. 朝鲜族民俗体育文化的娱乐性

中国朝鲜族具有悠久而优美的民族文化艺术传统，尤其是能歌善舞，民间更是歌舞盛行，音乐别具一格，具有浓郁的民族色彩。朝鲜族民俗体育文化更具有娱乐性特点。朝鲜族民俗文化的娱乐性无论从生理、心理还是社会化等方面都是人们精神生活上的重要内容。而愉悦身心、陶冶情操也是体育的又一本质功能。如，朝鲜族跳板项目在独自或者同伴的默契配合下完成空翻、剪子跳、屈腿跳等高难度动作，参与者能感受到一种妙不可言的满足和快感，达到自我价值的充分展示，会增强自己的自尊心、自信心、自豪感，是朝鲜族女性锻炼身体，放松心情的一种娱乐方式。同样在观看秋千、跳板、摔跤等运动的精彩表演时，人们的欢呼声对疲劳的消除、情绪的调节都会起到积极的效果。朝鲜族民俗体育文化有其丰富的内涵，多彩的表达方式和浓郁的地方、民族特色，得到了社会的认同。

3.朝鲜族民俗体育文化的依附性

民俗体育文化的依附性是由民俗体育的起源决定的。① 各个民族的民俗体育文化都具有较强的依附性。民俗体育文化大部分起源于宗教信仰、祈祷祭祀、日常娱乐等方面。朝鲜族民俗体育文化的依附性主要表现在祈祷祭祀、日常娱乐中。如，朝鲜族跳板的起源主要来自于朝鲜族生存过程中的各种物质生产活动、原始宗教礼仪和祭礼等信仰活动和岁时风俗之中。从而保证朝鲜族跳板等民俗体育文化代代相传。

（二）朝鲜族民俗体育文化的外部特征

在民俗体育文化的诸多特性中，它的民族性、地域性、传承性、实用性是最基本的外部特征。时代的不同，地理环境的差异，社会历史进程的快慢，加之民族自身文化背景和心理素质的影响，使各民族的民俗体育文化有着较大的民族文化差异。②

1.朝鲜族民俗体育文化的民族性

朝鲜族民族传统体育作为一种凝聚成员共同情感和民族共同心理的特殊文化，无论是在社会集体意识的强化方面，还是群体凝聚力的增强方面，都发挥着非常重要的作用。日本帝国主义在文化上曾经实行的奴化政策，把朝鲜族改称"皇国臣民"，严禁朝鲜族使用民族语言文字。在体育领域上实行了一系列"退让"政策来麻痹群众，推行"皇民化"战略（"皇民化"政策的具体推行时间为1931—1945年）以造成安乐气氛的假象。并强行解散各地区的民间体育组织，使朝鲜族民族传统体育受到了很大的打击。尽管如此，中国朝鲜族竭力冲破殖民地性质的奴化体育束缚，随着民族解放斗争的浪潮高涨，把中国朝鲜族民族传统体育运动不断地推向新的高潮。朝鲜族传统体育项目之所以长盛不

---

① 张俊英：《建国以来民俗体育发展研究》，硕士学位论文，山东大学历史系，2009年，第22页。

② 张俊英：《建国以来民俗体育发展研究》，硕士学位论文，山东大学历史系，2009年，第23页。

衰，这与朝鲜族的竞争心理和摆脱封建传统束缚的心理有着密切的关系。所以，我们的正确选择只能是在民族性基础上的世界化，即在保持民族文化的鲜明特色的基础上才可能实现走向世界的目标，我们绝对不能为迎合当今主流的西方竞技体育，而丧失和抛弃民族体育的精髓。

2. 朝鲜族民俗体育文化的地域性

地理环境是民俗传统体育文化赖以产生和存在的必备条件。一定的地域是一个民族长期繁衍生息的空间条件，各民族的传统体育活动及其所形成的价值观念、审美情趣等民族文化，确实在很大程度上受到所在地域的影响。

中国朝鲜族把地理位置不同却有着共同的民族心理和价值观念的区域连接起来构筑了民族区域。各民族的优秀文化，如果无法实现交流，也就无法实现在更大范围内发展的目标。倘若不考虑民族传统体育的地域性特色，一味在全国范围内干预，则会因为缺乏民族心理支持，而丧失存在的依据。在当前民族传统体育的发展中，政府既要给予积极的扶持、指导与干预，在全国范围内推广，又要考虑各大体育项目对地理环境的依赖性。使少数民族体育在全民健身运动中既能充分发挥它的作用与功能，又不至于使民族体育的固有人文特色丧失。

3. 朝鲜族民俗体育文化的传承性

朝鲜族民俗体育文化最鲜明的特点是具有传承性，传承的作用深远而远大，朝鲜族民俗体育文化在传承性的作用下代代相传、源远流长。其传承性主要表现在，民俗体育在人们日常休闲娱乐所起到的文化影响，民俗体育文化活动已经深深存在于人们的思想意识当中。朝鲜族的秋千、跳板、摔跤等运动是朝鲜族民俗节日、庆典中必不可少的娱乐项目，已经成为文化休闲娱乐的主流。朝鲜族民俗体育文化的传承性还维系了朝鲜族群众的民族意识，用体育活动的方式增强人与人之间的情感、民族友谊等。

4. 朝鲜族民俗体育文化的实用性

任何事物的存在都有一定的价值，同样朝鲜族民俗体育文化也具有实用性的特征。朝鲜族民俗体育文化活动的种类众多，形式更是丰富多彩，与人民的日常生产、生活更是有着密不可分的关系，维系着这种关系的正是朝鲜族民俗体育文化的实用性，这归属于文化现象中的一种实用范畴。抛开民俗体育的传承、发扬方面，民俗体育文化活动的开展的主要出发点还是以增强民众体质、陶冶情操、丰富日常文化生活为基础，也就是本着健身、健心为主要目的。如，开展秋千、跳板等运动项目，不仅能提高身体素质，还能通过各种配合来促进相互的感情交流，增进友谊，既达到了锻炼身体、陶冶情操的目的，也培养参与者对民俗体育项目的爱好和兴趣。

（三）朝鲜族民俗体育文化的生活化特点

民俗体育文化的生活化具有与生活相融性、锻炼的自主性、锻炼的经常性和价值观念的转变性等特点。

民俗体育文化与生活相融合就是指独立或集体的民俗体育文化行为形成并且融入到人们的日常家庭生活当中，成为人们日常生活中不可缺少的重要组成部分。它不仅仅包括个人或集体的民俗体育文化活动，也包括人们一起进行的体育消费、体育旅游等。

民俗体育文化的生活化自主性指的就是自主的制定和实施计划。民俗体育文化的生活化就是要把民俗体育文化活动融入到生活当中，并且在生活中不受任何外界条件的约束，并可根据自己的喜好选择各种运动的形式和地点。

2014 年 10 月 20 日，国务院印发《关于加快发展体育产业促进体育消费的若干意见》，它的提出营造了重视体育、支持体育、参与体育的社会氛围，将全民健身上升为国家战略。同样，民俗体育文化的生活化特点不仅要达到人们价值观念的转变，更是达到情感、态度和行为上的转变，最终形成全民参与体育的终身体育意识。

二、朝鲜族民俗体育文化的生活化中存在的问题

（一）朝鲜族民俗体育文化的文化冲突显著

全球一体化格局正说明文化是多元的，而不是单一的。任何一个国家、一

个民族的生存必须根基于多元文化的平台上，通过民族之间的文化交流和传播，并积极迎合和适应现代社会的变化和发展，从"那些被保存的历史见证中解读文化意蕴、挖掘文化内涵、解释文化的独特价值，将文化从其载体中激活"才能使自己的民族文化得以传承。面对滚滚而来的科技浪潮和多元文化的冲击，如何保护自己民族的文化传统，走自己特色的发展之路是世界各民族面临的一个新的危机和挑战。

1.民族化与世界化的冲突

民族体育是不同民族在独特的自然、经济、地理、政治、文化等环境中所形成的一种文化创造，民族性应是其主要特征。朝鲜族民俗体育作为一种凝聚人民成员共同情感和民族共同心理的一种特殊文化，无论是在社会集体意识的强化方面，还是群体凝聚力的增强上，都发挥着非常重要的作用。如，秋千、跳板、摔跤等体育项目，多与朝鲜族传统节日结合在一起开展，增强了民族内聚力。中国朝鲜族传统体育作为中华民族传统体育文化的一部分，也可以成为人类共同的文化遗产。第二次世界大战以后，体育场成为世界各国、各民族的主要竞技场。这种竞技不仅说明体育的强弱，而且是一个国家政治、经济、文化、综合国力等方面的较量。其政治意义和社会影响远远超过了体育本身。但世界体育文化只有在保持其多样性、丰富性和充分的民族特色，才可以被称为真正意义上的体育世界文化。

2.区域化与国家化的矛盾

地理环境是民俗体育文化赖以产生和存在的必备条件。一定的地域是一个民族长期繁衍生息的空间，各民族的传统体育活动及其所形成的价值观念、审美情趣等民族文化，确实在很大程度上受到所处地域的影响。其矛盾主要分为两种：一种是指地理位置上的区域冲突。在地理位置上的区域冲突表现为一种外来体育文化传入到中国境内时，区域体育文化的封闭体系往往会产生排外性。如，虽然中国朝鲜族开展的民俗体育活动在中国已经得到文化上的认同，但与朝鲜族聚居区周边地区其他民族相比，几乎看不到朝鲜族民俗体育项目的开展。

另一种是指中国朝鲜族把地理位置不同却有着共同的民族心理和价值观念

的区域连接起来构筑的民族区域冲突。各民族的优秀文化，如果无法实现交流，也就无法实现在更大范围内发展的目标。倘若不考虑民俗体育的地域性特色，一味在全国范围内干预，则会因为缺乏民族心理支持，而丧失存在的依据。在当前民俗体育的发展中，政府既要给予积极的扶持、指导与干预，在全国范围内推广，又要考虑各大体育项目对地理环境的依赖性。使少数民族体育在全民健身运动中既能充分发挥它的作用与功能，又不至于使民族体育的固有人文特色丧失。这应是一个要慎重考虑的问题。

3. 精英化与大众化的矛盾

不是所有民族体育都要精英化。从现有统计数字表明，国内民族传统体育项目种类总数可达 977 种之多，其中汉族 301 种，其他少数民族 676 种。如此丰富而庞杂的民族体育文化，不必也不可能都走向精英化的发展模式。一是因为民族传统体育具有较强的民族化特色，一旦离开了民族、地域的土壤，就会枯竭；二是我们民族传统体育的主要职责应是民族凝聚和民族内成员的社会化。

大众体育应该是体育的主流，民族素质的提高与民族世界形象的树立，对于我们来说尽管都很重要，但我们的目标只能是大众化发展基础上的精英化和精英目标下的大众化。

4. 个性化与规范化的矛盾

所谓民族传统体育的个性化，是指民族传统体育在其发展过程中坚持以本民族传统体育特质的继承为主要特征模式。众所周知，由于不同地区、不同民族居住环境、生产方式、社会的政治、经济发展状况不同，因而与此相对应的原创体育形式，便具有很大的差异性和独特性。各民族体育如果丧失了个性，丧失了其独有的特征，也便没有了存在的价值和意义。

中国朝鲜族民族传统体育文化迁移到中国以后经过一百多年的艰苦努力，不仅保持着自己原有的体育文化特色，而且在与中国文化的交融过程中，逐渐形成具有中国特色的朝鲜族民族传统体育文化。如跳板的跳跃方法、实施时间，摔跤的绑带部位和使用技术等。此外，90 年代开始朝鲜族传统体育项目摔跤的竞赛方法划分体重和年龄；腿带摔跤改换成腰带摔跤方式等。但这种摔跤的"科学化"模式反而削弱了朝鲜族摔跤的传统技术方法独特魅力。①

（二）朝鲜族民俗体育文化的理论体系不够完善

自从国家提出保护非物质文化遗产的意向和启动向联合国教科文组织申报非物质遗产名录以来，在一部分知识分子和政府官员中"文化自觉"意识已大为提升，一个以保护和抢救失传的非物质遗产为目的的文化理念和文化行动，也逐渐深入人心。但是从目前来看，这项涉及全民族民间文化的保护行动，其理论准备是严重不足的。② 同样作为我国民俗体育文化重要组成部分的中国朝鲜族民俗体育文化的生活化理论体系，也相对薄弱和不够完善。尤其是对如果要发展中国特色朝鲜族民俗体育文化的生活化问题，要怎么发展？最终要达到什么目标？认识还不够清晰。对中国特色朝鲜族民俗体育文化的生活化进行调查、整理、挖掘、认定、保存、传播还不够，还没有探索出真正意义上的中国特色朝鲜族民俗体育文化的生活化发展的有效传播机制及其规律。中国朝鲜族作为中国少数民族之一，理应需要有自己相对成熟及独特的朝鲜族民俗体育文化理论体系。但由于理论体系不成熟，因此很大程度上制约着中国特色朝鲜族民俗体育文化的生活化发展。

（三）朝鲜族民俗体育文化的经济水平制约

改革开放以来我国经济发展神速，据统计，延边朝鲜族自治州 2011 年的生产总值达到 651.7 亿元，从产业结构上来看，第一产业增加 60.6 亿元，增长 5.3%；第二产业增加 326.0 亿元，增长 22.8%；第三产业增加 265.1 亿元，增长 9.7%。③ 这充分说明在党的正确领导下，延边朝鲜族自治州的经济正在稳步增长，但是距离现代化的发展标准还有较大的差距，我们还需努力。

---

① 金青云：《中国朝鲜族体育发展战略研究》，北京体育大学出版社 2010 年版，第 191 页。
② 刘锡诚：《加强非物质文化遗产保护事业的理论建设》，《江西社会科学》2006 年第 3 期。
③ 中国统计信息网，延边州 2011 年国民经济和社会发展统计公报. 见 http://www.tjcn.org/tigb/oi1/24978./html。

当前，延边朝鲜族自治州的经济水平制约着民俗体育文化事业的发展，因此，我们必须大力发展经济来推进中国特色朝鲜族民俗体育文化的生活化运行。

（四）朝鲜族民俗体育文化的社会条件

社会条件因素包括锻炼方法、体育知识、体育法规政策、社会体育指导员、体育公共体育场馆等，[①] 这些因素恰恰也是我们所不足的部分。

1. 缺乏民俗体育社会指导员

社会体育指导员是指在竞技体育、学校体育、群众体育活动中从事技能传授、锻炼指导和组织管理工作的人员。[②] 社会体育指导员是发展我国体育事业、增进公民身心健康、提高生活质量、建设社会主义精神文明的一支重要力量。社会体育指导员对发展我国社会体育事业有重要的影响。自我国推行社会体育指导员技术等级制度以来，超过 10 万人已获得各级社会体育资格证书，但是真正参与并指导朝鲜族民俗体育的社会体育指导工作的人数却并不多，朝鲜族民俗体育缺乏科学性的指导。

2. 缺乏专门场地设施

体育生活化不单单是"人人参加健身"，而是"人人何时何地都在健身"，即终身参与体育。[③] 朝鲜族民俗体育的生活化也是如此，要使"人人何时何地都在健身"，但目前我们缺乏专门的民俗体育场地设施。据统计，延吉市目前仅有秋千场地 6 个，分别位于延边大学、延吉市体育场、延边艺术中心、延吉市第十中学、公园小学、河南小学，这其中对社会人员开放的仅延吉市体育场和延边艺术中心。可想而知，场地设施因素严重制约了朝鲜族民俗体育生活化的运行。

---

① 中国群众体育现状调查课题组编：《中国群众体育现状调查与研究》，北京体育大学出版社 1998 年版，第 79 页。

② 国家体育总局群体司组编：《社会体育指导员技术等级培训教材》，高等教育出版社 2003 年版，第 27 页。

③ 陈佩华、王家林：《试论体育生活化》，《南京理工大学学报》2001 年第 2 期。

（五）人口问题

朝鲜族的人口问题一直是学者们研究的核心问题之一，新中国成立以来，朝鲜族的人口得到稳定的发展，但近些年由于人口流动性大和人口负增长等问题已阻碍了朝鲜族民俗体育的生活化发展。从 90 年代开始，朝鲜族人口开始大量向城市（主要是国内沿海城市）和国外（韩国、日本等国家）流动。[①] 据资料显示，2010 年全国的第六次人口普查，延边州人口数量为 2271600 人，与 2000 年相比增加了 2.80%，但常住人口相比第五次人口普查减少了 0.40%，出生率和自然增长率连年下降，到 2010 年已分别下降至 7.1‰ 和 0.9‰。长期的人口负增长会加速朝鲜族人口的老龄化趋势，人口的老龄化现象使参与民俗体育活动的人口结构发生变化，参加民俗体育活动的范围和参与人数都会相应减少。朝鲜族人口的流动和负增长问题都是制约民俗体育的生活化发展的重要因素之一。

（六）新兴项目及西方体育对朝鲜族民俗体育文化的冲击

体育全球化是世界体育文化的新模式。然而，在体育全球化进程中，以西方体育为代表的现代体育日益扩展，通过各种形式和途径在世界范围内广泛传播，影响到民族性和地域性体育的发展，更有可能对民俗体育带来毁灭性的打击。[②] 奥运会等世界性体育赛事已经受到各个国家的广泛重视，尤其是近些年主办赛事城市间的竞争更是愈演愈烈，已经远远超出了赛场上的角逐。如，美国的 NBA，它通过大众传媒的作用在全球一百多个国家全程直播，让篮球运动成为世界各地青少年热衷的体育活动。此外，目前已正式踏进奥运会项目行列的高尔夫等为首的新型项目的异军突起，导致很多中华民族传统体育化的缺失，因此朝鲜族民俗体育的生活化发展更是蒙上了阴影。

---

① 姜成：《中国朝鲜族体育的文化审视》，硕士学位论文，延边大学体育系，2007 年，第 36 页。
② 牛钊：《体育的西方化倾向及对策》，《农村经济与科技》2009 年第 12 期。

（七）自然环境

朝鲜族民俗文化系统的整体形成取决于该民族所处的日常生活交往的场所和繁衍生息的自然环境，自然环境是围绕人们周围的各种自然因素的总和。

中国朝鲜族最大的聚居区延边朝鲜族自治州地处美丽的长白山区，位于北纬 41 度 59 分—44 度 30 分，东经 127 度 27 分—131 度 18 分之间，东与俄罗斯滨海区接壤，南隔图们江与朝鲜咸镜北道、两江道相望，西邻吉林市、白山市，北接黑龙江省牡丹江市。山地占全州总面积的 54.8%，高原占 6.4%，谷地占 13.2%，河谷平原占 12.3%，丘陵占 13.3%，整个地貌呈山地、丘陵、盆地三个梯度，山岭多分布在周边地带，丘陵多分布在山地边沿，盆地主要分布在江河两岸和山岭之间。

延边地处北半球中温带，主要特点是季风明显，春季干燥多风，夏季温热多雨，秋季凉爽少雨，冬季寒冷期长。无霜期为 100 至 150 天，由于向西递减。秋霜多半在 9 月下旬出现，春冻在 5 月上旬结束，11 月到次年 3 月为结冻期。[①]

总之，延边朝鲜族自治州的自然环境总体来讲冬季寒冷时期较长，雨水天气也相对较多，对于场地器械要求较高的朝鲜族民俗体育活动来讲，很难保证在室外进行系统的训练与比赛，因此，对于民俗体育的生活化更是影响较大。

三、影响延边地区城镇居民的生活化研究（休闲限制）

随着社会的发展，休闲体育逐渐成为人们休闲生活的重要选择方式。1995 年 5 月开始实施的"双休日"，1999 年 10 月增加的法定假日及出现的"黄金周"，2008 年开始落实的带薪休假，以"三节跳"的速度进入了中国家庭，从而逐步唤醒了中国公民的休闲意识。随着休闲进入普通百姓生活，国民生活亦悄然发生着诸多变化，是束手观望还是尽可能地给予帮助，这是摆在学界、业界和各级政府面前不容等待的选择。然而，让人欣喜又有些遗憾的是，此前学

---

① 延边州政府门户网站：http://www.yanbian.gov.cn/。

者们对休闲体育的理论研究已多有成果，但未能广泛分享；各地休闲发展已有不少探索，但是仍然有经验教训未能及时沟通等方面的不足。总体而言，对休闲和休闲体育进行系统性的研究，在中国还是处于萌芽阶段。

本文在理论研究的基础上，采用"休闲限制""休闲体育参加""社会人口学特征"调查问卷、方差分析、回归分析等方法，考察影响延边少数民族地区城镇居民的生活化问题，进而考察休闲限制与休闲体育参加的关系。

（一）社会人口学特征差异分析

依据休闲限制与休闲体育参加的关系模式，休闲限制与休闲体育参加的关系还受制于人口学因素（性别、年龄、学历、职业、收入等）[①]。所以，为了考察休闲限制变量是否存在社会人口学特征差异，本研究将样本被试的休闲限制各变量进行性别、年龄、学历、收入等因素的 t 检验或 F 检验（表3—1）。

为了更加准确地研究观测变量在人口学上的差异，排除其他因素对分析的影响作用。以社会人口学状况为自变量，休闲限制为因变量，进行方差分析。检验结果显示，休闲限制在性别因素上的差异，主要体现在人际限制、个人内在限制、时间限制 3 个分变量上，且女性城镇居民的休闲限制明显高于男性。女性受休闲限制的主要原因集中在缺乏时间、缺乏同伴的帮助、个人参加欲望不强、安全设施的担忧等方面。分析认为：女性与男性相比，由于传统的家庭角色，[②] 女性对孩子及家庭通常比男性有着更多的责任，且花很多时间在操持家务上。尤其是对于家庭和工作"双肩挑"的女性来说，参加休闲体育的机会、时间与男性相比会大大减少。因而造成女性城镇居民的休闲限制高于男性。

休闲限制在年龄因素上的差异，主要体现在 20—39 岁年龄段主要受人际限制、环境设施限制、时间限制 3 个分变量上；40—49 岁年龄段主要在经济与精

① 王进：《休闲与生活质量的理论辨析》，《体育科学》2005 年第 11 期。
② 陈建国、袁继芳：《影响女性休闲运动的因素》，《安徽体育科技》2005 年第 2 期。

神限制方面的差异显著。分析认为，20—39 岁年龄段的城镇居民大部分由于步入社会的时间不是很长，再加上由于家庭的责任和工作的压力，对于参加休闲体育活动，往往有着更多的结构限制因素。① 如随着结婚生子，原来的相对自由会变成一系列的限制与责任，从而减少了参加休闲体育的时间和机会。随着年龄的增大（50 岁以上），受到人际、环境、时间的限制逐渐减少，而经济与精神的因素限制在增强。特别是临近退休或退休年龄段居民与其他年龄段的居民相比，往往有更多的休闲时间和休闲机会，可以自主地选择自己感兴趣的体育活动。同时，也反映出年龄作为社会人口学特征也是影响休闲限制的客观因素。

休闲限制在学历因素上的差异，主要表现在时间限制因素。据了解，高中毕业的人群由于受文化程度影响，健康等方面知识浅薄，再加上休闲体育参加的内在动机还未完全形成等原因，明显与大学毕业生存在差距。

休闲限制在收入（月）因素上的差异表现在，2000 元以下主要受人际限制、身体限制、经济与精神限制，并且收入低的居民在休闲限制因素方面明显高于收入高的居民。分析认为经济收入的提高使得"花钱买健康"的行为更有物质保障。因为经济收入本身是就影响休闲体育参加行为的一个外部因素，在一定程度上决定了个人的资源分配和时间支配。研究表明，人均可支配收入高的居民其体育价值观认知程度明显高于人均可支配收入低的居民。② 因而，一般情况下收入高的少数民族地区城镇居民更有条件形成休闲体育意向或参加休闲体育活动，进而促进他们建立良好的休闲体育价值观，还能消除各种休闲限制因素。

上述研究结果说明，社会人口学特征作为客观因素很大程度上影响着延边少数民族地区城镇居民的休闲体育活动和休闲限制，也反映了休闲体育在社会系统中主观特征和客观特征的关联程度，这与已有的研究一致。

---

① 于可红等：《浙江省金融系统职工参与休闲体育制约因素的调查分析》，《北京体育大学学报》2005 年第 1 期。
② 黄志荣等：《不同经济地区居民体育价值观的差异比较》，《军事体育进修学院学报》2007 年第 1 期。

表3—1　休闲限制因素的社会人口学特征差异一览

变量	分类	人际限制	环境设施限制	个人内在限制	周边环境限制	时间限制	经济与精神限制	身体限制
性别	1.男（290）	2.109±.743	2.437±.762	1.527±.658	2.052±.863	2.036±.816	3.020±.824	2.758±.973
	2.女（254）	2.294±.684	2.559±.699	1.704±.702	2.052±.770	2.422±.780	3.084±.803	2.937±.963
	t值	−2.131*	−1.358	−2.137*	.004	−3.968***	−.639	−1.515
年龄	1.20–39岁（258）	2.362±.697	2.621±.705	1.670±.686	2.126±.747	2.441±.794	3.080±.817	2.879±.963
	2.40–49岁（216）	2.079±.662	2.483±.670	1.550±.662	2.049±.876	1.944±.714	3.132±.820	2.847±.902
	3.50岁以上（70）	1.937±.845	2.061±.871	1.571±.739	1.790±.859	2.228±.986	2.685±.695	2.685±1.194
	F值	7.453**	8.442***	.964	2.340	11.627***	4.254*	.551
	Scheffe	1：2，3 2：1 3：1	1：3 2：3 3：1，2	NS	NS	1：2 2：1	1：3 2：3 3：1，2	NS
学历	大学本科以下毕业（148）	2.224±.692	2.461±.741	1.716±.687	2.103±.854	2.378±.848	2.977±.941	2.979±1.021
	大学本科以上毕业（396）	2.184±.732	2.506±.734	1.570±.679	2.033±.807	2.156±.805	3.077±.761	2.790±.949
	F值	.401	−.449	1.566	.626	1.993*	−.901	1.433
收入	1.2000元以下（84）	2.590±.590	2.690±.680	1.773±.691	2.142±.877	2.341±.903	3.190±.880	3.250±.964
	2.2000–2999元（292）	2.152±.709	2.449±.678	1.654±.739	2.000±.761	2.212±.735	2.970±.788	2.839±.901
	3.3000–3999元（108）	2.025±.754	2.382±.895	1.490±.536	2.006±.925	2.098±.939	3.037±.770	2.666±1.032
	4.4000元以上（60）	2.160±.717	2.638±.717	1.383±.552	2.266±.804	.277±.884	3.267±.885	2.600±1.061
	F值	5.678**	2.000	2.703*	1.112	.748	1.608	3.791*
	Scheffe	1：2，3 2：1 3：1	NS	1：4 4：1	NS	NS	NS	1：3，4 3：1 4：1
*P<.05　　**P<.01　　***P<.001								

（二）各变量之间的回归分析

结合本研究的理论，为了进一步探索各变量的关系，分别以休闲限制对休闲体育参加程度（参加体验、参加频率、参加期间、参加强度等）等进行回归分析（表3—2）。本研究中，以休闲限制为自变量，社会体育参加为因变量进行回归分析。由于休闲体育参加体验是2项分类（Dichotomous variable）变量，因而虚拟变量（dummy variable）后进行了分析。

（1）休闲限制与休闲体育参加体验之间的回归分析

从表3—2可见，休闲限制与休闲体育参加体验的回归模型符合度为X2=86.559，P<.001，两者之间具有显著的相互预测作用。影响休闲体育参加的休闲限制各变量依次为身体限制、周边环境限制、个人内在限制等。即上述休闲限制越大，休闲体育参加将会越少，因而若想提高休闲体育参加率，应改善影响休闲体育参加的各种休闲限制因素。身体限制、周边意识限制、个人内在限制作为内部限制因素，它与环境设施限制、经济与精神限制相反，对休闲体育参加起负作用（negative effect）。因而政府部门有必要宣传让更多的人克服内部限制，减少休闲体育非参加人群，增加休闲体育参加人群。据卡罗尔（Carrol）和亚历山大（Alexandris）1997年的研究表明，无论是休闲体育参加者还是非参加者都将受到休闲体育限制因素的影响。[①] 因而有关部门应制定符合两者的《休闲体育政策》，对于休闲体育参加者创造持续参加的环境，对于非参加者消除或缓解休闲限制因素。

表3—2　被试休闲限制预测休闲体育参加体验一览表

自变量	B	S.E.	wald	df	sig.	Exp（B）
人际限制	−.004	.330	.000	1	.989	.996
环境设施限制	−1.265	.404	9.796	1	.002	.305
身体限制	−.827	.324	6.535	1	.011	.437
周边意识限制	−1.776	.359	24.431	1	.000	.145
个人内在限制	−1.843	.364	25.63	1	.000	.158
时间限制	−1.209	.282	18.424	1	.000	.298
经济与精神限制	−.806	.220	13.399	1	.000	.447
constant	3.816	.953	16.042	1	.000	45.417
	−2LOG Likelihood：296.074　　　X2=86.559,　　　df=7,　　　Sig=.000					

---

① Carrol, B. & Alexandris, K. "Perception of Constraints and Strength of Motivation: Their Relationship to Recreational Sport Participation in Greece", *Journal of Leisure Research*, 1997, pp.279–299.

（2）休闲限制与休闲体育参加程度（频率、期间、强度）之间的回归分析

从表3—3可见，休闲限制变量中，时间限制（=-.296）对休闲体育参加频率的影响较大，其说明力为8.8%。之后，依次为个人内在限制（=-.212）、周边意识限制（=-.211）、经济与精神限制（=-.210）、环境设施限制（=-.169）、身体限制（=-.151）。参与回归分析的自变量对休闲体育参加频率总体变量的说明力为24.8%。

基于上述统计，分析认为随着休闲限制的提高，休闲体育参加频率将会减少。尤其是时间限制、个人内在限制、周边意识限制、经济与精神限制等对休闲体育的参加频率具有较大的影响。其中，时间限制对休闲体育参加频率总体变量24.8%中占8.8%的说明力。从而得出在休闲体育参加过程中，受时间限制的影响，休闲频率将会减少的规律。这一结果与李承求、金京植等研究中，休闲体育参加中，时间限制将会影响休闲体育参加频率，且得出时间限制与休闲体育参加频率具有关系的结果相一致。①

从表3—4可见，休闲限制变量中，个人内在限制（=-.355），对休闲体育参加期间的影响较大，其说明力为12.6%。之后，依次为时间限制（=-.187）、周边意识限制（=-.179）、经济与精神限制（=-.178）、环境设施限制（=-.176）、人际限制（=-.167）。参与回归分析的自变量对休闲体育参加期间总体变量的说明力为22.7%。

分析认为，缺乏个人的内在动机，将会减少休闲体育参加期间。尤其是个人内在限制对休闲体育参加期间的总体变量22.7%中占12.6%的说明力。说明，要提高或持续休闲体育参加期间，需要参加者的欲望，最终提高通过运动所取得的成就感。此外，时间限制也是休闲体育参加期间的重要影响因素。因而，要达到终身体育的目的，不仅需要合理地利用时间，还需要有规则地参与休闲体育活动。

从表3—5可见，休闲限制变量中，个人内在限制（=-.284）对休闲

---

① 金青云：《休闲体育参加者的休闲动机与主观幸福感的关系》，《体育学刊》2011年第5期。

体育参加强度的影响较大，其说明力为8.1％。之后，依次为周边意识限制（=-.293）、经济与精神限制（=-.178）、环境设施限制（=-.177）、时间限制（=-.172）。参与回归分析的自变量对休闲体育参加频率总体变量的说明力为21.4％。

　　分析认为，个人内在限制对休闲体育参加期间的总体变量21.4％中占8.1％的说明力。说明，若休闲体育参加者缺乏活动欲望或出现对活动的恐惧感，自然会减少参与时间。此外，调查中还发现，休闲体育参加者如果面临体育活动和年龄与兴趣不相符时还减少参与时间；缺乏经济与精神限制，也会大大减少休闲体育的强度。因而急需建设费用少、大众化的活动设施。

　　综上所述，休闲限制对休闲体育参加起负向（negative）影响。今后研究中要进一步验证性别、年龄各阶段休闲限制对休闲体育参加的影响或休闲限制对休闲体育参加类型和项目的选择影响，且采取必要的对策方案。

表3—3　被试休闲限制预测休闲体育参加频率一览表

自变量	R2	R2 Change	B	SE		t	Sig
（Constant） 时间限制	.088	.088	3.016 -.566	.389 .122	-.296	7.752 -4.637	.000 .000
个人内在限制	.132	.044	-.388	.116	-.212	-3.351	.001
周边意识限制	.174	.042	-.342	.124	-.211	-3.343	.000
经济与精神限制	.210	.036	-.326	.097	-.210	-3.335	.001
环境设施限制	.225	.015	-3.22	.156	-.169	-2.200	.029
身体限制	.239	.014	-.312	.142	-.151	-2.143	.020
人际限制	.248	.009	.270	.157	.130	1.714	.088

表3—4　被试休闲限制预测休闲体育参加期间一览表

自变量	R2	R2 Change	B	SE		t	Sig
（Constant） 个人内在限制	.126	.126	4.089 -1.148	.483 .202	-.355	8.461 -5.689	.000 .000
时间限制	.160	.034	-.631	.210	-.187	-3.002	.003
周边意识限制	.189	.029	-.624	.229	-.179	-2.815	.005
经济与精神限制	.202	.013	-.620	.182	-.178	-2.728	.025
环境设施限制	.214	.012	-610	.291	-.176	-2.667	.031
人际限制	.224	.010	-.600	.286	-.167	-2.389	.048
身体限制	.227	.003	-.250	.273	-.064	-.917	.360

表 3—5　被试休闲限制预测休闲体育参加强度一览表

自变量	R2	R2 Change	B	SE		t	Sig
（Constant）	.081	.081	1.804	.215	−.284	8.409	.000
个人内在限制			−.398	.090		−4.435	.000
周边环境限制	.143	.063	−.380	.101	−.293	−4.037	.000
经济与精神限制	.167	.023	−.293	.078	−.178	−2.485	.014
环境意识限制	.186	.020	−.275	.119	−.177	−2.309	.022
时间限制	.210	.019	−252	.098	−.172	−2.566	.031
身体限制	.214	.004	−.126	.116	−.075	−1.085	.279
人际限制	.214	.000	−2.907	.130	−.018	−.223	.824

四、中国特色朝鲜族民俗体育文化的生活化发展策略

2013 年 12 月 30 日，习近平在中共中央政治局第十二次集体学习时发表重要讲话，并提出："提高国家文化软实力，要努力展示中华文化独特魅力。在五千多年文明发展进程中，中华民族创造了博大精深的灿烂文化，要使中华民族最基本的文化基因与当代文化相适应、与现代社会相协调，以人们喜闻乐见、具有广泛参与性的方式推广开来，把跨越时空、超越国度、富有永恒魅力、具有当代价值的文化精神弘扬起来，把继承传统优秀文化又弘扬时代精神、立足本国又面向世界的当代中国文化创新成果传播出去。"

习近平在十九大报告中提出：要坚定文化自信，推动社会主义文化繁荣兴盛。

民俗体育文化作为民族文化的重要组成部分，其传承与保护具有极其重要的历史、文化意义。体育文化是人们日常生活中一个重要、永恒的话题，民俗体育文化是传承和保护民族文化的纽带。因而，探索中国特色朝鲜族民俗体育文化的生活化发展问题迫在眉睫。

（一）朝鲜族民俗体育文化的生活化发展的理论策略

1. 朝鲜族民俗体育文化的现代化发展

21 世纪是一个科学技术迅猛发展的时代，民俗体育在这样一个历史方位上，

纵然有着深厚的文化底蕴，也难免不受其影响。江泽民曾说，"判断各方面工作的是非得失，归根结底，要以是否有利于发展社会主义社会的生产力，是否有利于增强社会主义国家的综合国力，是否有利于提高人民的生活水平为标准。"①

在科技高速发展的今天，应改变传统陈旧的观念。信息化产业已逐渐进入我们的生活，互联网现代化通信手段、媒体强大的宣传功能，在一定的程度上决定着事物的发展。媒体的宣传可以通过视觉、听觉等方式，给人切身的体会，从而达到文化传播、知识教育等功能。中国传统武术和太极拳在现代化的推动下受到西方人的热捧，朝鲜族民俗体育也应迈向现代化的发展，得到传承与保护。

2. 朝鲜族民俗体育文化的删"繁"就"简"，顺应社会发展

我国绚烂多彩的民俗体育文化是由 56 个民族共同创建的。朝鲜族是一个历史悠久的民族，朝鲜族不仅有自己的语言、文字等，其丰富多彩的民族服饰，更是朝鲜族人民思想意识和精神风貌的体现。朝鲜族人比较喜欢素白色的服饰，以示清洁、干净、朴素、大方，故朝鲜族自古有"白衣民族"之称。朝鲜族服饰呈现出朴素、淡雅、轻盈的特点，不仅给我们带来了美的享受，更充实了服饰艺术的宝库。马克思主义哲学认为，任何事物的发展都是一把双刃剑，即有利有弊。朝鲜族服饰具有一定的特殊与复杂性，但它的这种特性却成为影响参加民俗体育项目的因素之一。因而，要想顺应时代的发展，符合现代的生活方式，除民俗节日等特殊节日外，还应提倡在日常生活中也经常能看到更多的民众参与到朝鲜族民俗体育项目当中，从观赏项目逐渐加入到亲身体验项目的行列当中，最终达到民俗体育文化的健身、社交、娱乐的功能。

3. 朝鲜族民俗体育文化的休闲娱乐化，满足社会生活需求

在城市现代化发展的今天，我们已经迎来了全新的时代——休闲娱乐的时代。民俗体育文化也将用朝鲜族独特的文化姿态来迎接休闲娱乐时代的到来。体育进入休闲，是社会和谐发展和小康生活质量提高的标志。在这个过程中，

---

① 《中国共产党第 14 次代表大会文件汇编》，人民出版社 1992 年版。

娱乐展现着体育的趣味和魅力，成为人们参与体育活动的激素。休闲需求导致体育的娱乐化，其重要原因是：体育与休闲紧密地联系在一起，以满足人们的时代需求，其中介因素是娱乐。①

朝鲜族民俗体育应该朝着休闲娱乐化的方向迈进，使民俗体育文化成为一种健康的生活方式。同时扩大民俗体育文化的推广，使全民健身运动成为这一生活方式的催化剂，使群众以各自不同的方式来参与民俗体育文化当中。与人们日常生活联系密切的民俗体育文化事业的培养壮大，对民俗体育文化的了解正是民俗体育文化融入生活的良好基础。民俗体育文化的普及不仅达到全民健身娱乐的目的，还可以成为具有区域、民族特色的健身活动标志，并促进民族旅游经济发展，带动休闲产业。现如今，各个领域中的休闲娱乐化已逐渐兴起，休闲娱乐化将成为未来我们所追求的主流方向之一，而朝鲜族民俗体育文化的生活化也应顺应历史的潮流，向休闲娱乐化的方向发展。

（二）朝鲜族民俗体育文化的生活化发展的实践策略

1. 充分发挥政府的主导作用，推进生活化进程

中国朝鲜族时时刻刻都在创新自身的民俗体育文化直至形成具有鲜明特色的大众化的民俗体育文化。然而，保存和促进中国特色朝鲜族民俗体育文化的生活化发展，无疑面临着巨大的挑战。胡锦涛在十八大报告中指出，"进入新世纪新阶段，丰富人民精神文化生活，让人民享有健康丰富的精神文化生活，是全面建成小康社会的重要内容"。中国特色朝鲜族民俗体育文化的生活化作为特色文化，应满足广大人民群众对精神文化的需求。为此，必须以科学有效的法律、法规来保护和促进中国特色朝鲜族民俗体育文化的生活化发展。

对中国特色朝鲜族民俗体育文化的继承和发展而言，政府的重视和支持非常重要，虽然朝鲜族民俗体育文化的继承和发展重在依靠其自身的创新与发展，但不可忽视政府的主导作用。我国历来十分重视对中华民族传统体育文化

---

① 胡小明：《休闲理论与体育的娱乐化》，《体育与科学》2005 年第 4 期。

的继承和发展，且 2003 年启动了包括中华民族传统体育文化在内的中国民俗民间文化保护工程，成立了领导小组和专家委员会，设立了中国民俗民间文化保护工程国家中心，连续颁布了一系列的相关重要文件。我国政府把"政府主导"放在工作原则的首位，是符合国情的英明举措。我国各族人民在长期的生产生活实践中创造的丰富多彩的中华民族体育文化，是中华民族智慧与文明的结晶，是连接民族感情的纽带和维护国家统一的基础。因此，对中华民族体育文化的继承和发展是全民族的事业，仅靠个人和民间组织力量是难以实现的，必须由各级政府去主导实施，形成一种金字塔形的自上而下的政府主导机制。在这种情况下，政府的重视和倡导、支持就显得尤为重要。除了必要的经济扶持外，政府还可以在"正名"、引导、组织三个方面，为中华民族体育文化的继承和发展提供强有力的保障。中国特色朝鲜族民俗体育文化的宣传也必须如此，对朝鲜族民俗体育文化的生活化进程的组织和实施也离不开当地政府的支持。

2. 加快相关配套法规实施的进程

中华民族体育文化的继承和发展，只有用法律的形式固定下来，用法律武器来保护，才能保证其不受强势文化的冲击。所以，应进一步健全和完善相关法律、法规、政策，制定中华民族体育文化保护的总体规划，加强立法工作，明确中华民族体育文化继承和发展的法律地位。我国目前涉及中华民族体育文化的法律、法规、条款，大致可分为六大类：一是《中华人民共和国宪法》；二是《民族区域自治法》；三是由国务院颁发的行政法规、决定和命令；四是由国务院各部委发布的关于民族工作的指示和规章；五是各省、自治区、直辖市人民代表大会制定的地方法规；六是由各民族区域制定的自治条例和单行条例。除了国内相关法律法规外，还有 1972 年在联合国教科文组织大会第 17 次会议上通过的《保护世界文化和自然遗产公约》等。

2011 年 6 月 28 日，延边朝鲜族自治州公布并施行了《延边朝鲜族自治州保护和发展朝鲜族传统体育条例》（以下简称《条例》），《条例》的颁布使朝鲜族民俗体育保护工作有法可依、有章可循，把中国特色朝鲜族民俗体育文化的继承和发展工作纳入正常的法制轨道。但能否真正意义上地贯彻与施行是最为重要的环节，因此笔者认为应做到以下几点：

（1）在理论上要学深悟透，增强素养

强化政府部门对《条例》的执行力，提高行政人员针对社会公众对法规遵守服从的自觉性，有助于基层工作的开展。大力开展民众对《条例》规定的学习与宣传，切实做到"知法、懂法、执行法规"，提高参与者对朝鲜族民俗体育文化的认识与素养。要结合工作实施的实际情况，坚持做到依法决策、依法执行、依法指导，增强利用法律法规解决具体实际问题的能力。

（2）实践中狠抓落实，强化执行

对于每位执行者而言，落实法律法规不可懈怠。以《条例》为例，省、自治州、市、县、每个层次如果只落实上一层级的90%，到基层就所剩无几，因此在抓落实的过程中，对法律法规不但要100%坚决执行，更要善于结合实际做到灵活多变，善于找到各种方式与方法予以落实，不能"纸上谈兵"，浪费良好的政策。

（3）从严执法，维护权威

朝鲜族民俗体育文化法规的要求，就是使民俗体育保护、发展有法可依、有法必依。良好的法规，必须有公众普遍的遵守、有良好的执行者去执行，否则无异于一纸空文。通过大家的齐心协力，必将会开创和形成一个朝鲜族民俗体育的生活化氛围，在民俗体育文化的生活化有序运行中，使朝鲜族民俗文化的保护和传承得到最大限度的贯彻和执行。

3.加大教育力度、加强理论研究，开发和导入民俗体育课程

文化不是一成不变的，它随着时代的发展而发展。而人类文明成果的传承，最有效的方式是教育。教育涉及人类知识、技能传承的广泛领域，是一种有目的、有计划、有组织系统地将人类文明有效传播和传递的过程。民俗体育文化在教育的过程中能够不断地系统化、规范化、完美化，科学完善的理论依据则是朝鲜族民俗体育发展的保障。虽然我们应该承认传统，但我们不能守旧，在原有的基础上取其精华，弘扬其优秀的思想文化内涵。朝鲜族民俗体育文化的教育、理论研究应该运用文化学、社会学、民族学、历史学、人类学等多种角

度、多方位对朝鲜族民俗体育文化进行系统深入的研究，探讨其发展规律。结合朝鲜族民俗体育文化实际情况，在加强教育、理论的研究基础上突出区域、民族特色，培养群众体育锻炼习惯，顺应全民健身、终身体育指导思想。

教育学家雅斯贝尔斯认为，"教育过程是让受教育者在实践中自我练习、自我学习和成长，而实践的特性是自由游戏和不断尝试"。因此"全部教育的关键在于选择完美的教育内容和尽可能使学生之'思'不误入歧途，而是导向事物的本源"①。人在成长的不同阶段有不同的需要层次，不同的需要层次使我们接受不同的教育手段，如学期教育、基础教育、社会教育，因此需要对不同层次的人群制定和开发相关民俗体育课程。这样可避免民俗体育文化传承过程中不同人群存在的差异性。

（1）学前教育理论的制定和开发

首先，在学前教育理论的制定和开发中主要针对学龄前儿童新鲜事物的好奇、正处于游戏时期的特点，把民俗体育文化活动设置成简单易懂的游戏，刺激和开发儿童对民俗体育的兴趣，培养成为爱好。因为游戏是儿童接受新鲜事物最有效的方式，在游戏中我们积极讲述民俗传统体育的课程，使儿童自觉自愿地接受民俗体育文化。如对学龄前期的儿童进行秋千、跳板、摔跤等运动教学，不仅能达到锻炼身体的目的，也能培养其灵活性、适应性和顽强的拼搏精神，还能从中学习到朝鲜族民族的文化礼仪等。

（2）在学校体育中规范民俗体育文化、加强理论研究

在学校教育方面，民俗体育项目的开发和设计过程中要注重规范性，而且根据学校教育的特殊性，要区别于社会的教育模式，要有组织性、计划性和目的性。深入地了解民俗体育文化，要把民俗体育文化与教育理念相融合，通过民俗体育文化教育活动使学生真正体验到民俗体育文化的价值和乐趣。如何使学生体验到民俗体育文化的价值和快乐？关键在于，首先以学龄前教育为基础，利用民俗体育的生动性等特点，激发起学生兴趣。在学校开展民俗体育课

---

① ［德］雅斯贝尔斯：《什么是教育》，邹进译，生活·读书·新知三联书店1991年版，第75页。

程要充分考虑场地设施、环境气候、时间、人数等诸多因素，要理性地思考和设计课程安排。如朝鲜族摔跤、拔河是注重力量、技巧、配合的运动，通过这些运动，可以促进同学间的友谊增长、配合默契和团结协作精神；秋千、跳板等大多是女性所喜爱的运动项目，需要参与者的身体协调、对柔韧能力的要求较高，通过这项运动可以提高学生柔韧、协调等方面的能力。

4. 传承中发展民俗体育文化

毋庸置疑，民俗体育文化的发展需要在继承中得到延续。早在1920年，列宁就说："无产阶级文化并不是从天上掉下来的，也不是那些自命为无产阶级文化专家的人杜撰出来的，如果认为是这样，那完全是胡说。无产阶级文化应当是人类在资本主义社会、地主社会和官僚社会压迫下创造出来的全部知识合乎规律的发展。"[1] 民俗体育文化作为一种文化现象，它的传承具有的历史、文化意义是我们不可估量的。在尊重民俗体育文化的前提下，以《全民健身计划纲要》和2008北京奥运会的成功举办为契机，努力推进朝鲜族民俗体育文化的创新发展，增强朝鲜族民俗体育文化的影响力，通过其特有的文化价值和所蕴含的意义，特别是朝鲜族的民族精神，在新的境遇中脱颖而出，形成自己独特的民俗体育品牌。这不仅仅是对朝鲜族文化的弘扬，更是朝鲜族民俗体育文化真正形成生活化的必要手段，也是在全球化形势下朝鲜族民俗体育文化走向世界的有效途径。

同时，在发展与传承过程中充分考虑中国朝鲜族民俗体育文化发展中的变与不变相统一的原则。文化不是僵死的，而是发展的。一个社会、一个民族传统文化的延续既包括继承也包括创新和发展，不同文化的交流和互动、融合与吸纳是构成核心文化创新和发展的一个重要方面。[2] 今天的中国朝鲜族传统体育的发展，会随着时代的变迁、地域的转移而发生变化；在与不同文化的交流中，在异质文化的影响下，它也会改变其内容和形式的。如秋千竞赛规则的

---

① 尹国昌等：《当前我国民俗体育文化发展存在的问题及其对策》，《南昌大学学报》2007年第5期。

② 崔英锦：《朝鲜族传统游戏传承的教育人类学研究》，黑龙江人民出版社2007年版，第116页。

"变"；摔跤竞赛方法（划分体重、年龄等）中，腿带摔跤改换成腰带的摔跤方式等。但文化又是稳定的、延续的，在不断的发展变化中，文化中具有普遍性的内容会在发展中保存和延续下来，成为贯穿整个发展过程的基本精神、基本特点，形成文化的传统，这就是我们应该追求的"不变"。

第四章 "民生"视域下中国特色朝鲜族体育文化发展及路径选择

国外对人民大众体育的研究，主要集中于大众体育方面。民生思想是中国古老的一种特有的思想，民生体育也是符合中国国情的，还尚未查阅到国外有这一提法。

徐通在《英国福利制度与大众体育政策演变》研究中指出：20世纪70年代，在《欧洲大众体育》(*European Sport for All Charter*) 这一文件中，提出了大众体育发展的八项原则。即每一个人都应该享有参与体育的权利；政府应该鼓励和财政支持作为有助于个人发展的重要因素的体育事业；作为社会文化发展一方面的体育事业，无论是地方政府还是中央政府，在政策制定和计划中都应考虑与健康、社会服务、城市发展、艺术、休闲服务等社会文化现象的互相促进和协调发展；每个政府都应该在公共权力机构和社会志愿组织之间进行长期有效的合作，并且鼓励建立大众体育合作和发展的国家机制；应设法维护体育运动和运动员的权益。例如保障政治权力、免受商业或经济上的损失等；由于从某种程度上看，大规模的参与体育活动是依附于其他社会文化事业的，公共主管当局应该提供各种体育设施及其整体规划。同时应考虑到本地、区域和国家需求，制定相应的措施以确保充分利用新的和现有的设施；各种措施以及适当立法的出台，以确保大众体育的普及；体育发展计划中，应重视各个层次的行政和技术管理、领导和教练等人才。[1]

---

[1]　徐通：《英国福利制度与大众体育政策演变》，《体育文化导刊》2008年第4期。

2000 年和 2002 年，英国政府相继颁布《大众的体育未来》（*A Sporting Future for All*）、《游戏计划》（*Game Plan*）。在《游戏计划》中提出从四个领域进一步实现大众参与和高水平竞技运动这两个目标。即基层参与：号召更多人参与体育运动，特别是关注青年人、妇女、低收入者等。高水平表演性竞技运动：帮助有天分的运动员提高他们的运动能力。在资金投入和政策实施上注意满足消费者的喜好。大型体育赛事：政府在举办大型体育赛事时应更加谨慎，政府在举办之前需做出清晰的评估。政策制定和实施：政策制定和实施之前，政府应该清楚什么样的下一步措施最有价值。资金投入应该事半功倍。公众、个人以及志愿者组织三方应该形成共同的目标，紧密配合。

在英国社会中，英国政府在大众体育服务方面，力求满足每一个人的体育权利。大众体育服务已经成为实现维护社会稳定、促进城市繁荣、提高社会凝聚力以及增进大众健康的有效工具。体育已成为英国社会政治、经济、文化发展不可缺少的一部分，正如英国政府负责文化、媒体和体育的秘书泰莎·朱厄尔（Tessa Jewell）所说："体育代表着我们的国家，它教会了我们如何生活。"

花勇民在博士学位论文《欧洲体育文化研究——政府、市场和市民社会之间的体育》中指出：从国家主体的视角看，欧洲体育文化中先后出现了保卫祖国和为国争光、全民健身、体育促进发展这三种重要的价值观念，这三种价值观念反映了欧洲体育发展观的演变过程，从体育是发展的手段，到体育是发展的目的，直至体育是促进发展的手段，也是发展的目的之一，实现了体育手段与目的的统一。体育可以认为是欧洲福利国家的福利要素之一，政府通过地方分权和分级财政对体育俱乐部提供多种形式的支持，包括直接财政补贴或财政拨款、税收特惠等间接财政补贴、免费或低价格使用公共体育场地设施以及对体育场地设施的投资等非物质支持等。体育福利由国家、经济、市民社会三个社会秩序构成，来自政府、市场、体育俱乐部、非正式部门四个领域，形成体育福利三角形。在这个模型中，体育俱乐部位于政府、市场和非正式部门中间，因为和政府相对比，它们有公法和私法区分；和市场的商业提供者相比，它们有营利和非营利的目的为界；和非正式部分相比，它们由组织形式正式与否的不同。

1966 年，欧洲理事会（Council of Europe）开始提出了"全民体育"的口号，旨在帮助全体公民，不论年龄、性别、职业与贫富，认识和理解体育的价值，促使人们终身积极参与体育活动。

1975 年，欧洲理事会最高机构正式接受、签署和发布了《欧洲全民健身宪章》，全民健身作为一项政策开始进入政府的行动方案，这确保了成员国家能贯彻这个计划。

《欧洲全民健身宪章》从每个人参加体育的权利、保证每个人参加体育的资源、体育政策与其他社会和文化政策的关系、公共部分和自愿组织的合作、体育中的政治化、商业化以及兴奋剂问题、场地设施建设、自然环境的使用、工作人员等方面对所有成员国制定了八条内容。[①] 其中包括每个人都应该拥有参加体育的权利，体育应当作为人的发展重要成分而受到鼓励，应当在公共基金之外获得适当的支持等。

德国体育俱乐部的发展为大众参与体育活动提供了平台。体育俱乐部及会员发展状况如下：1960 年的 29486 个和 527 万名会员；1970 年 39201 个和 1012 万名会员；1980 年增长到 53451 个和 1692 万名会员；1990 年 67984 个和 2378 万会员；2000 年 87717 个和 2681 万会员；2006 年 90476 个和 2732 万会员。[②]

如上所述，欧洲等国家经过战后高速发展，到 20 世纪 60—70 年代，开始把大众体育作为衡量人民生活质量、衡量国家社会经济发展水平的重要指标加以重视和实施。

"体育文化"一词，最早直译为身体文化。在德国学者费特（G．A.Vith）所著《体育史》（1818）中最早使用。他认为，这个词是指斯拉夫民族的沐浴和按摩等保健养生活动。前民主德国的齐格尔在 1965 年出版的《体育理论》

① 花勇民：《欧洲体育文化研究——政府、市场和市民社会之间的体育》，博士学位论文，北京体育大学 2006 年，第 49 页。

② 花勇民：《欧洲体育文化研究——政府、市场和市民社会之间的体育》，博士学位论文，北京体育大学 2006 年，第 97—98 页。

一书中提到，身体文化代表了锻炼身体和陶冶性情的社会体育，可以分为指导身体发育的教育体系、保健体系、娱乐体系、竞技体系、科学体系 5 大部分，同时还包括了与身体健康有关的保健、卫生设施和行政机构等。①

随着时代的发展、科技文明的进步，体育文化的内涵和外延也不断丰富起来。体育文化是文化的一个重要组成部分，体育文化理论框架的构建是从文化的结构性框架中衍生出来的。那么，我们在研究体育文化时，怎样才能全面地、系统地分析它是研究问题的关键。当我们试图研究体育文化时，以"文化"的主流界定方法把体育文化分为广义与狭义，接下来就是选择参照物。当我们从文化学的视角分析体育现象时，体育文化把文化确定为参照物时，我们可以把体育文化看作是狭义的一种文化现象；当体育文化把各种体育社会现象确定为参照物时，我们可以把体育文化看作是相对广义的一种文化现象。这样研究体育文化就变得有章可循。

韩国江原大学的金明权教授在《体育文化的价值实现及其意义》研究中，深入研究了体育文化显示出来的国际性真正的价值实现。从大众的视角和微观的角度，归纳出三点：体育文化不是偶然而是必然形成的，为民众所津津乐道并显示出多面性；体育文化的主体正在形成进程中，其形式的变化不可预测，应阻止过热的民主主义意识和行为。提升体育参与者的自发性、自律性和多样性；参与体育文化，其本身来自对文化排挤的恐惧。反对过激的民族主义和自卑性壁垒，应批判自卑性民族主义和文化的保守主义。②

况且，"民生体育"一词虽然频繁地出现于媒体报道中，但对其概念和内涵解释得较少，从民生的角度深刻地探讨体育领域内的问题的著作更是少见，通过对期刊网以及数据库的检索，以"民生体育"为检索词进行检索得出的只有 6 篇文章，最早的一篇是陈小林、王正伦、周瑜等在 2007 年发表于《南京体育学院学报》的《民生体育论》，文章从民生的角度为新的社会语境下对维

---

① 席焕久主编：《体育人类学》，北京体育大学出版社 2002 年版，第 164—165 页。

② 张晓琳等：《传承·创新·和谐·发展——第 8 届东北亚体育史学术大会综述》，《体育文化导刊》2009 年第 10 期。

持人民群众生命存在、保持人民基本幸福感所需要实施的一类体育生活给予重新赋意，即"民生体育"。①

孙志鹏在2009年发表于《南京体育学院学报》的《我国民生体育发展探索》，在讨论和分析了民生体育概念、内涵和发展现状的基础上，认真思考和探讨了我国民生体育建设和发展中的经费投入、国民体质监测、社区体育、监督和保证体系及场馆开放等关键问题，提出了我国发展民生体育建设策略。②

沈克印、周学荣、李荷皎等在2010年发表于《武汉体育学院学报》的《民生体育建设的理论诉求与路径选择》一文阐释了民生体育的概念、内涵，认为民生体育有广义和狭义之别，广义上的"民生体育"是指体育层面的人民生计，是群众最迫切的体育需求，既包括人民群众的精神支柱，也包括人民群众的体育权利；狭义上的"民生体育"是指政府发挥主导作用，以民生思想为出发点，保障人民的体育权益，不断满足人民日益增长的体育需求，所提供的公共体育产品和公共体育服务的体育活动。③

李荷皎等在2010年发表于《天津体育学院学报》的《新中国民生体育发展论析》中提到民生体育是指政府以民生思想为出发点，发挥政府主导作用，以满足公民最迫切的体育需求为己任，以公民身心健康和自由发展为宗旨，不断地解决体育领域中民生问题而举行的活动。④

王婉珍于2010年在《常州信息职业技术学院学报》发表的《民生体育的战略要义和政策着力点》一文中，明确了民生体育战略要义是落实科学发展观的具体体现；是后奥运体育改革的最佳切入点；是回归"为民众服务"价值理念。在政策着力点上应体现民生体育优先发展主题；建设完善的民生体育制度

---

① 陈小林、王正伦、周瑜：《民生体育论》，《南京体育学院学报》2007年第4期。
② 孙志鹏：《我国民生体育发展探索》，《南京体育学院学报》2009年第6期。
③ 沈克印、周学荣、李荷皎：《民生体育建设的理论诉求与路径选择》，《武汉体育学院学报》2010年第2期。
④ 李荷皎、周学荣、沈克印：《新中国民生体育发展论析》，《天津体育学院学报》2010年第4期。

体系;树立民生体育型的政府理念;创建民生体育服务平台。①

　　汪全先等于 2010 年在《体育学刊》发表的《民生体育建设的宏观思考》一文中,在解读民生体育的基础上,阐述民生体育与富民强国之间的关系,勾勒出民生体育建设的路径:以科学发展观为指导思想,谋求民生体育发展新思路;以政府、民间投资为保障,加快民生体育物质层面建设;以体育制度建设为契机,促进民生体育顺利开展;以中西体育项目协调发展为纲,推动民生体育大发展;以丰富国民精神生活为导向,引导民生体育健康发展。② 由此可见,"民生体育"是人们关注研究的问题,也是在建设体育强国过程中必须解决的一大重要问题。

　　虽然很多学者和研究生对中国朝鲜族体育进行了研究,但目前为止涉及中国朝鲜族体育文化的文献资料只有 5、6 篇。其中,李正花教授在《中国朝鲜族社会文化发展史》一书中撰写的第十二章《朝鲜族体育文化》,文中叙述了中国朝鲜族体育文化的阶段划分问题,把朝鲜族体育划分为近代体育(近代体育分为三个阶段)和现代体育,从而实现了朝鲜族体育阶段性划分。金英雄教授的博士学位论文《中国朝鲜族民族传统体育的形成与发展过程研究》,文中详细论述了中国朝鲜族传统体育文化。③ 姜允哲教授的论文《中国朝鲜族体育研究》,文中论述了中国朝鲜族体育文化的二重性问题,从文化学的视角对中国朝鲜族体育文化特征进行了探讨。④ 并且他认为:"自改革开放以来,随着我国体育事业的全面开展,中国朝鲜族在竞技体育领域中,根据本民族的习俗和地域以及语言优势等特点,选择性地引进和接受了足球、跆拳道、剑道、拳击、射箭等优势项目,并通过相互交往,在训练内容和方法、技战术风格、执教等方面富有了鲜明的特色;在社会体育领域中也引进了门球、大众健美操等

---

①　王婉珍:《民生体育的战略要义和政策着力点》,《常州信息职业技术学院学报》2010 年第 5 期。

②　汪全先、梁干强、沈克印:《民生体育建设的宏观思考》,《体育学刊》2010 年第 12 期。

③　金英雄:《中国朝鲜族民族传统体育的形成与发展过程》,博士学位论文,(韩国)首尔大学体育系,2005 年。

④　姜允哲:《中国朝鲜族体育研究》,人民体育出版社 2009 年版。

项目，丰富了群众体育活动项目。表现出了体育文化在引进的路径、选择的项目、开展的形式和内容以及相互交流上的二重性特征。"①姜成在硕士学位论文《中国朝鲜族体育的文化审视》中，通过对朝鲜族体育文化的深层剖析，使大众对朝鲜族体育文化有了更加全面的了解，在获得这种理性认识后，使朝鲜族体育文化的定位变得有章可循。②金青云教授在《中国朝鲜族体育发展战略研究》一书中，从我国朝鲜族体育的形成和发展入手，深入分析学校体育、群众体育、竞技体育、民族传统体育、朝鲜族体育文化等方面的基本现状、影响因素，系统、全面、科学地了解和评价了中国朝鲜族体育的现状，总结出了朝鲜族体育工作的经验，并掌握和发现了现阶段朝鲜族体育的特点的规律，对中国朝鲜族体育发展的近期和远景规划提供了切实可行的决策和实施方案。并将中国朝鲜族体育文化分别从层次、服务、目标三个层面进行定位。层次定位为：带有民族特色的地方体育文化。服务定位为：立足延边，带动中国朝鲜族体育文化发展，为各自所在省和国家体育事业服务。目标定位为：整体上在全国有一定影响力；部分竞技体育项目包括民族传统体育项目争取成为国内一流；社会体育向生活化、市场化、产业化过渡；学校体育持续发展传统体育强项，力争普及民族传统体育文化，形成朝鲜族鲜明的体育文化特色。最后，依据中国朝鲜族体育文化的定位，结合实际情况，制定出了朝鲜族体育文化发展战略，科学地确定了新形势下中国朝鲜族体育的发展战略，为中国朝鲜族体育的振兴和发展，提供参考理论和决策依据。③

综上所述，关于"民生体育"的研究，专家学者们主要从民生体育的概念、内涵入手，提出民生体育的建设路径，解决体育领域中的民生问题。而对于朝鲜族体育文化的研究虽然论述了一些朝鲜族体育文化的阶段划分、二重性问题、形成了朝鲜族体育文化的定位，提出了朝鲜族体育的发展战略。但是这些研究缺乏在民生视域下的朝鲜族体育文化的发展，为此，本文在前人对民生体

---

① 姜允哲：《中国朝鲜族体育文化的"二重性"》，《体育文化导刊》2007年第4期。

② 姜成：《中国朝鲜族体育的文化审视》，硕士学位论文，延边大学体育系，2007年，第5页。

③ 金青云：《中国朝鲜族体育发展战略研究》，北京体育大学出版社2010年版，第10页。

育的研究基础上,将民生体育与朝鲜族体育文化有机地结合起来,以民生问题为切入点,以民生体育为主线,运用体育学、文化学、社会学、教育学等学科理论基础,论述了中国朝鲜族体育文化的民生问题与民生体育的提出,民生体育的建设意义和发展路径,在"民生"的视域下探讨中国朝鲜族体育文化发展及路径选择,大力开展民生体育,促使体育管理部门职能转变,按照科学发展观,统筹兼顾的原则,开展学校体育、竞技体育、社会体育,使其得以全面、协调、平衡可持续发展,走一条"立足现实,关注民众,贴近民生"的独具特色的朝鲜族体育文化之路。

第一节 "民生体育"的提出及现实意义

一、"民生"的含义

要理解民生体育的含义,应首先明确什么是"民生"。在西方并没有"民生"一词,人们对民众生活的关注是以人道主义的形式进行的。二者虽名称有别,但内容指向具有一致性。"人道主义"一词最早出现在古罗马思想家西塞罗的论述中,意指一种能够使个别人的才能得到充分发展的、具有人道精神的教育制度。17—18世纪,资产阶级的启蒙思想家们使人道主义的价值观进一步理论化、系统化。这一时期的人道主义主要有两种类型:一类以感性主义为特征,宣扬人的自由、平等、权利、幸福、欲望,并由此来解释人的各种利益关系,表现为现实主义和个人主义;另一类以理性主义为特征,倡导以人类为目的的自由、平等、博爱、尊严和价值。就目前来看,马克思主义人道主义思想是人道主义发展的最高形式。

在马克思主义人道主义看来,要使人类社会成为自由、平等、博爱的乐园,就必须消灭资本主义制度,建立以生产资料公有制、按劳分配和人民民主为基本特征的社会，进而建设高度发达的物质文明和精神文明，逐步消除人们之间各种事实上的不平等，使每个人都自由、全面地发展，最终实现全人类的解放。由此可见，"民生"在西方国家涵盖的主要内容是民主、平等以及实现人的价值等。①

在我国，"民生"一词很早就出现了，并且在不同的历史发展阶段，民生的含义也不尽相同。"民生"一词最早出现在《左传·宣公十二年》中，即"民生在勤，勤则不匮"。这里的"民生"指的是百姓的生计，认为生计是谋生之道，而谋生之道在于勤，只有通过辛勤劳动才能实现物质的丰富。春秋时期，管仲最先提出了"以人为本"的概念，还提出了"凡治国之道，必先富民，民富则易治，民贫则难治也"。②《礼记·礼运》中所说的"大同"理想，也反映了重视民生、保障民生的思想。儒家的代表人物孔子在《论语·尧曰》中指出："因民之所利而利之"。孟子是儒家人物中最重视民众作用和地位的思想家，在《孟子·尽心下》中提出"民为贵，社稷次之，君为轻"。道家的老子也提出了自己关于民生的见解，认为"圣人无常心，以百姓心为心"。③唐太宗李世民曾感慨道："君者，舟也；民者，水也。水可载舟，亦可覆舟。"

封建社会的民生，更多的是指民众的基本生存和生活需求，即衣、食、住、行等。国人关于"民生"的最深刻概念来自 1905 年孙中山在《民报》创刊号中提出的民生主义，他于 1924 年在《民生主义》一书中具体阐述道："民生就是人民的生活，社会的生存，国民的重整旗鼓，群众的生命"。④他认为，要解决民生问题，必须实行民生主义。而民生主义就是解决民众的衣食住行，实现贫富均等、利益共享的社会局面。而现代《辞海》中对于"民生"的解释是人民的生计，不仅包括民众的物质需求，也包括民众平等、共享的权

---

①　武俊奎：《关于民生问题的三点考察》，《前沿》2006 年第 9 期。

②　管仲：《管子》，辽宁教育出版社 1997 年版，第 136 页。

③　诚虚子编著：《道德经新解》，济南出版社 2006 年版，第 111 页。

④　董四代编著：《孙中山民生社会主义思想分析》，《商丘师范学院学报》2008 年第 2 期。

利等。

新中国成立后,尤其是实行改革开放以来,我国社会经济有了飞速的发展,民众的生活发生了翻天覆地的变化,人们对民生也更加关注。将当代民生问题由低到高归纳为三个层面的具体内容,即民众的基本生存和生活状态、民众的发展机会和基本发展能力、民众的基本权益保护的状况等。①

我们从中可以看出,当代的民生问题已经全面升级,人民群众追求的目标已经不再是简单的吃饭、穿衣问题,而是要求有更稳定的就业、更良好的教育、更公正的收入分配、更安全的社会保障、更健康的生活环境以及平等、自由的发展空间,乃至民主的空间,表现出来的是对个人的尊严和自由权利理念的追求。可见,现今的民生更强调的是政府要为个人的全面发展不断创造条件。

二、"民生体育"的提出

"民生体育"一词虽然频繁地出现于媒体报道中,但对其概念和内涵解释还甚少。尽管对于民生体育这一概念的内涵和外延还缺少深入的理论分析,也很难对其概念进行界定,但有鉴于民生体育是"民"为本的体育,加强民生体育建设和和谐社会密切相关,因此,迫切需要发展民生体育,使体育更好地为人民服务,为和谐社会建设服务。薛波认为"民生体育"是重视以人为本的体育,是构建和谐社会的使人拥有生命、谋求生存、享受生活、创造生机、融入生态最终获得幸福的体育,民生体育是处处讲究公平,人人享受健康,共同占有体育资源的体育。② 陈小林、王正伦、周瑜等认为"民生体育"指的是政府以民本思想为基点,以公民身心健康为宗旨,以惠及社会每个公民的健康权和

---

① 吴忠民:《三个层面剖析民生问题遵循规律改善民生》,《光明日报》2008 年 9 月 2 日。

② 薛波:《打造体育强国必须从民生体育抓起》,2010 年 2 月 11 日,见 http://blog.sina.com.cn/s/blog_4857ac230100guxl.html。

幸福感为任务所提供的在社会上举行的一系列体育活动。① 沈克印、周学荣、李荷皎等认为："广义上的'民生体育'是指体育层面的人民生计，是群众最迫切的体育需求，既包括人民群众的精神支柱，也包括人民群众的体育权利；狭义上'民生体育'是指政府发挥主导作用，以民生思想为出发点，保障人民的体育权益，不断满足人民日益增长的体育需求，所提供的公共体育产品和公共体育服务的体育活动。"②

以上学者从宏观层面、人文层面对民生体育进行了阐释，也从内容、形式、目的方面做了解读，但没有将民生体育所涵盖的内容完全表达出来。汪全先、梁干强、沈克印等根据富民与强国的时代要求，结合当代"民生""体育"的内涵及民生体育的自身特征，认为民生体育应该涵盖以下4个层面的内容。物质层面：主要包括参与民生体育的国民本身及其着装、场地、设施、器材等，它们以物质为载体的形式存在，是民生体育发展的物质基础；制度层面：主要包括民生体育政策、相关法律制度、训练与比赛体制、组织机构、场馆管理体制、协会管理体制、联赛管理体制、技术规范规则等，它规范民生体育的发展方向；行为层面：包括在民生体育发展中形成的具有项目特色或地域特色的行为方式以及行为习惯等，是民生体育外在的主要体现；精神层面：主要包括国民在民生体育中生成的观念、道德、运动情感、审美情操等，是民生体育的核心，影响与制约民生体育的物质层面、制度层面和行为层面。③

基于上述理论，民生体育与群众体育具有紧密的联系，但也有区别。在内容上，民生体育主要指民生视域下的群众体育，又包含了学校体育和竞技体育中涉及民生问题的部分内容；在形式上，民生体育强调政府的责任，体现出民本思想和人文关怀，而群众体育则是突出人民大众这一行为主体，更多地强调其是有别于竞技体育的社会全体成员参与的体育活动；在目的上，民生体育是

---

① 陈小林、王正伦、周瑜：《民生体育论》，《南京体育学院学报》（社会科学版）2007 年第 4 期。
② 沈克印、周学荣、李荷皎：《民生体育建设的理论诉求与路径选择》，《武汉体育学院学报》2010 年第 2 期。
③ 汪全先、梁干强、沈克印：《民生体育建设的宏观思考》，《体育学刊》2010 年第 12 期。

以人为本的体育，是强调社会公正，人人享受健康，共享公共体育资源的体育，群众体育则强调的是健身、健美、医疗、消遣、娱乐和社交等具体的目的。民生体育有三层内涵：首先，提供公共体育资源的主体是政府。政府是公共体育产品和服务的主要提供者，在民生体育中发挥主导作用。其次，以民生思想为出发点就是要坚持以人为本，把维护人民体育权益，满足人民的体育需求，增强人民的体质作为一切体育工作的出发点。最后，民生体育具有多层次性和发展性。民生体育涉及整个体育领域，但主要凸显在群众体育方面，体现在享受、发展两个层次上；人们追求的体育活动内容、形式、目标等是随着时代的进步而不断提高，体育事业的发展也是一个不断解决民生体育问题，不断改善民生体育的过程。①

三、"民生体育"提出的理论背景

（一）体育是人们需要解决的最直接、最现实的民生问题

民生问题是任何时代、任何国家的人民大众都普遍关心的切身利益问题，是现代化和城市化进程中的头等大事，关系着人民最根本的利益需求，关系着中国共产党在群众心目中的威信，关系着和谐社会构建的成功与否。"民惟邦本，本固邦宁""国以民为本，民以食为天"，是古人最朴素的民本思想，也是对民生问题重要性的认识。"得民心者得天下"，谁注重解决民生问题，谁就能赢得民心，人民就拥护谁，民生状况决定着人心向背，决定政权的巩固和社会的稳定。解决民生问题，使民众安居乐业、共享太平，能够为政权的稳固奠定坚实的群众基础。统治者的政治统治只有持久性地获得人民大众的衷心拥护、支持、认可，换取执政合法性和正当性的可靠来源，才能形成政治稳定、社会和谐的新局面。自党的十六大以来，"民生"二字就逐渐成为中国社会的主

---

① 沈克印、周学荣、李荷皎：《民生体育建设的理论诉求与路径选择》，《武汉体育学院学报》2010 年第 2 期。

流话语,党的十七大报告又明确提出:要加快推进以改善民生为重点的社会建设,让全体人民"学有所教、劳有所得、病有所医、老有所养、住有所居",表明了党中央保障并改善民生的坚定决心。党的十八大报告进一步提出:"逐步建立以权利公平、机会公平、规则公平为主要内容的社会公平保障体系,努力营造公平的社会环境,保证人民平等参与、平等发展权利。"这是对当前人民群众新期待的有力回应,顺民意、得民心。

民生和谐是社会和谐的前提和基础。关注民生、改善民生就是为了民生和谐;只有民生和谐才有社会和谐,因此,关注民生、保障民生、改善民生,解决民生问题、促进民生和谐,对于全面建设小康社会、促进社会和谐发展具有极其重要的理论和现实的意义。

首先,民生问题是随着社会的不断发展而渐次变化的,体育领域内的民生问题也不例外,是一个动态、丰富、不断发展的问题,它随着经济社会的发展和人们对精神文化需求的不断增加而变化发展。解决体育领域内的民生问题也不是一劳永逸的,民生体育正是要以不同时期凸显在体育领域内的民生问题为基点,不断地寻求解决最基本、最迫切问题的策略。新中国成立初期,针对国情,民生体育的核心价值观就是要增强人民体质,提高健康水平,而现阶段民生体育体现的不仅是增强体质,更要体现出满足公民精神生活的理念。其次,民生体育问题既然是不断发展变化的,也必然有一个低层次、高层次的问题,从体育的强身健体到体育成为一种生活方式,从体育促进人的全面、自由、健康发展到人人享有体育发展成果,这是体育事业发展逐层提高的一个过程。①

经济和科学技术的发展给我们带来了舒适与方便的同时,也给我们带来了前所未有的问题和挑战。人们在生产劳动过程中脑力劳动增加,体力活动减少。如以汽车为代表的现代化工具的普及,家务劳动中的社会化、自动化和机

---

① 李荷皎:《建国以来我国民生体育思想发展研究》,硕士学位论文,南京师范大学体育系,2011年,第16—17页。

械化程度的提高，大幅度地减少了人们日常的身体锻炼。加之环境污染，生态平衡被破坏，以及膳食结构中脂肪和肉类的增加，对人类的身体健康带来了严重的威胁和挑战，久而久之，就会导致一些所谓现代"文明病"。其中，重要原因就是我们养成了一种惰性，越来越远离体育锻炼，但随着这些负面的影响，引起了人们对健康的重视，在人们所追求的生活目标的多项选择中，把健康摆在了首位。面对社会发展所带来的这些负面影响，人们把目光投向了体育锻炼，利用运动来消除社会发展给人类自身发展带来的不利影响。由此可见，在不同的时期、不同的地点，人民群众面临的体育问题是不同的，也是解决体育领域内最基本、最迫切的民生问题。

所谓"民生"问题就是有关国民的生计与生活问题，就是一个社会成员如何从社会和政府获得自身生存和发展所需要的社会资源和社会机会，以支撑自己的物质生活和精神生活的问题。[1] 改善民生可以分成两个阶段。第一阶段是使国民获得基本生活资料，满足基本生存；第二阶段是不断提高国民的物质生活质量，丰富国民精神文化生活，以及追求社会和谐与公正。人类社会的发展，是不断解决民生问题，不断改善民生的过程，也是由解决民生第一阶段的民生问题向解决第二阶段的民生问题转化的过程。[2]

随着社会政治、经济的发展、文化的繁荣，人们生活水平逐渐提高，在满足物质生活的同时，也在追求着精神文化生活的提高。在当代社会，民生问题的核心已由早期的基本生活资料的获得上升到更高层次的精神文化追求，包括公民权利、文化模式、社会公正等，现阶段我们所面临的民生问题主要是第二阶段的民生问题。通过体育运动满足精神文化和自我实现的需求是当代社会民众的一种重要的生活方式。

民生领域内的体育问题也是现阶段我们所面临的第二阶段的民生问题。民生领域内的体育问题是关系体育事业全面、协调、可持续发展的头等大事，关

---

[1] 周学荣：《关于健康第一指导思想确立的研究》，《北京体育大学学报》2001 年第 1 期。

[2] 李亚彬：《论民生对于中国特色社会主义的意义》，《马克思主义研究》2008 年第 7 期。

系着人民最根本的体育需求，关系着政府在群众心目中的威信，关系着和谐社会的构建。以保障民生体育需求为取向，解决好人民最关心、最直接、最现实的体育问题，满足人民群众的体育需求，使人民群众能够健身有去处，健身有方法，健身有项目，实现其自由全面发展。民生领域内的体育问题也是随着社会发展而纵深发展的，从强身健体、娱乐身心，到自我实现、全面发展，解决民生领域内的体育问题也不是一劳永逸的。体育属于民生的第二阶段，近年来，关注体育领域内的民生问题的呼声越来越高。解决好民生领域内的体育问题，就是要关注社会最基层的人民最基本的体育需求。①

目前，近两百多万的中国朝鲜族人民散居在全国各个省市，重要集中在黑龙江、吉林和辽宁省，延边朝鲜族自治州是我国最大的朝鲜族聚居地，2001年3月8日，延边朝鲜族自治州享受国家"西部大开发"政策；2009年8月30日，国务院已正式批复《中国图们江区域合作开发规划纲要——以长吉图为开发开放先导区》，这一政策的提出，为朝鲜族体育文化的发展带来了新的机遇和挑战。

随着社会政治、经济的发展、文化的繁荣，人们生活水平逐渐提高，在满足物质生活的同时，也在追求着精神文化生活的提高。人民的物质文化需要的增长不仅有数量扩张，而且要更加注重质量提高和结构升级。有研究认为，当一个国家的人均国民生产总值达到2000—3000美元时，消费结构将由物质消费向精神文化消费转变。据2007年《我国第三次全国体育现状调查》显示，体育消费人群已占参加体育锻炼人群的72.7%，全年人均体育消费达到593元，城镇居民全年人均体育消费达到718元。2008年我国人均GDP达到3266.8美元，2009年，我国的人均GDP达到3603美元，这就为我国国民改变消费结构、追求精神和文化消费奠定了物质基础。②

---

① 李荷皎等：《民生视域中开展村落春节运动会的价值与实践探讨》，《武汉体育学院学报》2010年第6期。

② 国家体育总局：《2007年中国城乡居民参与体育锻炼现状调查公报》，2008年12月18日。http://www.sport.gov.cn/n16/n33193/n33208/n33598/1010427.html。

表4—1　我国居民消费支出水平的变化（按当年价格计算）

单位：元

	居民消费支出	农村居民	城镇居民
2007 年	93317.2	23913.7（2149.3）	69403.5（7674.8）
2006 年	80476.9	21106.7（2149.2）	59370.2（6850.9）
2005 年	71217.5	19228.2（2064.4）	51989.3（6058.4）
2004 年	63833.5	17550.6（1888.9）	46282.9（5650.4）
* 国家统计局提供（2008 年）			

　　表4—1 显示，无论是农村还是城镇居民，随着时代的发展我国居民消费支出在不断地增加，经济的发展也带动了我国居民个人消费水平的增长，这就为我国民生体育锻炼提供了有利条件。一是为我国民生体育锻炼提供了物质基础，让人们有能够从事体育锻炼的费用；二是改变了人们的消费需要。

　　此外，随着社会经济的发展及科学技术的进步，劳动生产率进一步提高，增加了人们闲暇生活时间。1999 年 5 月，我国开始实行每周 5 天的工作制，出现了双休日。1999 年 9 月，我国开始实五一、十一、春节三个长假日。从 2008 年开始，又开始实行了春节、五一、十一、端午节、中秋节和元旦等节假日，这些节假日的调整无疑增加了人们的余暇时间。第 29 届北京奥运会的成功举办，不仅达到了奥运精神的宣传，也提升了人们对体育锻炼的意识和激情，促使群众性体育锻炼达到新的高潮。1995 年，国家颁布了《全民健身计划纲要》，这标志着我国群众体育事业进入一个崭新的发展阶段。2009 年，应对国际金融危机的宏观背景下，国家提出"保增长、扩内需、调结构、惠民生"的整体战略，文化、旅游、体育等相关产业也受到了空前的重视。2009 年 10 月 1 日，国务院又正式颁布并实施《全民健身计划条例》，并且把每年的 8 月 8 日定为"全民健身日"，这无疑标志着我国的民生体育进入了一个新的发展阶段。①

---

①　刘德谦等：《2010 年中国休闲发展报告》，社会科学文献出版社 2010 年版，第 5—8 页。

2009 年延吉人均 GDP 达到 36145.36 元，2010 年人均 GDP 达到 41278 元，比上年增长 14.2%。2009 年城镇居民人均消费 15781 元，农村居民消费 5690 元;2010 年城镇居民消费 16882 元，农村居民消费 7200 元，这就为延吉市人们的体育消费结构改变和人们的体育消费提供了物质基础。①

由此可见，在现代社会中，民生之本，已由原来的生产、生活资料，上升为生活形态、文化模式、市民精神等既有物质需求也有精神特征的整体样态。体育不仅是人类文化和文明的载体和果实，从根本上说，体育已经成为人们的一种生活或生存方式，通过运动增强体质、强健体魄已成为人们提高生活质量、提升快乐幸福感的重要保证，并越来越被人们所认同和接受。然而日益增长的体育需求和现实之间的矛盾也逐渐加剧，这些正是导致体育领域内民生问题出现的直接原因，因此解决好社会中民众对体育的需求，能从根本上解决体育领域内的民生问题。

（二）"民生体育"提出的历史背景

随着我国社会经济的迅速发展，国家财富的不断积累，国民收入的不断提高，我国越来越注重解决各类民生问题。在新中国建立之初，以毛泽东为核心的领导集体就提出为人民服务，"发展经济保障生活"。1949 年新中国成立之初，我国国民体质整体相对贫弱，体育场地设施极度匮乏，国民体育参与率很低。1952 年 6 月，毛泽东同志发表"发展体育运动，增强人民体质"的题词，在政策和号召上有力促进了我国民生体育的发展，但是当时国民的生活水平仍挣扎在温饱线上，"民不富，国不强"，人们也无法主动参与体育运动，促进民生体育的发展，中国也在摸着石头寻找自己的富民强国之路。直到 1978 年，在经历自然灾害和"文化大革命"的浩劫之后，十一届三中全会以后，以邓小平为核心的领导集体领导中国人民进行改革开放，提出了"发展才是硬道理"，目的是通过解放生产力和发展生产力"先让一部分人、一部分地区富起来，

---

① 　延吉市统计局编：《2011 年延边朝鲜族自治州统计年鉴》，2012 年，第 40 页。

然后逐步实现共同富裕",并把是否有利于人民生活水平的提高作为判断是非得失的重要标准。中国进入了不断富民的进程,富裕起来的国民逐渐有更多时间去休闲娱乐,这也给民生体育大发展提供了土壤。随着经济发展、社会进步和人民生活水平不断提高,体育日益成为人民群众生活的一部分,在经济社会生活中发挥着越来越重要的影响和促进作用。从参加 1984 年奥运会起,中国竞技体育成绩凸显出来,为带动我国群众体育发展发挥了有效的宣传作用。

十三届四中全会以后,以江泽民为核心的领导集体提出了"三个代表",强调要始终坚持立党为公、执政为民,努力实现好、维护好、发展好最广大人民的根本利益,着力满足人民的物质利益、文化利益和政治利益需要,促进人的全面发展。1995 年,《全民健身计划纲要》和《体育法》的颁布,更是为民生体育的快速发展提供了法律保障。而 2008 年我国成功举办北京奥运会,正是中国民众物质财富和精神财富富足的体现。但是,以目前的民生体育与民富现状来看,我国国民仍需进一步在物质与精神上"富足"。

正像刘鹏同志在 2010 年全国体育局长会议上指出的那样:"当前和今后相当长的一个时期内人民群众日益增长的体育需求与社会所能提供的体育资源相对不足的矛盾,仍是我国体育发展过程中的主要矛盾。群众体育仍然是体育事业的基础性薄弱环节,这是建设体育强国必须着力解决的突出问题。"[1]强国促富民,国家的强大能为国民提供更好的致富平台,也能为民生体育的发展提供坚实的基础。

2008 年 9 月 29 日,胡锦涛总书记在北京奥运会、残奥会总结表彰大会上讲道:"进一步推动我国由体育大国向体育强国迈进,第一,要继续发展群众体育事业,坚持以人为本,满足人民群众体育需求,开展丰富多彩的群众体育活动和全民健身运动。为人民提供更多更好的体育公共服务,让人民分享体育发展成果、享受体育带来的健康和快乐;第二,要继续提高体育运动技术水

---

① 王镜宇:《成为体育强国中国任重道远》,《今晚报》2010 年 1 月 27 日。

平，不断增强我国竞技体育的综合实力和国际竞争力。"①从讲话中可以看出打造体育强国与民生体育建设的方向相同，都是为了增强人民体质，提高全民素质和生活质量，同时体现"富民强国"的目标要求。强国对人口素质要求很高，而民生体育自身的健身健心功能恰能提高国民的整体素质，这就凸显了民生体育的独特价值。根据我国的国情，今后相当长的一段时期内着重发展民生体育，充分满足人民群众的体育需求，让人民群众真正享受到社会进步和体育发展的成果，仍将是一项重要的工作。

2010 年，温家宝在《关于发展社会事业和改善民生几个问题》中明确指出：要以基层公共文化体育设施为重点，建设覆盖城乡的公共文化体育服务体系，努力满足人民群众基本文化体育需求。政府要履行好发展公益性文化体育事业的责任，保障人民群众的基本需要和权益。尤其是民生体育已经成为政府关注的重要问题。②

党的十八大以来，习近平总书记多次发表重要论述，阐明自己的"民生观"，指出：保障和改善民生的重要意义，提出当前和今后一段时期民生工作的着力点，把人民对美好生活的向往作为奋斗目标。关于民生体育，习总书记谆谆告诫我们：全民健身是全体人民增强体魄、健康生活的基础和保障，人民身体健康是全面建成小康社会的重要内涵，是每一个人成长和实现幸福生活的重要基础。

民生是人民幸福之基、社会和谐之本。健康是民生之需，提高人民健康水平是促进人的全面发展与社会和谐的必然要求。因此，我们要按照习总书记的讲话把全民健身与全面建成小康社会紧密联系在一起，把群众体育与健康的生活方式紧密联系在一起，赋予民生体育新的内涵。

---

① 国家体育总局：《2007 年中国城乡居民参与体育锻炼现状调查公报》，2008 年 12 月 17 日。

② 温家宝：《关于发展社会事业和改善民生几个问题》，2010 年 4 月 1 日，见 http://news.qq.com/a/20100401/001011.htm。

四、"民生体育"建设的现实意义

(一)"民生体育"建设是落实科学发展观和构建和谐社会的具体体现

深入贯彻落实科学发展观是全面建设小康社会、构建社会主义和谐社会的必然要求,就是要通过发展增加社会物质财富,不断改善人民生活,又要通过发展保障社会公平正义、不断促进社会和谐。体育不仅仅是一种身体活动,更是一种教育手段、一种健康的生活方式、一种社会文明的载体,能够促进构建和谐社会。

民生体育是中国共产党民生思想的重要体现,是我国社会主义现代化建设事业的重要组成部分,也是构建和谐社会的重要内容。改善民生体育,加强民生体育建设就是要树立"立党为公,执政为民"的原则,强调政府在发展体育事业中的责任和义务,强化政府的政策规划和公共服务职能,做到体育事业发展为人民,发展成果由人民共享。

(二)"民生体育"建设是体育事业全面、协调、可持续发展的必然要求

改革开放以来,中国的体育事业取得了巨大成就,群众体育蓬勃发展,体育产业初具规模,竞技体育实力不断增强,特别是在 2008 年北京奥运会上,我国的竞技体育取得了辉煌的成就,为世界所瞩目。胡锦涛在北京奥运会、残奥会总结表彰大会上的讲话中,明确发出了"要进一步推动我国由体育大国向体育强国迈进"的号召,这是科学发展观的具体实践,也是新时期体育事业发展的精神动力。

如今,体育领域内的民生问题日益凸显,限制了体育事业的发展,注重民生、改善民生、保障民生,已成为体育工作急需解决的问题。加强民生体育建设就是要立足当前,放眼未来,保证发展体育事业的后续性,实现质量与数量的统一、规模与结构的统一、速度与效益的统一。

五、"民生体育"建设是党和政府获得民众支持的有效途径

民生问题不仅仅是经济、社会层面上的问题，也是政治层面上的问题。民生问题是对党执政能力和政府服务水平的考验，是取得人民群众信任和支持的有效途径。同样，对于产生在体育领域内的民生问题也应得到党和政府的高度关注。从新中国成立初期的《中国人民政治协商会议共同纲领》规定"提倡国民体育"和《中共中央关于加强人民体育运动工作的指示》，到现在的《全民健身计划纲要》《中华人民共和国体育法》《中共中央、国务院关于进一步加强和改进新时期体育工作的意见》等法律法规颁布，说明了党和政府历来重视加强民生体育，彰显了民生体育建设的重要性。只有切实解决了民生体育问题，将体育事业发展的成果体现在人民群众日益增长的体育需求和国民体质的提高上，人民群众得到实在的利益，才能更加拥护党的领导和支持政府的工作。

六、"民生体育"建设是实现人全面发展的需要

马克思曾说："未来社会是以每个人的全面而自由的发展为基本原则的社会形式，是自由人联合体，在那里，每个人的自由发展是一切人的自由发展的条件。"人的全面发展强调的是人发展的完整性和丰富性，是人的生活和素质各个方面的提高和改善，社会化生产需要人的全面发展，生产力的发展为人的全面发展奠定了物质基础。实现人的全面发展，就是要以人为本，实现人的思想道德素质、科学文化素质以及身体素质全面发展。体育与人的全面发展有着非常密切的关系，正如毛泽东所说："体者，载知识之车而寓道德之舍。德智皆寄于体，无体是无德智也。"蔡元培也坚信"先有健美的身体，才有健全的思想与事业"，提出"完全人格，首在体育"的教育主张。顾拜旦也认为，参与奥林匹克运动可以使人和谐、完美和发展，体育是一门造就身心健康、培养全面发展的人的学问。加强民生体育建设目的就是提高人民群众的身体健康和生活质量，解决人民群众最关心、最现实、最直接的利益问题。

第二节 "民生"视域下朝鲜族体育文化发展中存在的问题

现阶段,我国竞技体育已经跃居强国行列,但体育领域中的民生问题日益凸显,这些日益凸显的民生问题是社会问题的一部分,也是促使人们日益增长的文化需求与社会生产矛盾的重要问题之一。在我国朝鲜族体育中,人们日益增长的体育文化需求与社会生产的矛盾日益加剧,体育中的民生问题也越来越凸显。其主要表现:第一,政府向人民群众提供体育公共服务的职能尚未充分体现,体育公共服务均等化的目标尚未形成,公共体育资源的配置和管理问题相当严重。人均体育场地面积、人均体育消费与发达国家相比仍处在较低水平,城乡、区域群众体育发展不平衡,城乡差距、东西部差距较为明显,弱势群体参与体育保障的缺失问题有待进一步解决,构建面向大众的全民健身服务体系任务还很艰巨;第二,青少年体质下降情况严重;第三,专业运动员面临着退役,他们的安置状况不容乐观。从靠给人搓澡为生的全国举重冠军邹春兰,到摆地摊卖奖牌的艾冬梅,实为众多退役运动员安置和社会保障问题的缩影,唤醒民众对体育领域中众多民生问题的关注。① 如今,体育领域内的民生问题日益凸显,限制了体育事业的发展,注重民生、改善民生、保障民生,已成为体育工作急需解决的问题。促使体育管理部门职能转变,按照科学发展观,统筹兼顾的原则,开展群众体育和竞技体育,使其二者得以全面、协调、平衡可持续发展,提高我国体育的综合实力,使我国竞技体育从量的飞跃,达到群众体育的质变,形成具有中国特色体育文化。

"国运盛,体育兴""文化兴,体育强"。体育使国家强盛,打破竞技体育为主的发展模式,让体育落实到以人为本的发展之路,就必须改革现行的体育体制和运行机制。继续深化体育体制改革,形成"小政府,大社会",让庞大

---

① 叶志明:《艾冬梅卖奖牌事件唤醒体育的民生关注》,《文汇报》2007 年 4 月 12 日。

的政府组织扁平化，充分发掘、发展体育文化，让体育资源更多地惠及大众，让更多的民众能享受到体育带给他们的快乐。①

一、公共体育资源配置问题

公共体育资源是指用于满足社会公共需求的体育产品和服务所需要的各种条件及要素的统称，具有效用的不可分割性、消费的非竞争性、收益的非排他性。群众体育是公共产品，这是由我国群众体育的内涵、有关法律的规定、群众体育现实供需关系以及社会背景等因素决定。②《全民健身计划纲要》颁布实施以来，特别是"十五"期间，群众体育事业取得了持续快速发展，具有中国特色的全民健身体系正在形成。同时，在群众体育事业发展过程中，也出现了一些矛盾和问题，最为突出的是公共体育资源配置的公平问题。一方面，国家和政府在对公共体育资源配置和管理中出现缺位、错位和越位现象，导致供给不足和供给相对过剩。主要表现为：国家对群众体育事业的经费投入较少，比例过低；国家对公共体育设施欠账太多，特别是对小城镇公共体育投资更少；学校等国有体育设施结构性闲置，向群众开放程度和利用率不高；社会体育指导员绝对人数较少，结构不合理，发展不平衡，指导率低。另一方面，公共体育资源配置不合理。主要表现为：在农村、欠发达地区和经济效益差的地方单位，公共体育资源配置明显不足；群众体育事业在城乡之间、地区之间、不同人群之间发展的不平衡，使这些地方的公共体育资源供需矛盾更加突出。③

2004年，《延边朝鲜族自治州国民经济和社会发展统计公报》指出，其州GDP为194.3亿元，全年财政总支出为42.4亿元。根据《2004年中国统计年

---

① 中国科协学会学术部编著：《中国体育：体育强国的辨析与建设》，中国科学技术出版社2009年版，第39页。

② 陈秀娟：《我国群众体育的性质与供给机制研究》，《体育科学》2009年第1期。

③ 国家体育总局政策法规司：《体育事业"十一五"规划文件资料汇编》，人民体育出版社2007年版，第16—17页。

鉴》,"2003 年中国体育事业经费占国家财政总支出的 0.2095%"和"我国各地区的体育事业经费一般占当地 GDP 的 0.05%左右,具有可调节余地"的比例计算,2004 年延边朝鲜族自治州体育事业经费应该在 888.3 万元—971.5 万元之间,其人均体育事业费为 4.08 元—4.46 元,但 2004 年延边朝鲜族自治州实际体育事业经费为 530 万元,其人均体育事业经费为 2.43 元。根据《2004 年中国统计年鉴》可知,2003 年全国人均体育事业经费为 4.52 元—4.54 元。延边朝鲜族自治州人均体育事业经费少于全国的平均水平。虽然在一定范围内政策可以调节体育事业经费的投入力度,但我们不难看出,延边朝鲜族自治州经济制约着朝鲜族体育经费的投入水平。"我国经济发展程度不同地区的政府对体育事业经费投入的状况就说明了这一点。"[1]

"与体育事业经费类似,一个地区体育场地设施建设水平,同样取决于这个地区的经济实力。""2004 年延边朝鲜族自治州体育事业经费中体育场馆补助费为 88 万元。全民健身活动场地设施投入资金为 266 万元,其中地级和县级投入总和为 251 万元。"延边朝鲜族自治州经济处于国内平均水平位置,人均 GDP 水平比上海、北京等发达地区落后很多,且达不到 2003 年国家人均 GDP 的 9101 元(《2004 年中国统计年鉴》)和长春市人均 GDP 的 9338 元。[2] 虽然人均 GDP 水平对体育场地设施建设水平的影响不是绝对的,但人均 GDP 水平势必给中国朝鲜族体育场地设施建设带来一定的影响。

体育场地设施是社区居民开展体育活动最重要的物质保证。由表 4—2[3] 可知,目前中国朝鲜族社区体育活动场所分布前三位的是公园广场,街头、巷尾,街道办事处所属场地设施。利用体育系统公共场地占 11.20%,而利用辖区学校体育场地设施更少。

以上表明,中国朝鲜族学校和企事业单位的体育场地设施建设还没有得到充分的利用,向社会开放的程度还远远不够。中国主管部门仿效一些

---

① 延边朝鲜族自治州统计局编:《延边朝鲜族自治州国民经济和社会发展统计公报》,2004 年。
② 长春市统计局 http://tji.changchun.gov.cn/tjgb/201803/t20180305_373561.html,2013 年 9 月 5 日。
③ 金青云:《中国朝鲜族体育发展战略研究》,北京体育大学出版社 2010 年版,第 83 页。

体育发达国家的经验，制定了《国家体委关于公共体育场馆向群众开放的通知》，向社会开放体育场馆，但由于《国家体委关于公共体育场馆向群众开放的通知》是体育部门下发的文件，只能制约体育系统的体育场馆，对其他系统的体育场馆没有制约作用，立法层次也不高等原因，实施起来比较困难。

表4—2　2000年社区体育活动点地点分布统计

活动点	延边城市%	排序	全国%	排序
公园广场	21.58	1	31.30	1
街头、巷尾	18.58	2	8.90	5
街道办事处所属场地设施	14.21	3	19.80	2
体委系统公共场地	11.20	4	11.20	4
江河湖畔	10.11	5	3.20	8
企事业单位体育场地设施	9.02	6	12.60	3
小区绿地	8.74	7		
辖区学校体育场地设施	3.56	8	4.90	7
其他	3.00	9	8.00	6

在中国朝鲜族社区体育场地利用情况中（表4—3），[1]48.36%的社区体育活动点负责人认为目前社区体育场地利用率提高了，而认为"没有变化"的人占49.18%，认为"降低"的仅占2.46%。

由此可见，中国朝鲜社区体育的场地设施利用率总体上还没有明显的变化，这可能与城市体育场地设施与社区居民的住宅或工作单位的远近程度有关，也与场地设施的建设数量有限或场地设施不能均匀分布在城市社区的每个角落有关。经调查结果显示[2]，社区体育活动点的形成方式是以锻炼者自发组成为主，街道（社区）帮助组建为辅。锻炼者自发形成的体育活动点占56.55%，街道（社区）帮助下组成和管理的体育活动点占31.98%，在体育行

---

① 　金青云：《中国朝鲜族体育发展战略研究》，北京体育大学出版社2010年版，第84页。

② 　金青云：《中国朝鲜族体育发展战略研究》，北京体育大学出版社2010年版，第84页。

政部门的帮助下形成的活动点占 10.65%，以其他形式形成的活动点所占比例很少，仅仅占 0.82%。

表4—3 社区体育场地利用情况统计

场地利用情况	中选次数	%
无变化	60	49.18
提高了	59	48.36
降低了	3	2.46

虽然中国朝鲜族居民自发形成和组建体育活动点排在第一位，但比全国 1996 年和 2000 年两次群众体育调查结果的比例还低；在街道办事处（社区）帮助下组建的活动点与全国 1996 年和 2000 年两次群众体育调查结果相比，其所占比例高于全国 2 倍左右。说明延边城市街道办事处（社区）组织和管理社区体育活动点的状况较好。体育行政部门组织和管理方面，与全国 1996 年和 2000 年两次群众体育调查结果相比，都高 4%左右。其他形式组成的活动点与全国 2000 年的 19.6%相比，实在是微乎其微。

中国朝鲜族居民自发形成的体育群体主要以活动项目进行划分，他们中的多数与街道或社区体育协会未形成密切的关系。因此，其活动具有"自由性"和"离散性"特点。从群众内部看，除少数群体具有简单分工外，多数群体是松散型的，由于缺乏活动经费，又缺少科学健身知识和技术指导，其活动处于"低水平状态"。而在发达国家，大众体育活动主要是依托于学校体育场地设施（其开放的时间一般在放学以后、假期以及周末）开展的。因此，学校体育场地设施是各国常规大众体育活动的主要载体。1927 年，美国就有 32 个州通过法律规定："社区可使用学校的建筑作为社区体育中心。"日本则于 1976 年颁布了《学校体育设施对外开放法令》，有力促进了学校体育场地设施向社区居民开放。1990 年，日本小学、初中、高中分别有 86.9%、79.7%、57.2%的室外运动场和 91.7%、84.4%和 42.1%的体育馆对居民开放。日本的学校体育场地设施在建设时就充分考虑到对外开放的需求（一般都装配了夜间照明设备），以及老年人、残疾人、妇女等群体的特殊需要。[1] 我国体育场地设施建设中绝大部分分布在各级学校。据《第五次全国体育场地普查数据公报》："截止到 2003 年 12 月 31 日，我国有各类体育场地 850080 个，其中标准体育场地 547178 个，非标准体育场地 302902 个，占地面积为 22.5 亿平方米，建筑面积为 7527.2 万平方米，场地面积为 13.3 亿平方米。平均每万人拥有体育场地 6.58 个，人均体育场地面积为 1.03 平方米，人均投入体育场地建设资金为 148.15 元。在我国现有的 850080 个体育场地中，教育系统有 558044 个，占全国体育场地总数的 65.6%。"[2] 如果考虑到占总数 65.6% 的场地只有少部分开放给群众，在放学后、假期和周末都空闲，那么，人均体育场地数量和面积都要大打折扣了。虽然体育部门和教育系统三番五次动员学校开放体育场地设施，但由于在管理体制、管理经费和管理观念方面存在的问题，学校倡导开放数量有限，比例较低。[3]

在体育健身指导员方面，仅从数量来看，1996 年我国社会体育指导员仅有 6 万人，其与总人口的比例是 1∶20398。全民健身计划实施以来，取得了很大成绩。到 2004 年年底，社会体育指导员已达 43 万人，与总人口的比例为 1∶3023。按照《全民健身计划纲要》第二期工程要求，到 2010 年，我国将有一支 60 万—65 万人的社会体育指导员队伍，其与总人口的比例将达到 1∶2000，但这样的增长速度远低于国外水平。据调查，在国外 1994 年时，体育俱乐部成为大众体育的基本组织形式，如法国每 345 人拥有一个体育俱乐部，瑞典为每 240 人，荷兰为每 520 人，日本 80% 以上的镇村都有体育俱乐部，并且，每个俱乐部都有若干名社会体育辅导员。2004 年时，德国平均每 40 人就有一个社会体育辅导员。[4]

---

① 厉成晓：《我国社区体育法制建设的研究》，硕士学位论文，南京师范大学体育系，2009 年，第 20 页。

② 中华全国体育总会编：《第五次全国体育场地普查数据公报》，2005 年。

③ 武冠宇：《学校体育活动场地现状的调查与分析》，《体育科研》2002 年第 3 期。

④ 中国科协学会学术部编著：《体育强国的辨析与建设》，中国科学技术出版社 2009 年版，第 25 页。

从中我们能看出：1996—2010 年，这 15 年共增加近 60 万名社会体育指导员，平均每年增加 4.3 万人。如果按照这个速度发展，今后一段时间内我国的社会体育指导员比例仍然远不及上述那些国家 1994 年的水平，这还不包括社会体育指导员的结构、质量等问题。因此，我国社会体育指导员队伍建设任务仍然很艰巨。

随着我国社会经济的发展，再加上延边朝鲜族自治州作为少数民族聚居区，社会中不同民族、不同人群的体育文化需求差异较大，社区体育缺乏指导这一问题将会更加凸显。据调查，"2002 年延边州拥有 577 名社会体育指导员"，[1] 在调查中的 122 个社区体育活动点中只有 6 个社区体育活动点的负责人是社会体育指导员，平均 20.33 个社区体育活动点有一名社会体育指导员负责工作。[2] 因此，需大力加强社区体育指导，充分利用社区的各街道、居委会、住宅小区以及企事业单位的活动场所作为活动阵地，为广大人民群众服务奠定基础，引导社区居民广泛参与、科学健身，创造一切条件开展生动活泼、丰富多彩的体育文化活动，调动人们参加体育活动的积极性。

此外，经访谈得知，现阶段延边朝鲜族自治州政府具备一定的体育资源，与群众体育有关的工作也被纳入政府的工作轨道，社区中非营利性体育组织发展迟缓，社会机制不健全。因此，在社区体育发展过程中，应在立法中给予减免税等优惠政策，大力培育社区中的非营利性体育组织，因为这些组织不仅能够承担社区体育的大部分组织和管理工作，还可以创造大量的就业岗位。[3]

二、弱势群体体育保障问题

在延边朝鲜族聚居区，朝鲜族开展社会体育的觉悟高，自发组织社会体育

① 延边州体育局：《吉林省城市社区基本情况调查》，2002 年。
② 金青云：《中国朝鲜族体育发展战略研究》，北京体育大学出版社 2010 年版，第 91 页。
③ 赵立等主编：《社区体育的理论与实践》，北京体育大学出版社 2001 年版，第 137 页。

活动现象普遍，开展体育文化的氛围浓厚。特别是《全民健身计划纲要》颁布后，进一步推动了中国朝鲜族体育文化的传承与发展。根据《中国群众体育现状调查与研究》显示：1996 年我国 16 岁以上的体育人口占人口总数的 15.46%。若将 7—15 岁的在校学生、武装力量等当作体育人口统计在内，我国体育人口总数约为 31.20%左右。这一数量低于发达国家，高于发展中国家的平均水平。1996 年，我国有 35.48%的 16 岁以上的人口参加了至少一次体育活动，16 岁以上的人口中，达到体育人口判定标准的人口比例是 15.46%，约为 1.40 亿人。2000 年，我国 16 岁以上的体育人口达到了 18.3%，约为 1.58 亿人，比 1996 年 15.46%增长了 2.8%，约增加了 1800 万人。将 7—15 岁的在校学生、武装力量等当作体育人口统计在内，我国体育人口占 7—70 岁总人口的 33.93%，约为 3.63 亿人，比 1996 年提高 2.53%。据 2001 年的初步调查，我国的体育人口数量有所增加，全民健身计划实施以来，体育人口增加量为 3 个百分点，达到 18%以上。[1]

调查表明：广州市体育人口达到 41.3%，与美国（45%）、加拿大（42%）等发达国家的水平接近，在亚洲处于较高水平。[2] 而据研究结果表明：2007 年延边朝鲜族自治州体育人口占延边总人口的 34%，约有 75 万余人，其中，朝鲜族体育人口占朝鲜族总人口的 38%。其中，在中国朝鲜族体育人口职业构成上，工人、农民分别占中国朝鲜族体育人口 25.45%、5.41%。反映出了中国朝鲜族体育人口职业构成，具有一定的体力型特征。工人、农民一直是社会中的弱势群体，然而，他们对体育文化的需求也是迫切和强烈的，占中国朝鲜族体育人口职业构成的 30.86%。[3]

通过调查显示[4]，参加体育锻炼的农民中朝鲜族人群占 40.33%，汉族和其他民族占 30.91%，从人数比例上朝鲜族多于汉族和其他民族。

---

① 卢元镇：《中国体育文化纵横谈》，北京体育大学出版社 2005 年版，第 88 页。

② 仇军：《中国体育人口的理论探索与实证研究》，北京体育大学出版社 2002 年版，第 7 页。

③ 金青云：《中国朝鲜族体育发展战略研究》，北京体育大学出版社 2010 年版，第 75 页。

④ 金青云：《中国朝鲜族体育发展战略研究》，北京体育大学出版社 2010 年版，第 109 页。

从农民选择体育活动场所中的调查显示①，整体上看，农民体育锻炼主要在露天、非正规运动场地上进行。公路、田间地头、自家宅院是农民健身的主要场所，锻炼的组织形式基本上是自发的、松散的。调查中还发现农村的体育场地、器械缺乏，农民参加体育活动既无人组织，又无处可去，导致体育文化等健康的生活方式没有完全深入农民的生活中。农村体育事业不够发达、公共财政对农村社会事业的支持力度还远远不够，使得农村公共体育文化设施建设、农村居民获得的福利性体育服务远远不如城市。虽然近几年，农村的生活水平有所提高，体育投资有所增加，但还是不能满足农民群众日益增长的体育文化需求。

据调查结果表明，农民进行体育锻炼的首要目的是身体健康，并且通过体育锻炼达到预防疾病目的，在此基础上，追求更高的满足，丰富闲暇生活，提高修养。在全面建设小康时期，农村的精神文明建设也得到了新的发展和变化，农民对体育文化的需求日益增长。

根据2000年中国群众体育现状调查资料表明，中国城市群众体育活动的参与者中，中老年人、离退休人员居多。②

此外，中国朝鲜族社区体育活动点参与者的年龄分布中，以中年人为主的活动点占36.89%，以老年人为主的活动点占63.11%，而没有以青年人为主的体育活动点，说明老年人为主的活动点的比例高于以中年人和青年人为主的活动点。

以延边城市朝鲜族老年人为例，他们不同程度参加体育锻炼的人口数占所调查的老年人口总数的88%，高于全国的50.2%。同时，我们应该看到，参加锻炼的老年人口中男性比例明显高于女性，以及锻炼场所不足等民生问题，对朝鲜族老年人体育产生了一定的影响。③以延边城市社区体育为例，开展的

① 金青云：《中国朝鲜族体育发展战略研究》，北京体育大学出版社2010年版，第115页。

② 金青云：《中国朝鲜族体育发展战略研究》，北京体育大学出版社2010年版，第86页。

③ 车旭升：《延边城市朝鲜族老人体育锻炼现状及其影响因素研究》，硕士学位论文，延边大学体育系，2005年，第46页。

活动具有表演性、韵律性、传统性、群众性、非器械类活动、场地要求低、运动量小、低消费等特点。主要问题是资金短缺、场地设施不足、缺少社会指导员。①

另外，残疾人参与体育的情况更低。残疾人体育是在开展群众体育中难度最大、最容易被忽视的，也是最能体现党和政府对民生的关怀的。

根据第五次全国体育场地普查数据，我国平均每万人拥有体育场地 6.58个，人均体育场地面积为 1.03 平方米，人均投入体育场地建设资金为 148.15元。相较于第四次全国体育场地普查数据，8 年中人均体育场地面积增加了0.38 平方米，增长达 58.46%，年平均增长率为 5.92%。

同时，与正常人体育设施增长率形成鲜明对比的是，在城镇残疾人参与的全民健身活动中，尚有 79.3% 的残疾人根本未享受过体育锻炼设施与器材，仅有 2.3% 的残疾人被满足了体育设施器材的需要。② 虽然社会与政府对残疾人体育设施建设的关注与投入力度加大，符合残疾人特点的无障碍体育设施也突破了零状态局面，但其距离残疾人全民健身运动的需求，差距还十分巨大。

目前，吉林省残疾人参与全民健身活动基本都是吉林省残疾人联合会和有关省政单位组织的，每年残疾人都会参与全民健身的大型活动，和一些残疾人的重要节日组织的全面健身运动。据调查显示，长春市有 21% 的残疾人认为政府经常组织健身活动，吉林市有 14% 的残疾人认为政府经常组织健身活动，四平市有 18% 的残疾人认为政府经常组织健身活动，这说明政府组织的程度还是不够，长春市、吉林市、四平市分别有 39%、18%、21% 的残疾人认为政府很少组织健身活动（见表 4—4）。③ 这些数据已说明吉林省政府对开展残

---

① 金春光：《延边城市社区体育现状及其影响因素研究》，硕士学位论文，延边大学体育系，2005 年，第 54 页。

② 张雨沂、晓晨：《我国残疾人体育研究》，《体育文化导刊》2008 年第 4 期。

③ 席宇：《吉林省三大城市残疾人体育健身活动的现状及对策研究》，硕士学位论文，吉林体育学院体育系，2011 年。

疾人体育活动尚未重视，残疾人很少有机会能参加体育活动。因此，建立完善的体育服务体系，保障弱势群体的体育需求，对传承和发展中国朝鲜族体育文化有着重要意义。

表4—4 吉林省政府有关部门介绍或组织过残疾人健身活动统计

城市	经常组织（%）	很少组织（%）	几乎没有组织（%）
长春	21	39	40
吉林	14	18	68
四平	18	21	50

三、退役运动员安置问题

就业是民生之本、安国之策，关系亿万家庭的切身利益，事关全面建设小康社会和构建社会主义和谐社会的大局。体育领域内突出的就业问题主要是运动员退役后的安置问题，国家和省市优秀运动队的运动员直属体育行政部门所属事业单位，他们中每年都有一部分人因年龄、伤病、竞技状态等原因停止训练和比赛，成为退役运动员。国家体育总局人事司 2002 年的《全国人事工作调研报告》显示，在湖南等 8 个省区，待就业的退役运动员占全部在队运动员的比例高达 78%，是在训运动员的三倍还多，[①] 其中滞留运动队时间最长的达 21 年。内蒙古自治区待就业运动员比例虽然相对较低，但仅仅是将大部分退役运动员的行政关系转到了其户口所在的盟市，与原单位脱离了劳动关系，多数并没有落实工作单位。

从靠给人搓澡为生的全国举重冠军邹春兰，到摆地摊卖奖牌的艾冬梅，实为众多退役运动员就业和社会保障问题的缩影，唤醒社会对体育的民生关注。以艾冬梅为例：2007 年艾冬梅因生计所迫，在北京一个农贸市场摆地摊，一起

---

① 国家体育总局人事司：《全国体育人事工作调查报告》，2002 年。http://rss.sprot.gov.cn/n504p/index.html。

出售的还有 16 枚奖牌。经过媒体曝光后，唤醒了社会对此事的高度关注，大众也为之愤愤不平。同有落魄之感的邹春兰也奋力呼吁："救救艾冬梅! 救救迷途的体育人!"艾冬梅只是众多退役运动员中一员，其他退役运动员的状况如何? 他们的路在何方? 在中国近 30 万名退役运动员中，有一半以上正面临着失业、伤病、贫困的困扰，这些退役运动员所产生的社会影响很大。艾冬梅个人的遭遇，已经成为正在犹豫着是否将孩子送上竞技场的众多家长的反面教材，人们有理由担心，我国体育竞技的"塔基"正呈萎缩的态势。①

据统计，吉林省退役运动安置情况不是很乐观。在湖南等 8 个省区统计中，吉林省待就业的退役运动员占全部在队运动员的比例为 40%，居 8 个省区第二高，占运动员编制比例为 12.3%，居 8 个省区倒数第二低。

据研究结果表明：延边教练员当中，有 85.3%是延边体育运动学校毕业的学生或体育工作队（以下简称"体工队"）退役的运动员。②

目前，朝鲜族三线基层的教练员与运动员的配比是 1∶10，符合国家体育总局规定的标准。就单个项目而言，教练员与运动员的比例，足球 1∶14，速滑 1∶10，篮球 1∶11，乒乓球、田径教练员与运动员的配比分别为 1∶4 和 1∶3，柔道、跆拳道、拳击、武术教练与运动员的配比分别为 1∶3.5、1∶14、1∶5、1∶9，从实际情况看，三线教练员的主要任务是抓好基础，发现、培养全面发展的青少年运动员，但部分项目教练员与运动员配比低于国家规定标准，甚至出现了只有教练员而无运动员的现象，其主要原因是项目的布局造成的。

据统计显示，有 21.9%的足球教练员执教年限在 10 年以上，但大部分基层足球教练员是退役的足球运动员，虽然具备一定的足球运动实践经验，但理论水平普遍比较低。③

综上所述，中国朝鲜族退役运动员的安置，主要在基层教练员中，方式比

---

① 叶志明：《艾冬梅卖奖牌事件唤醒体育的民生关注》，《文汇报》2007 年 4 月 12 日。
② 金青云：《中国朝鲜族体育发展战略研究》，北京体育大学出版社 2010 年版，第 144 页。
③ 金青云：《中国朝鲜族体育发展战略研究》，北京体育大学出版社 2010 年版，第 153 页。

较单一,安置问题还没有得到全面的解决,安置体系还不够系统完善,安置状况不容乐观。规范运动员招录程序,改革退役安置办法,退役运动员安置要把组织因素和市场因素结合起来,把组织安置与自主择业结合起来,并逐步加大面向市场自主择业的安置力度;政府体育行政部门则要尽快出台与细化安置政策,及时减负,腾出编制。另外大胆尝试一下货币退役安置办法,州体育局根据运动员成绩一次性付给运动员一定金额,买断其以往的一切,与延边州体育局脱离关系,这在当前情况下不失为一种无奈但较为合理的选择。

四、青少年体质下降问题

(一)国民体质是社会发展和国家经济建设的物质基础,是国家未来可持续发展的重要保障

21世纪,人们对体育的主动需求(休闲娱乐)和被动需求(运动保健)都在不断增加,中国人口"健康不安全"的问题日益凸显,成为几乎涉及全国3.6亿户家庭和13亿人口的重大民生问题,特别是促进青少年体质发展,意义更为重大。青少年是民族的希望、祖国的未来,承担着中华民族伟大复兴的历史重任。青少年的体质健康水平不仅关系个人健康成长和幸福生活,而且关系整个民族健康素质,是关系国家和民族未来的大事。改革开放以来,我国青少年体育事业蓬勃发展,学校体育工作取得很大成绩,但同时也存在着一定的问题:一方面,由于长期受到应试教育的影响,学校和家长片面追求升学率,学生课业负担过重,休息和锻炼时间严重不足;另一方面,由于体育设施和条件不足,学生体育课和体育活动难以保证。再加上现代生活方式、家庭、社会等因素的影响,青少年的体质状况不容乐观。

2012年10月30日,国务院办公厅转发教育部等部门《关于进一步加强学校体育工作若干意见》中明确提出:各地要把学校体育和学生体质健康水平纳入工作考核指标体系,作为教育等有关部门和学校领导干部业绩考核的重要内容,加强学校体育工作绩效评估和行政问责。对学校体育工作成绩突出的地

方、部门、学校和个人进行表彰奖励。对学生体质健康水平持续三年下降的地区和学校，在教育工作评估和评优评先中实行"一票否决"。

根据 2010 年全国学生体育体质与健康调研结果显示：经过不懈努力，我国学生的肺活量水平在连续 20 年下降的情况下出现了上升拐点；但肥胖学生明显增加，青少年视力不良更加严重，学生体能素质没有明显改善。经济发达地区青少年肥胖率上升，超重及肥胖学生明显增多，已成为重要的健康问题，部分农村地区青少年存在营养不良问题。

据人民网公布的数据，16—18 岁的中国青少年中近视率高达 70%，近年来，中国近视率有急剧增加的趋势。目前，我国人口近视发生率为 33%，是世界平均水平 22%的 1.5 倍。中国学生的近视率排到了世界第二，仅次于新加坡，其中小学生为 28%、初中生为 60%、高中生为 85%。

据报道，2006 年与 2000 年做了一个指标对比，6—22 岁的学生速度、爆发力、力量、耐力素质明显下降，近视率、肥胖率大幅度上升。2005 年的测试表明，中国 17 岁青少年的 50 米跑、握力、体重、身高等指标均低于同龄的日本青少年。[①]

与发达国家相比，美国家长普遍注重从小培养孩子的"体商"，有 80%以上的青少年（10—17 岁）每天参加学校组织的体育课或课外体育活动。日本孩子在学校每天都有体育课，体育好的孩子更让大家尊重。学业负担并不轻松的新加坡中小学生，学校都会在每天下午两点后安排课外活动时间。法国小学有 1/3 时间用于体育教学，每周有 8—9 小时的体育活动，中学生每周为 5 个小时。瑞典 7—20 岁学生中，60%以上都是 1—2 个体育俱乐部的成员，政府规定青少年只要 5 人一起参加体育活动达一小时，每人可获 17 克朗补助。[②]

---

① 中国科协学会学术部学术部编著：《体育强国的辨析与建设》，中国科学技术出版社 2009 年版，第 39 页。

② http://news.163.com/11/0318/04/6VDE1R5E00014AED_mobile.html.

（二）从《1995—2004 年我国汉族、朝鲜族学生体质健康状况的动态分析》中不难看出，朝鲜族学生的体质健康令人堪忧 [①]

1. 身体形态特征

身高：我国朝鲜族中、小学学生的身高随年龄的增长而增长。男生 7—12 岁是较快增长期，年均增长 5.32 厘米；13—14 岁是快速增长期，年均增长高达 7.03 厘米；15—16 岁是较快增长期，年均增长 2.56 厘米；17 岁是增长延缓期，增长值仅为 0.89 厘米；18 岁时身高基本持平；女生 7—12 岁是快速增长期，年均增长 5.71 厘米；13—14 岁是较快增长期，年均增长 3.19 厘米；15—17 岁是增长延缓期，增长值仅为 0.65 厘米；18 岁时身高基本持平。

我国朝鲜族城市男生（以下简称“朝城男”）的身高均矮于我国汉族学生，13 岁时差值达到 3.66 厘米，其中，8—11 岁、13 岁、15—18 岁均存在非常显著差异（P<0.01）。相反，朝鲜族乡村男生（以下简称“朝乡男”）的身高却普遍高于汉族乡村男生（以下简称“汉乡男”），11 岁时差值达到 3.01 厘米。其中，7—16 岁时朝乡男除 12 岁外，均高于汉乡男，且 7—11 岁、15—16 岁时差异非常显著（P<0.01），14 岁时差异显著（P<0.05）。但 17 岁开始，随年龄的增长，汉乡男却高于朝乡男，且差异非常显著（P<0.01）。同样，朝鲜族城市女生（以下简称“朝城女”）的身高除 16 岁外，均矮于汉族城市女生（以下简称“汉城女”），17 岁时最大差值达到 3.66 厘米，其中，7 岁、9—10 岁、12—15 岁、17—18 岁时差异非常显著（P<0.01）。朝鲜乡村女生（以下简称“朝乡女”）的身高 7—13 岁时均高于汉族乡村女生（以下简称“汉乡女”），11 岁时最大差值达到 3.14 厘米，且差异非常显著（P<0.01）。但 14 岁开始随年龄的增长，汉乡女却高于朝乡女，其中，15—18 岁时具有非常显著差异（P<0.01）。

与我国汉族学生相比，朝鲜族男生 7—11 岁、14—15 岁时身高高于汉族学生，其中 7 岁、9 岁、11 岁时差异非常显著（P<0.01），与此相反，12—13 岁时朝鲜族男生却矮于汉族男生，13 岁时差异非常显著（P<0.01），16 岁开

---

① 金青云等：《1995—2004 年我国朝鲜族学生体质健康状况分析》，《体育学刊》2008 年第 4 期。

始朝鲜族男生随年龄的增长，逐渐矮于汉族男生，且均存在非常显著的差异（P<0.01）；女生 7—12 岁时朝鲜族均高于汉族，其中 7—8 岁、11—12 岁时具有非常显著的差异（P<0.01），9 岁时差异显著（P<0.05），13—18 岁时随年龄的增长，朝鲜族女生明显矮于汉族女生，均存在非常显著的差异（P<0.01）。以上表明，朝鲜族男、女生的身高增长高峰期均早于汉族学生 1—2 岁，且随年龄的增长，汉族学生均高于朝鲜族学生。

体重：我国朝鲜族中、小学学生的体重随年龄的增长而增长。男生 7—12 岁是较快增长期，年均增长 3.21 千克，13—15 岁是快速增长期，年均增长 4.71 千克，16—17 岁是增长延缓期，年均增长仅为 2.27 千克，18 岁时体重基本持平；朝鲜族女生 7—10 岁是较快增长期，年均增长 2.55 千克，11—13 岁是快速增长期，年均增长 4.64 千克，14—16 岁是增长延缓期，年均增长 2.09 千克，17—18 岁时基本持平。

朝城男的体重普遍轻于汉城男，尤其 15 岁开始，均轻于汉城男，18 岁时最大差值达到 3.17 千克，且具有非常显著差异（P<0.01）；相反，朝乡男的体重除 12 岁外，均重于汉乡男，其中，11 岁时最大差值达到 3.29 千克，7—11 岁、15—18 岁时均具有非常显著差异（P<0.01）。朝城女 7—13 岁时，除 10 岁外，均重于汉族女生，且差异非常显著（P<0.01），但 17 岁开始，随年龄的增长，均轻于汉城女，且差异显著（P<0.05）；朝乡女的体重除 18 岁外，均重于汉乡女，11 岁时，最大差值达到 3.54 千克，7—17 岁期间，均存在非常显著差异（P<0.01）。

与汉族学生相比，朝鲜族男生的体重，除 13 岁、18 岁（P<0.05）外，普遍重于汉族男生。其中，7—11 岁差异非常显著（P<0.01），12 岁、14 岁时差异显著（P<0.05）；同样，朝鲜族女生的体重除 18 岁外（P<0.01），均重于汉族女生，具有非常显著差异（P<0.01），其中，12 岁时最高差异达到 2.79 千克。表明，朝鲜族学生的体重普遍重于汉族学生。

胸围：我国朝鲜族中、小学学生的胸围随年龄的增长而增长。男生在 7—12 岁是增长较快期，年均增长 1.96 厘米，13—16 岁是快速增长期，年均增长

3.19 厘米, 17—18 岁时基本持平; 朝鲜族女生在 7—9 岁是增长较快期, 年均增长 2.13 厘米, 10—14 是快速增长期, 年均增长 2.99 厘米, 15—18 岁时增长幅度逐渐减少, 且年均增长仅为 0.95 厘米。

朝城男的胸围均低于汉城男, 且均存在非常显著差异 (P<0.01), 其最大差值 13 岁时达到 6.39 厘米; 朝乡男的胸围与汉乡男胸围相比, 除 7 岁外, 均低于汉乡男, 且均存在非常显著差异 (P<0.01), 尤其是 18 岁时最大差值达到 3.79 厘米。朝城女的胸围均低于汉城女, 且均存在非常显著差异 (P<0.01), 其 17 岁时最大差值达到 4.81 厘米, 同时, 随年龄的增长, 差值较为明显; 朝乡女的胸围除 7 岁、12 岁外, 均低于汉乡女, 且均存在非常显著差异 (除 11 岁)(P<0.01), 尤其到 18 岁时, 最大差值达到 5.86 厘米, 同时, 从 13 岁开始, 随着年龄的增长, 其差值较为明显。

与汉族学生相比, 我国朝鲜族男生均低于汉族男生, 最大差值高达 4.49 厘米, 差异非常显著 (P<0.01); 同样, 朝鲜族女生的胸围均低于汉族女生, 18 岁时差值达到 4.46 厘米, 其差异非常显著 (P<0.01), 且随年龄的增长, 其差值越来越明显。

维尔维克指数: 维尔维克指数是反映身体形态基本特征的身高、体重和胸围结合在一起, 综合反映人体的充实度和身体发育发达的指标。由于该指标反映了人体长度、围度、体积以及组织的密度等, 所以, 还可间接反映人的营养状况。我国朝鲜族学生的维尔维克指数随年龄的增长而增长, 朝鲜族男生 7—13 岁是增长缓慢期, 年均仅增长 1.1, 14—16 岁是较快增长期, 年均增长 2.72, 17—18 岁时基本持平; 朝鲜族女生 7—10 岁是增长缓慢期, 年均增长仅为 0.51, 11—12 岁是快速增长期, 年均增长 4.01, 13—17 岁是较快增长期, 年均增长 1.39, 18 岁时基本持平。

朝城男的维尔维克指数除 9 岁外, 均低于汉城男, 尤其是 13 岁时, 其最大差值达到 4.56, 且从 13 岁开始, 均存在非常显著差异 (P<0.01); 朝乡男与汉乡男相比, 起伏较大, 在 11 岁之前, 普遍高于汉乡男, 但 12—14 岁时, 又低于汉乡男 (P<0.01), 到 15—17 岁时又高于汉乡男。朝鲜族女生的维尔维克

指数除 8 岁、11 岁外，均低于汉族女生，10 岁时最大差值达到 2.86。

与汉族学生相比，7—18 岁各年龄段朝鲜族男生均低于汉族男生，其中，7—9 岁、12—18 岁均差异非常显著（P<0.01）；同样，除 7—8 岁（P<0.01）、11—12 岁（P<0.01）外，朝鲜族女生的维尔维克指数在 12 岁之前均高于汉族学生，但从 13 岁开始，随年龄的增长，却低于汉族女生，14—18 岁期间，其差异非常显著（P<0.01）。以上表明，我国朝鲜族学生的身体发育程度，随年龄的增长，普遍不如汉族学生。

BMI 指数（身体质量指数）主要用于评价身体成分和肥胖度，用于了解学生体型的变化。我国朝鲜族男、女生的 BMI 指数随年龄的增长而逐渐增长，但增长幅度不大，均在 1—2 千克 / 平方米之间。

朝城男的 BMI 指数在 15 岁之前，普遍高于汉城男，但从 16 岁以后，却低于汉城男，且差异非常显著（P<0.01）；朝乡男的 BMI 指数均高于汉乡男，且均存在非常显著差异（P<0.01）。朝鲜族女生的 BMI 指数除城市女生 10 岁外，城、乡女生与汉族女生均存在非常显著差异（P<0.01）。以上表明，我国朝鲜族城、乡学生的身体发育匀称度和体型，除城市男生外，普遍好于汉族学生。

与我国汉族学生相比，我国朝鲜族男、女生的 BMI 指数均高于汉族学生，其差异非常显著（P<0.01）。由此表明，我国朝鲜族学生的 BMI 指数普遍好于汉族学生。

2. 身体机能特征

收缩压：我国朝鲜族男、女生的收缩压普遍随年龄的增长而增长。男生的收缩压，除 13 岁外，随年龄的增长而增长，其中，14—16 岁时增长幅度较大，年均增长 4.42 毫米汞柱；而女生 7—12 岁时，收缩压随年龄的增长而增长，12 岁、16 岁时出现 2 次高峰，其中，13 岁时下降幅度较为明显，16 岁时达到最高峰（109.48 毫米汞柱），随后随年龄的增长，出现下降趋势。

我国朝城男的收缩压在 15 岁之前，除 7 岁外，均低于汉城男，其最大差值在 14 岁时达到 6.00 毫米汞柱，且 13—14 岁时具有非常显著差异（P<0.01），

但从 16 岁开始，随年龄的增长，逐渐高于汉城男，18 岁时具有显著差异（P<0.05）；同样，朝乡男 13 岁之前，均低于汉乡男，其最大差值 13 岁时达到 3.47 毫米汞柱，但 14 岁开始，除 17 岁外，均高于汉乡男。相反，朝城女的收缩压除 15 岁外，均高于汉城女，其最大差值 16 岁时达到 5.93 毫米汞柱，其中，7 岁、12 岁、16 岁时均存在非常显著差异（P<0.01）；朝乡女与汉乡女的差值起伏较大，10—12 岁、16—18 岁时高于汉乡女，但 13—15 岁时又低于汉乡女。

与我国汉族学生相比，除 10 岁外，朝鲜族男生的收缩压在 7—15 岁期间均低于汉族男生，其中，7—9 岁、11 岁、13—14 岁时差异非常显著（P<0.01），但 16 岁、18 岁时，朝鲜族男生却高于汉族男生，差异非常显著（P<0.01）；相反，朝鲜族女生的收缩压普遍高于汉族女生，除 7 岁外，7—12 岁期间，均高于汉族学生，8 岁、10 岁时差异显著（P<0.05），12 岁时差异非常显著（P<0.01），同样，13—18 岁时，除 13 岁、15 岁外（P<0.01），均高于汉族女生，其中，16—18 岁时差异非常显著（P<0.01）。

舒张压：我国朝鲜族男生的舒张压基本上随年龄的增长而增长，但女生的舒张压起伏较大。朝鲜族男生 13—15 岁时增长幅度较大，年均增长 4.41 毫米汞柱，16—18 岁时随年龄的增长而增长，但增长幅度不大，仅为 1.7 毫米汞柱；7—12 岁时朝鲜族女生的舒张压随年龄的增长而增长，但增长幅度不大，16—18 岁时，随年龄的增长，出现下降趋势。

我国朝城男的舒张压，除 9 岁外均高于汉城男，其 18 岁时最大差值达到 6.8 毫米汞柱，尤其 15—18 岁时差异非常显著（P<0.01）；朝乡男的舒张压均高于汉乡男，其 15 岁时，最大差值达到 8.39 毫米汞柱，其中，除 7 岁（P<0.05）、13 岁外，均差异非常显著（P<0.01）。同样，朝城女的舒张压也均高于汉城女，其 16 岁时最大差值达到 5.57 毫米汞柱，且各年龄段均差异非常显著（P<0.01）；朝乡女的舒张压除 13 岁外，均高于汉乡女，尤其 14 岁开始，均存在非常显著差异（P<0.01）。

与汉族学生相比，我国朝鲜族男、女生的舒张压均高于汉族学生，朝、汉男生差异非常显著（P<0.01），18 岁时最高差值达到 6.72 毫米汞柱；同样，除

13 岁外（P<0.05），朝鲜族女生均高于汉族女生，差异非常显著（P<0.01），16 岁时最高差值达到 4.63 毫米汞柱。

肺活量：肺活量是反映人体最大摄氧水平和心肺功能的一项常用指标。身高、胸围等形态指标对其有较大影响，另外，胸廓的呼吸肌也对其有影响。我国朝鲜族男生的肺活量随年龄的增长而增长。男生的肺活量在 1355—3904 毫升之间，7—11 岁时增长幅度较大，增长幅度在 150—250 毫升之间，年均增长 206 毫升，12—16 岁时增长幅度明显，基本上在 220—470 毫升之间，年均增长 334 毫升，17 岁开始增长幅度不大，年均增长仅为 27 毫升，趋于稳定状态；朝鲜族女生的肺活量随年龄的增长起伏较大，肺活量基本在 1266—2830 毫升之间，7—14 岁时随年龄的增长而增长，其中，7—9 岁时增长幅度不大，年均增长 153 毫升，10—14 岁时增长幅度较大，年均增长达到 227 毫升，15—18 岁时起伏较大，16 岁时达到最高峰 2830 毫升。

朝城男的肺活量普遍高于汉城男，除 13 岁（P<0.05）、15 岁（P<0.01）、18 岁（P<0.01）外，均高于汉城男；朝乡男的肺活量均高于汉乡男，尤其 11—12 岁时差异非常显著(P<0.01)。同样，朝城女的肺活量除朝城女 18 岁外，均高于汉族学生，尤其从 11 岁开始，朝乡女明显高于汉乡女，且均存在非常显著差异（P<0.01）。

与我国汉族学生相比，我国朝鲜族男生的肺活量均高于汉族男生，其中，13—17 岁时，差异非常显著（P<0.01）；同样，朝鲜族女生的肺活量除 18 岁外（P<0.05），其他年龄段均高于汉族女生，其中，15 岁时具有非常显著差异（P<0.01）。

肺活量/体重指数：我国朝鲜族男生的肺活量/体重指数，除 9 岁、12 岁稍有起伏外，其他年龄段均随年龄的增长而增长，16 岁时达到最高峰（67.55 指标数），17—18 岁时基本保持稳定状态；同样，朝鲜族女生的肺活量/体重指数也随年龄的增长，起伏较为明显，同男生一样，16 岁时达到最高峰(55.25 指标数)。

我国朝鲜族城、乡男生的肺活量/体重指数，除城市男生 9 岁外，均高于汉族城、乡男生，但无显著差异（P>0.05）。同样，朝鲜族城、乡女生的肺活量／体重指数，普遍高于汉族城、乡女生，其中，朝城女13岁时差异显著（P<0.05），14—16岁时差异非常显著（P<0.01）；朝乡女13—14岁时同样存在非常显著差异（P<0.01）。

与我国汉族学生相比，朝鲜族男、女生的肺活量／体重指数均高于汉族男生，除9岁时无显著差异外（P>0.05），其他年龄段均具有非常显著差异（P<0.01）；同样，朝鲜族女生的肺活量／体重指数除11岁时无显著差异（P>0.05），17岁时具有显著差异（P<0.05）外，其他年龄段均具有非常显著差异（P<0.01），16岁时最大差值达到4.66指标数。

脉搏：我国朝鲜族男生的脉搏随年龄的增长，起伏较大，基本在83—92次／分之间，10岁时达到最高峰，91.71次／分，此后，逐渐降低，13岁时又出现小高峰，达到89.56次／分，此后17岁为止，随年龄的增长，逐渐减小趋势，18岁时达到小高峰；朝鲜族女生的脉搏，同样起伏较大，基本在83—94次／分之间，比男生稍高于2次／分，女生在10岁时出现高峰后，14岁为止，逐渐减小趋势，17—18岁时基本稳定。

朝城男的脉搏均高于汉城男，15岁时最大差值达到7.42次／分，且除7岁外（P<0.05），均存在非常显著差异（P<0.01）；朝乡男的脉搏除12岁外，均高于汉乡男，18岁时其最大差值达到7.99次／分，且普遍具有非常显著差异（P<0.01），且差值出现"两边高，中间低"的现象。朝城女的脉搏除15岁外，均高于汉城女，14岁时其最大差值达到8.56次／分，且均存在非常显著差异（P<0.01）；朝乡女的脉搏均高于汉乡女，18岁时其最大差值达到7.24次／分，且除9岁外，均存在非常显著差异（P<0.01）。

与我国汉族学生相比，我国朝鲜族男、女生均高于汉族男、女生，差异非常显著（P<0.01）。男生18岁时，出现最大差值达到5.64次／分；同样，女生18岁时，出现最大差值达到6.92次／分。

3. 身体素质特征

力量素质：我国朝鲜族中、小学学生的上肢力量素质基本上随年龄的增长而增长。其中，朝鲜族男生9—10岁、11—12岁时，增长幅度较大，年均增长幅度 3—4 次之间，12 岁时达到最高值，13—18 岁期间，15 岁、17 岁时增长幅度较大，17 岁时达到最高值；女生是 7—10 岁时，增长幅度较大，年均增长达到 4.74 次，14 岁时达到最高值，15—18 岁时基本保持稳定状态。

朝城男的上肢力量除 14 岁外，均好于汉城男，12 岁时其最大差值达到 18.7，且 12—18 岁时均存在非常显著差异（P<0.01）；同样，朝乡男的上肢力量均低于汉乡男，尤其是 13 岁开始(引体向上)，存在非常显著差异(P<0.01)。朝城女的上肢力量出现起伏，如 7—9 岁时，不如汉城女，但 10—17 岁时又好于汉城女，其中，12—17 岁时均存在非常显著差异（P<0.01），但到 18 岁时又不如汉城女；朝乡女的上肢力量要明显高于汉乡女，其 14 岁时最大差值达到 8.11，10—12 岁、14—18 岁时差异非常显著（P<0.01）。

与我国汉族学生相比，朝鲜族男生的上肢力量均高于汉族男生，斜身引体向上，12 岁时最高差值达到 17.19 次(P<0.01)，引体向上，17 岁时差值达到 3.27 次，且具有非常显著差异（P<0.01）；同样，朝鲜族女生在仰卧起坐方面，除 8 岁外（P<0.05），各年龄段均好于汉族女生，差异非常显著（P<0.01），14 岁时，差值达到 7.71 次。由此表明，我国朝鲜族男、女生的上肢力量素质整体而言要好于汉族学生。

下肢力量方面（立定跳远），朝鲜族男生随年龄的增长而增长，7—16 岁时持续增长，年均增长幅度达到 11.36 厘米，17—18 岁时基本保持稳定状态；朝鲜族女生 7—16 岁时随年龄的增长而增长，其中，7—12 岁时增长幅度较大，年均增长 7.77 厘米，13—15 岁时增长幅度缓慢，16 岁时出现 174.91 厘米的高峰，17—18 岁时基本保持稳定状态。

朝城男的下肢力量（立定跳远）均低于汉乡男，其 11 岁时最大差值达到 12.15 厘米，但无显著差异（P>0.05）；朝乡男出现忽高忽低的起伏现象，但同样无显著性差异（P>0.05）。朝城女除 16 岁，均低于汉城女，但无显著差异（P>0.05），其差值出现"中间高，两头低"的现象；同样，朝乡女的下肢力量除 7 岁外，均低于汉乡女，尤其 13 岁时最大差值达到 8.64 厘米，但同样无显著差异（P>0.05）。

与汉族学生相比，除 16 岁、18 岁外，朝鲜族男生的下肢力量普遍低于汉族男生，其中 8—9 岁时，具有显著差异（$P<0.05$），10 岁时差异非常显著（$P<0.01$），且各年龄段均具有最高差值达到 7.79 厘米；同样，朝鲜族女生的下肢力量也普遍低于汉族女生，除 16 岁外，各年龄段均低于汉族女生，其中，8—11 岁、14—15 岁时具有非常显著差异（$P<0.01$），12—13 岁时差异显著（$P<0.05$），15 岁时最大差值达到 9.94 厘米。由此表明，朝鲜族男、女生的下肢力量普遍低于汉族学生。

耐力素质：我国朝鲜族男生随年龄的增长耐力素质有逐渐提高的趋势，且耐力素质差异呈现"两头大，中间小"的变化趋势；而女生则基本上呈直线上升趋势。其中，8—12 岁时（50 米 ×8 往返跑）随年龄的增长，耐力素质逐渐提高，13—17 岁时（1000 米跑），同样随年龄的增长而逐渐提高，18 岁时基本保持稳定；7—12 岁时，朝鲜族女生随年龄的增长，耐力素质逐渐提高，10 岁时，提高幅度较大，达到 6.2 秒，13—18 岁时差异出现"两头大，中间小"的变化趋势，17 岁时增长幅度达到 14.2 厘米。

朝城男与汉城男的耐力素质差异出现"中间高，两头低"的现象，但无显著差异（$P>0.05$）；同样，朝乡男与汉乡男的耐力素质也出现"中间高，两头低"的现象，尤其 8 岁、11 岁时朝乡男明显好于汉乡男，其存在非常显著差异（$P<0.01$）。朝城女的耐力素质除 12 岁、16 岁外均好于汉城女，其 17 岁时最大差值达到 7.79 秒，但无显著差异（$P>0.05$）；同样，朝乡女的耐力素质除 13 岁外，均好于汉乡女，其最大差值 17 岁时达到 22.96 秒，尤其 9—11 岁时存在非常显著差异（$P<0.01$）。

与我国汉族学生相比，7—12 岁时，朝鲜族男生的耐力素质除 7 岁、12 岁外，均低于汉族男生（8 岁时 $P<0.01$，9 岁时 $P<0.05$），13—18 岁时差异起伏较大，但无显著差异（$P>0.05$）；7—12 岁时，朝鲜族女生的耐力素质明显低于汉族女生（7—11 岁时 $P<0.01$），同样，13—18 岁时，除 13 岁外，朝鲜族女生的耐力素质均低于汉族女生，但无显著差异（$P>0.05$）。由此表明，我国朝鲜族男生与汉族男生的耐力素质差值起伏较大，但朝鲜族女生的耐力素质普遍要好于汉族女生。

速度素质：我国朝鲜族男生的速度素质随年龄的增长而逐渐增加。其中，9—13岁时速度素质增加幅度较大，年均增加0.52秒，14—17岁时增加幅度缓慢，18岁时基本持平；朝鲜族女生的速度素质则出现较大的变化，8—13岁时是快速增长期，年均增长幅度达到0.41秒，14—15岁时下降，16岁时增长，但17—18岁时再次进入下降期。

朝城男在12岁之前普遍差于汉城男，但12岁以后，随年龄的增长，逐渐好于汉城男，尤其是14—18岁时差异非常显著（P<0.01）；同样，朝乡男11岁前均差于汉乡男，但12岁开始除15岁外却好于汉乡男，且差异非常显著（P<0.01）。相反，朝城女的速度素质在8岁前要好于汉城女，但从9岁开始（除12岁）却差于汉城女，且均存在非常显著差异（P<0.01）；同样，朝乡女的速度素质除13岁、16岁、18岁外均差于汉乡女，且均存在非常显著差异（P<0.01）。

与汉族学生相比，朝鲜族男生8—11岁时均不如汉族学生，差异非常显著（P<0.01），但在12—18岁时，除15岁外，均好于汉族男生，且差异非常显著（P<0.01）；女生则除13岁、16岁外，均不如汉族女生，且差异非常显著（P<0.01）。由此表明，朝鲜族男生的速度素质随年龄的增长，普遍好于汉族男生，但女生的速度素质普遍差于汉族女生。

柔韧素质：我国朝鲜族中、小学学生的柔韧素质在7—16岁、18岁时，女生好于男生，17岁时男生则好于女生。在不同年龄阶段，男、女生的柔韧素质发展情况也不同，男生在9—12岁时柔韧素质随年龄的增长而增长，但增长幅度不大，年均仅为0.69厘米；13岁时又有所下降；14—17岁时趋于增长趋势，此时增长幅度较大，年均2.09厘米；18岁时又出现下降。朝鲜族女生在9—13岁时趋于增长阶段，年均增长0.53厘米；14岁时趋于下降阶段；15—16岁时增长幅度较大，年均增长2.35厘米，18岁时达到最值12.28厘米。朝城男的柔韧素质普遍好于汉城男，其中17岁时，最大差值达到3.24厘米，且在10—18岁期间均存在非常显著差异（P<0.01）；同样，朝乡男的柔韧素质也呈"两头好，中间差"的现象，且均存在非常显著差异（P<0.01）。朝城女的柔韧素

质普遍差于汉城女，尤其 7—9 岁、11—14 岁时均存在非常显著的差异；相反，朝乡女的柔韧素质除 9—10 岁、14—15 岁外，均好于汉族乡村女生，且均存非常显著的差异（P<0.01）。

与我国汉族学生相比，朝鲜族男生的柔韧素质除 9 岁外（P<0.01），均好于汉族学生，其中，除 13 岁外，差异非常显著（P<0.01），17 岁时最高差值达到 3.06 厘米；相反，朝鲜族女生在 7—12 岁时却低于汉族女生，差异非常显著（P<0.01），但在 15—18 岁时，却高于汉族女生，差异非常显著（P<0.01），最大差值达到 2.2 厘米。由此表明，我国朝鲜族男生的柔韧素质普遍好于汉族男生，女生则随年龄的增长，好于汉族女生。

（三）北京师范大学毛振明教授用"硬、软、笨"来概括当今学生的体质：硬，即关节硬；软，即肌肉软；笨，即长期不活动造成的动作不协调 ①

当然，越来越多的人意识到，增强体质、增进健康不能仅仅依靠学校体育。学生的体质和健康状况也受到社会环境的影响以及不良生活方式和娱乐方式的作用，学生体质的降低不能只"归罪"于学校体育。

党中央、国务院历来高度重视青少年的健康成长，把加强青少年体育锻炼作为提高全民健康素质的基础工程，把加强学校体育作为贯彻党的教育方针、实施素质教育和提高教育质量的重要举措。多年来，各地不断完善和落实各项政策措施，广泛开展阳光体育运动，有力推进学校体育改革发展。但总体上看，学校体育仍是教育工作中的薄弱环节，学校体育未能得到足够重视，评价机制不够完善，体育教师短缺，场地设施缺乏，影响和制约了学生体质健康水平的提升。

2012 年国务院办公厅转发教育部等部门在《关于进一步加强学校体育工作若干意见》中进一步明确提出：各地各部门要充分认识加强学校体育的重要性和紧迫性，把提高学生体质健康水平作为落实教育规划纲要和办好人民满意教育的重要任务，摆在更加突出位置，纳入重要议事日程，切实抓紧抓好。

---

① 沈楠：《中学生胖无力，危及国家竞争力》，《新华每日电讯》2006 年 4 月 20 日。

2012 年 12 月 24 日，全国推进学校体育工作电视电话会议在京召开。时任教育部部长袁贵仁在讲话中指出，任何学校不得以任何理由和借口占用体育课时，学校要确保学生每天锻炼 1 小时。2013 年起，全面开展学生体质健康监测，及时向社会公布体育督导评估结果。对学生体质健康水平持续三年下降的地区和学校，在教育工作评估和评优评先中实行"一票否决"。

2014 年 7 月 9 日，教育部明确规定："本科一、二年级学生体育必修课不能少于 144 学时，每周体育课不少于两个学时。"时任教育部体育卫生与艺术教育司副司长刘培俊介绍了不久前出台的《高等学校体育工作基本标准》（以下简称《标准》），强调要实现学校体育课在全面育人中的功能。

《标准》明确提出，全日制普通高等学校学生体质健康水平连续三年下降的学校，在"高等学校本科教学工作水平评估"中不得评为合格等级，各省（区、市）不得批准其为高水平运动队建设学校。《标准》不仅规定了大学生体育课的学时，同时强调，学校要深入推进课程改革，合理安排教学内容，开设不少于 15 门的体育项目。每节体育课须保证一定的运动强度，其中提高学生心肺功能的锻炼内容不得少于 30%；要将反映学生心肺功能的素质锻炼项目作为考试内容，考试分数的权重不得少于 30%。

《标准》还要求学校创新教育教学方式，指导学生科学锻炼，增强体育教学的吸引力、特色性和实效性，并将课外体育活动纳入学校教学计划，组织学生每周至少参加 3 次课外体育锻炼，切实保证学生每天 1 小时体育活动时间。学校每年组织春、秋季综合性学生运动会（或体育文化节），参与运动会的学生达到 50% 以上。教育部还要求建立健全《国家学生体质健康标准》管理制度，学生测试成绩列入学生档案，作为对学生评优、评先的重要依据。毕业时，学生测试成绩达不到 50 分者按结业处理（因病或残疾学生，凭医院证明向学校提出申请并经审核通过后可准予毕业）。毕业年级学生测试成绩及格率须达 95% 以上。

袁贵仁指出，要形成教育部门牵头、有关部门分工负责和社会参与的学校体育推进机制，建设学校、社会、家庭相结合的青少年体育网络。加大学校体育投入，抓好体育场地设施达标建设，多渠道配备好体育教师。指导学生科学锻炼，完善安全管理制度。广泛传播健康理念，营造有利于学校体育工作开展的良好氛围。

第三节 "民生"视域下朝鲜族体育文化的发展

一、"民生"视域下学校体育文化的发展策略

（一）2016 年 5 月 6 日，国务院办公厅印发《关于强化学校体育促进学生身心健康全面发展的意见》（以下简称《意见》）。《意见》强调，要坚持课堂教学与课外活动相衔接、培养兴趣与提高技能相促进、群体活动与运动竞赛相协调、全面推进与分类指导相结合的原则，改革创新体制机制，全面提升体育教育质量，健全学生人格品质，切实发挥体育在培育和践行社会主义核心价值观、推进素质教育中的综合作用。到 2020 年，体育教学质量明显提高，学生体育锻炼习惯养成，运动技能和体质健康水平明显提升，规则意识、合作精神和意志品质显著增强，基本形成体系健全、制度完善、充满活力、注重实效的中国特色学校体育发展格局。[1] 以此为契机，在中国朝鲜族学校广泛深入地开展各类体育活动。

（二）由地方朝鲜族学校申报特色体育项目，地方体育行政部门负责把关审批，把学校里的竞技体育、民生体育搞好，从而带动广大朝鲜族学生参与的热情。地方体育行政部门可以把竞技体育中的联赛体制引入学校体育，也可以在校庆或民族民俗节日之际，大力开展民生体育活动，动员广大学生积极参与，充分发掘、发展学校体育资源，丰富学校体育的文化内涵，为培养中国朝

---

[1] 中华人民共和国中央人民政府：《国务院办公厅关于强化学校体育促进学生身心健康全面发展的意见》，2016 年。http:www.gov.cn/xinwen/2016-05/06/contet_5070962.htm。

鲜族竞技体育后备力量奠定坚实的基础。

（三）把朝鲜族学校建设成传播民族传统体育文化的第一阵地。重振民族传统体育文化应把重点放在学校，因为在学校里只要措施得当，学生很容易接受民族传统体育文化，进而振兴民族传统体育文化。

二、"民生"视域下社会体育文化的发展策略

（一）重视中国朝鲜族社会体育文化现状调研工作，科学审视社会体育文化发展的利与弊，不断深化社会体育体制的改革，积极探索工作创新，使社会体育运行机制与人们文化需求保持一致。近年来，在中国朝鲜族聚集地区，参与体育活动的个人行为越来越多，社会体育活动逐渐向社会化、市场化、产业化过渡，呈现出组织多元化、需求多样化、内容生活化三大新趋势。这与以往开展的朝鲜族社会体育有很大的差异。因此，需要对朝鲜族体育文化现状做调研，在此基础上，革新社会体育运行机制，使之符合中国朝鲜族社会体育文化发展规律。

（二）继续完善具有独立法人的一级单项体育协会，积极引导州体育局代管的二级单项体育协会社会化、民生化、市场化，鼓励建立其他单项体育协会，丰富单项体育协会文化内涵。

（三）制定延边朝鲜族自治州体育市场管理条例，规范体育市场秩序，使体育市场健康有序地发展。依据《中华人民共和国民族区域自治法》《中华人民共和国体育法》《关于进一步加强学校体育工作若干意见》及其他法律、法规，结合延边实际情况，制定体育市场管理条例。由地方体育行政部门负责体育市场管理工作，工商、公安等有关行政管理部门配合做好体育市场的监督管理工作。地方体育行政部门管理范围确定为以体育项目作为经营活动的场所及与体育有关的经营活动。管理职能确定为以体育项目作为经营活动的场所，与体育有关的经营活动及社会体育指导员的审批、管理、监督、法律责任等。其中，将社会体育指导员等级认证分三步实施：第一步，委托地方体育学院负责

培训;第二步,组建资格认证专家小组对培训学员进行资格认证,小组成员来源于社会体育行业资深人士、地方体育行政部门官员和地方体育学院专家;第三步,由地方体育行政部门颁发等级证书,社会体育指导员申报一级以上的送省或国家培训。

三、"民生"视域下竞技体育文化的发展策略

为了获得更加科学的论证,本文选取朝鲜族较为集中的朝鲜族聚集区体工队、足球俱乐部、体育学校(以下简称"体校")、单项体育俱乐部、体育传统项目学校等 38 个训练单位的教练员、运动员及相关人员为调研对象,主要采用文献资料法、问卷调查、访谈法等,结合本课题的主题,就中国朝鲜族聚集区竞技体育指导思想、发展战略、训练体制、项目规模、教练员及后备人才培养等问题向朝鲜族聚集区相关单位的领导、专家、教练员及运动员等发放调查问卷共 300 份,回收有效问卷 286 份,回收率为 95.3%。对延边体育局竞技处、各县市体育局、有关体校领导和教练员等组织座谈,了解其现状、面临的形式及其可持续发展对策等方面进行了沟通与交流。

(一)中国朝鲜族聚集区竞技体育成绩回顾

1925 年,中国朝鲜族聚集区成立了最早的民间体育组织机构——间岛体育会,虽然受到日本推行的奴化体育的迫害与阻止,但随着民族解放斗争浪潮的高涨,反而把中国朝鲜族聚集区体育不断地推向新的高潮。1951—1958 年期间,朝鲜族聚集区相继成立了中华体育分会、延边体育协会、延边大学体育系等,把中国朝鲜族聚集区体育推向了新的发展阶段。并先后开设足球、速滑、排球、拳击等 13 个项目,为国家输送了一大批优秀运动员,也为朝鲜族聚集区竞技体育的发展奠定了坚实的基础,1964 年还获得了全国足球甲级联赛冠军。

步入 90 年代,开设的竞技体育项目增至 18 个,参训的学校也增至 340 所,其人数达到了 5448 人,教练员 388 人。1993 年朝鲜族聚集区被确立为全国 12

个足球改革试点地区之一，从 1994 年开始，连续 7 年跻身全国甲 A 行列，曾经涌现出高钟勋等国家队足球名将；1997 年，韩国著名的崔殷泽教授将韩国的先进足球理念和管理办法以及技战术融入延边足球队中，并率队在当年的甲 A 联赛取得第四名的好成绩。此后，在速滑项目上先后涌现出孔美玉（中国首批参加奥运会队员）、张冬香（世界短道速滑冠军）等世界级选手。

进入 21 世纪，2002 年第 14 届省运会上，延边朝鲜族自治州体育代表团共获得 39 枚金牌；2003 年全国第 5 届城运会男子足球获得冠军；2003 年全国民运会，取得 4 金、1 银、2 铜的好成绩；2004 年取得足球晋升中甲资格；2005 年全省民运会，获 19 枚金牌、12 枚银牌、10 枚铜牌，金牌总数和团体总分均列全省第一；速滑项目在 2005 年省运会获得 8 枚金牌；2008 年入选 3 名国家足球队运动员，并参加了世界及亚洲青年锦标赛；同年，朝鲜族聚集区体育代表队在国家级竞技体育比赛中获得金牌 11 枚、银牌 3 枚、铜牌 4 枚；在吉林省竞技体育比赛中获得金牌 32 枚、银牌 24 枚、铜牌 19 枚。此后，2009 年，在国家级体育竞技比赛中获得金牌 5 枚、银牌 7 枚、铜牌 4 枚；在省级比赛中获得金牌 47 枚、银牌 46 枚、铜牌 35 枚；2011 年延边大学学生金京珠代表中国参加第 25 届世界大学生冬季运动会，在短道速滑项目上获得了银牌；延边大学学生李勋代表中国参加 2011 年世界大学生运动会，并以主力身份踢满全部足球比赛。

（二）中国朝鲜族聚集区竞技体育后备人才培养现状

2010 年朝鲜族聚集区举办了吉林省第十六届运动会，全省近两万名体育健儿参加了 6 个组别、71 个大项、1554 个小项的比赛，实现了运动成绩和精神文明双丰收。借此机会，延边朝鲜族聚集区为了培养更优秀的竞技体育后备人才，相继颁布了《延边州培养输送优秀竞技体育后备人才奖励办法》《延边州竞技体育后备人才培养重点学校管理办法》《延边朝鲜族自治州保护和发展朝鲜族传统体育条例》等政策性文件，为朝鲜族聚集区"十二五"竞技体育后备人才的发展奠定了坚实的基础。

1. 竞技体育后备人才分布情况及培养模式

朝鲜族聚集区竞技体育后备人才培养是以足球为龙头，速滑为基础，带动其他项目的发展，后备人才总数超过1500人。其中从事足球项目的人数占62%，速滑占10%，其他项目人数占28%。后备人才培养的形式主要通过体育部门与教育部门联合办的少儿体校、教育部门办的少儿体校、青少年体校、体育总会等。我国体育界对于竞技体育人才梯队配置的观点主要有两类：①"金字塔型"，这种形式比较适合中国的国情，有利于一线—二线—三线运动队的衔接；②"大厦型"，近年来提出的新观点，主要把有限的财力、物力、人力集中投入到竞技体育的优势项目上，不需要把竞技体育的摊子铺得太大。经过业余训练市场的自身调节及政府的宏观调控后，朝鲜族聚集区竞技体育人才总体的量结构基本实现了"金字塔型"配置。目前，已获得一级以上的运动员有约50人，二级运动员有的250人，三级（或三级）以下的运动员超过两千人，总体符合"金字塔型"结构，但并不是"金字塔型"配置的项目就一定会达到竞技体育的高精尖水平。如足球、速滑、民族传统体育项目等项目的普及程度与运动水平仍与全国其他城市的代表队存在着较大的差距。

2. 经费来源与后备人才输送情况

在市场经济条件下，原先依靠国家的财政支出的格局虽然已被打破，社会力量开始介入后备人才培养，各培养单位也都在不断地寻求社会资助。但由于受经济、地域、观念等方面的制约，面临的形式很严峻，延边足球队于1999年降入甲B后，因资金问题被迫卖给浙江绿城就是一例。经调查，体育系统的专项经费主要来源是训练比赛经费，其次是学校的行政事业经费，但还没有形成国家与社会力量相结合共同办体育的局面。其原因为：①训练单位对政府财政投资的依赖性较强，"等""靠""要"的思想比较严重，没能充分发挥社会或个人多渠道投资办体育的作用；②全州各业余体校对训练经费的投入少，竞赛的参与率低，导致后备人才的训练培养力不从心，最后必然面临项目发展的"马太效应"。在投资效益方面，对人力资本投资的收益率通常在10%左右，中国三线队伍向二线队伍的人才输送率为6.10%，朝鲜族聚集区为5.68%；二线向一线的输送率仅为 1.96%，朝鲜族聚集区为 2.45%。由此表明，各训练层输送情况与全国情况相比基本没有差距。

3."体教结合"模式

近年来，朝鲜族聚集区竞技体育虽然在"体教结合"方面有了较快的发展，其形式也呈现出多样性。如延边大学与延吉市竞技体校结合、延边体育局与延边大学体育学院结合等。但目前"体教结合"的重点主要集中在业余体校层次上，对于专业体校、高校高水平运动队的"体教结合"还没有引起足够的重视，只是形式上的合作协议，未能进行实践性的合作。如延边足球队与延边大学高水平足球队之间的结合与交流等，应借鉴韩国等国外的成功经验，进一步完善朝鲜族聚集区"体教结合"的实质性。此外，由于专业体校吸引力不断下降，大部分家庭把高考作为独生子女发展的第一选择，再加上出国的比例居高不下，人口基数低导致体育后备人才匮乏。据统计，2008 年朝鲜族聚集区户籍总人口为 218.7 万人，比上年末增加 3642 人。其中，人口出生率为 7.44‰。相对于其他省份（上海为 8.88‰），人口出生率低，独生子女率高，导致竞技体育后备人才基数低。运动员选材狭窄，优秀后备运动员来源匮乏，直接影响到朝鲜族聚集区竞技体育的发展。①

（三）中国朝鲜族聚集区竞技体育文化发展策略

1. 打破竞技传统体育培养模式，建立"三位一体"竞技体育培养模式。目前，中国朝鲜青少年训练单位大体有三种形式，第一种是体育、教育部门联合办的少儿体校，体育部门负责学生的训练，教育部门负责学生的教学。第二种是教育部门办的少儿体校，也叫教育部门办的具有体育特色中（小）学，教育部门负责学生的学习和训练。第三种是体育部门办的青少年体校，体育部门负责学生的训练及其管理，学生则集中在体校或分散在几所中（小）学

---

① 金青云等:《中国图们江区域合作开发与朝鲜族聚集区竞技体育发展研究》,《西安体育学院学报》2012 年第 6 期。

中就读。① 在过去很长时间内，这种传统竞技体育培养模式确实起到过很好的效果。但现在中国朝鲜族家庭独生子女增多，经济条件好转，国内高校又降低入学门槛，更多的家长希望自己的孩子能到大学里读书，可以说传统竞技体育培养模式赖以生存的生源，正源源不断地流失，传统竞技体育培养模式越来越不能满足竞技体育文化发展的需要。

"三位一体"竞技体育培养模式中的"三位"是指把中国朝鲜族竞技体育放到业余体校、学校和社会中去。以业余体校为主，学校体育和社会体育为辅。"一体"是指这三个有机部分组合在一起形成竞技体育培养体系。北京理工大学足球队冲甲成功，为竞技体育在学校中谋求发展树立起里程碑。业余体校要以"出口带动入口"，切实有效地解决运动员出路问题，才能持续发展。除了向省级以上队伍输送人才外，重点要处理好剩余运动员出路问题。有两个途径可以很好地解决这个问题：一是高校合作，把达到国家二级运动员水平以上的运动员积极向高校运动训练专业输送，这样既可以解决问题，又可以起到带动基层运动队的作用；二是把达不到国家二级的运动员培养成社会体育指导员或中小学校体育教员。近年来，中国朝鲜族社会力量培养的运动员在省运动会摘金夺银的案例越来越多，延边摔跤协会就比较典型。由于社会力量体育训练独立分散，又是有偿训练，所以可以采用目标投资形式以鼓励。

2.培养运动员要"以人为本，体教结合，育人夺标"。过去中国朝鲜族在竞技体育方面只注重训练，不重视教育。那些被淘汰的运动员因为在自己的黄金时段没有得到系统的教育，退役后的安置与生存就出现了困难。"体教结合"恰恰是以"以人为本"为原则，适应社会发展需要，培养全面的人才。在国内高校中已有许多成功的案例证明了它的可行性。"体教结合"既要遵循体育发展规律，又要遵循教育发展规律，才能培养出有知识、懂科技、高竞技的人才。如果说"体教结合"是当代竞技体育基础的话，"育人夺标"就是当代

---

① 苗涛：《延边州竞技体育后备人才培养的现状及存在的问题分析》，硕士学位论文，延边大学体育系，2004 年。

竞技体育的最高境界。先"育人"再"夺标"也是国家竞技体育的发展方略。为了顺应国家竞技体育改革的潮流，中国朝鲜族要打破"重体轻教"的旧体育观，地方体育行政部门应运用行政手段保证在竞技体育训练的各个层面积极倡导"以人为本，体教结合，育人夺标"。

3.在体育的体制和机制的设计、各种方法和手段的采用，各种项目的设置和规则的制定上，应有利于运动员的发展和进步，服务于人的发展目的。把人的全面发展视为体育制度、体制和机制是否完善和进步的根本尺度与标准，运用"以人为本"原则对体育制度中的种种问题进行矫正、创新。

在"民生"视域下，竞技体育必须坚持"以人为本"的要求，抛弃"以物为中心"的误区，否则把人仅仅看作获取奖牌和带来物质利润的工具和机器，必定陷于"人为物役"的局面。竞技体育要摆脱把运动员视为"经济人"和"工具人"的观念，而逐渐建立把运动员视为"道德人""社会人"和"复杂人"的发展理念，重视运动员的个性培养和解放，高度重视运动员的社会需要和自我实现等精神层次的需求。①

4.地方体育行政部门在竞技体育上加强宏观控制，合理布局，有效利用竞技体育资源。鉴于中国朝鲜族竞技体育局面，养精蓄锐，立足延边，博观约取，厚积薄发，是地方体育行政部门应具备的理性认识。根据延边地区各县市的竞技体育特点，地方体育行政部门应发挥宏观控制机制，合理部署竞技体育项目格局，使各县、市既有各自特色又有竞争意识。地方体育行政部门应要求中国朝鲜族体育工作"全国上下一盘棋"。由于地方训练条件不好，教练员水平有限，体育科研能力跟不上，应把培养起来的好苗子积极向上输送。在中国朝鲜族竞技体育资源紧缺情况下，提高现有朝鲜族教练员的整体素质，由经验型向专家型过渡，重视体育科研成果与实践相结合的做法是务实的。地方体育行政部门与地方高校以往合作领域不够宽广，今后需要加强合作。整合两家竞

---

① 布特：《和谐体育的哲学探索现代体育的文化哲学批判与建构》，北京体育大学出版社 2010 年版，第 40 页。

技体育资源，尤其是在体育科研和训练方面，减少重复性投入，共同建设地方竞技体育文化。今后，在中国朝鲜族竞技体育宏观决策上，应注意以下三个原则：①抓重点体育项目，重视基础项目建设；②优势项目与传统项目并重；③短期效应与长期效应相结合。

四、"民生"视域下朝鲜族民俗体育文化的发展策略

由地方政府牵头，组织相关体育、民政和教育行政部门形成合力，多渠道集资，增加对民俗体育文化的投入，扫清普及朝鲜族民俗体育文化项目的障碍，建立健全朝鲜族民俗体育监管机制。

从学校体育和竞技体育两个方面入手，重整朝鲜族民俗体育文化。在学校体育方面有四点措施：第一，多渠道集资，争取为每个朝鲜族学校配备民俗体育运动器材，为普及民族传统体育文化打下硬件基础。第二，通过行政手段尽快设计制定适应地方的体育课程实施方案，并把民俗传统体育项目列入其中，使之成为必修课程，[1] 确保在每个朝鲜族学校都能开展。第三，通过行政手段确保在各级运动会上开设朝鲜族传统体育项目，并保证参加人数。第四，在实现上述三点后，最关键的是建立健全民族传统体育监管机制，并以此监管学校中民族体育文化的开展。在竞技体育方面有三点：第一，在朝鲜族学校普及朝鲜族传统体育文化后，民族传统体育后备人才自然增多，运动选材问题将得到缓解。第二，目前我国民俗传统体育还没有运动员等级定级制度，即使从事民俗体育运动，运动员的能力和成绩也得不到认可，未来出路有诸多问题，大大打击了从事者的积极性和信心。因此，地方体育行政部门应积极谋求解决从事民俗传统体育运动员的等级问题的办法。第三，积极探索运动员未来出路问题，如将来解决运动员等级问题之后，达到国家二级运动员标准的运动员报考

---

[1] 孙继新：《延边朝鲜族自治州中、小学体育课程现状分析与对策研究》，硕士学位论文，延边大学体育系，2004年。

高校运动训练专业成为可能。

在"民生"视域下，我国民俗体育的发展应是综合化的。所谓的综合化的发展，就是在依托于朝鲜族当地民俗节庆文化母体的背景下，根据时代发展和社会需要进行合理的调整，使我国民俗体育成为以民俗文化母体为其个性标志的具有独特风采的高度综合性文化活动。①

就具体运作来说，在形式上，必须保留民俗体育的核心项目形式，如果某一民俗体育的核心项目形式不能保留，那就意味着该民俗体育的消亡。在功能上，保留民俗体育的最核心的功能和意义，即保留民俗体育建构和谐社会秩序的功能。② 就我国朝鲜族民俗体育而言，首先，我国朝鲜族摔跤、秋千，现已是全国少数民族运动会的正式竞技比赛项目，在形式上，是必须保留民俗体育的核心项目。其次，我国朝鲜族可以借鉴其他民族的做法，把朝鲜族传统体育纳入民俗旅游上，以民俗体育旅游为平台，采用"走出去，请进来"的传承模式发展民俗体育，丰富民俗体育文化，向外界展示中国朝鲜族传统体育文化，促使我国朝鲜族地区的体育资源、自然资源与文化资源得到较好的整合配置，使我国朝鲜族体育产业的开发具有自然山水景观和民族文化氛围的背景渲染与衬托，使人体运动形态的表现性、文化内涵的深厚性与自然环境的映衬性等能完整而和谐地结合起来，成为一个有机的朝鲜族体育文化生态系统，而具有巨大的吸引力和市场开发潜力。

第四节 "民生"视域下朝鲜族体育文化的路径选择

党的十八大报告进一步指出："提高人民物质文化生活水平，是改革开放

---

① 郑国华：《社会转型与我国民族传统体育文化传承》，博士学位论文，北京体育大学体育系，2007年。

② 涂传飞：《农村民俗体育变化的变迁》，北京体育大学出版社2011年版，第154页。

和社会主义现代化建设的根本目的。"从这个意义上说,无论是全面建成小康社会、实现中华民族伟大复兴宏伟目标,还是经济、政治、文化、社会、生态"五位一体"总体布局,实际上都贯穿着切实关注民生、重视民生、保障民生、改善民生这条主线,都以努力让人民过上更好生活为目标和归宿。

解决民生问题是中国特色社会主义的本质要求,也是构建社会主义和谐社会的关键环节。民生问题事关老百姓的基本生活和切身利益,事关社会的公平、正义与和谐,又是社会热点、难点、焦点问题,解决好民生问题是构建和谐社会的基本功。正如一种文化的形成,象征着一个民族的繁荣,朝鲜族体育文化,不单单表明了体育文化得到了发展,更象征了朝鲜族人民的一种智慧结晶,因此,如何发展中国朝鲜族体育文化是重大的民生问题。在民生的视域下,审视、把握和概括、开发少数民族体育文化资源,把朝鲜族体育文化中的优秀成果和优良传统与现代社会的发展趋势有机结合起来,充分发掘朝鲜族体育中具有优势的要素,让其走入市场,让更多的人认识到它的社会价值和文化价值,成为民族特色区域经济发展的新增长点;走一条"立足现实,关注民众,贴近民生"的独具特色的朝鲜族体育文化之路,在"民生"的视域下研究中国特色朝鲜族体育文化多元化发展及路径选择,对认识、传承、发展朝鲜族体育文化,具有重要意义。

一、科学发展观是中国朝鲜族体育文化建设的基本原则

党的十八大报告进一步指出:面向未来,深入贯彻落实科学发展观,对坚持和发展中国特色社会主义具有重大现实意义和深远历史意义,必须把科学发展观贯彻到我国现代化建设全过程、体现到党的建设各方面。全党必须更加自觉地把推动经济社会发展作为深入贯彻落实科学发展观的第一要义,牢牢扭住经济建设这个中心,坚持聚精会神搞建设、一心一意谋发展,着力把握发展规律、创新发展理念、破解发展难题,深入实施科教兴国战略、人才强国战略、可持续发展战略,加快形成符合科学发展观要求的发展方式和发展机制,不断

解放和发展社会生产力，不断实现科学发展、和谐发展、和平发展，为坚持和发展中国特色社会主义打下牢固基础。必须更加自觉地把以人为本作为深入贯彻落实科学发展观的核心立场，始终把实现好、维护好最广大人民根本利益作为党和国家一切工作的出发点和落脚点，尊重人民首创精神，保障人民各项权益，不断在实现发展成果由人民共享、促进人的全面发展上取得新成效。必须更加自觉地把全面协调可持续作为深入贯彻落实科学发展观的基本要求，全面落实经济建设、政治建设、文化建设、社会建设、生态文明建设"五位一体"总体布局，促进现代化建设各方面相协调，促进生产关系与生产力、上层建筑与经济基础相协调，不断开拓生产发展、生活富裕、生态良好的文明发展道路。必须更加自觉地把统筹兼顾作为深入贯彻落实科学发展观的根本方法，坚持一切从实际出发，正确认识和妥善处理中国特色社会主义事业中的重大关系，统筹改革发展稳定、内政外交国防、治党治国治军各方面工作，统筹城乡发展、区域发展、经济社会发展、人与自然和谐发展、国内外发展和对外开放，统筹各方面利益关系，充分调动各方面积极性，努力形成全体人民各尽所能、各得其所的和谐相处的局面。

科学发展观指导体育的发展主要落实在两个大的层面上：一是体育与文化建设、体育与经济、社会协调发展层面；二是体育内部，即体育系统内各子系统的全面、协调、可持续发展层面。

当前和今后中国朝鲜族体育文化建设必须以科学发展观为指导，成为指导和推动经济建设、政治建设、文化建设、社会建设以及生态文明建设各项工作的有力武器。作为中国现代化建设的发展方向，科学发展观确立了"以人为本"的体育发展目的和取向。

在民生视域下，能否满足大众体育需求将作为中国朝鲜族体育文化建设的首要标准。人的全面发展首先是身体的发展，"体者，载知识之车而于道德之舍也"。国内外众多研究证明了体育锻炼对增强体质、增进健康的有效作用，因而也应将重视体育作为落实"以人为本"的科学发展观之重要举措。2008年北京奥运会的圆满落幕，让世人看到了我国竞技体育快速的发展，取得了举世瞩目的成就，但同时，社会体育的发展的不足也有目共睹。在体育设施、体育人口、体育经费、体育活动的组织管理等方面，中国的社会体育与西方发达国家存在较大差距，一个重要表现就是与人民群众生活息息相关的公共体育事业相对滞后，公共体育资源与人们日益增长的体育文化需求之间的矛盾日益增加。人民群众的健康水平是综合国力和国际竞争力的重要组成部分，而体育运动直接关系到人们的身体健康和民族昌盛。大力开展全民健身运动，建立较为完善的全民健身体系，对提高人民群众的身体健康水平、体能水平和生活质量，以及对解决体育中的民生问题具有重要的推动作用。人们在温饱问题解决以后，第一关心的是健康长寿。养成体育锻炼和讲究卫生的良好习惯对于健康、长寿有至关重要的作用；进而人们为满足自我实现和发展的需求，提高身体素质、改善身体形态，以求得更高的体育文化需求。因此，中国朝鲜族体育文化建设必须以科学发展观为基本原则，统筹兼顾，实现竞技体育文化、学校体育文化、社会体育文化、民俗体育文化"以人为本，全面、协调、可持续"的发展。

二、转变政府职能是中国朝鲜族体育文化建设的前提

解决民生问题的关键在于政府，政府必须发挥主导作用。当代民生问题的实质，是人民政府框架下的发展观念、具体制度和应对机制问题。政府行政过程中的唯经济论，以及公共政策中忽视社会均衡发展，是导致当前民生问题显性化的重要因素，因此，政府必须要转变观念，强化民生职能。

根据马斯洛的需求理论，人们的需求可分为不断递进5个层次，当低一级别的需要被满足之后，就会向高一级需要发展。体育由于其多功能性，应该既属于满足人自身生存和生理需要后自我满足发展的需要，又属于生存和发展之后娱乐的需要。总体而言，人们越来越关注体育文化的需要，体育的民生化、体育的生活化、体育的多元化显然已成为新世纪体育文化的重要特征。张德信指出："当经济发展程度较低，人均国民收入处于不发达状态时，人们的要求

主要是解决衣、食、住、行等基本的私人需要，对于政府的公共需要要求很低。当人均国民收入处于小康社会阶段时，人民基本的生存需要得以满足，开始追求享受的需要和发展的需要，要求增加政府的公共服务。如图书馆与体育场馆等群众建设等。从目前情况来看，我国政府所提供的政府公共服务与人民公共需要的矛盾日益凸显。社会对公共服务的需求呈几何级数倍增之势，而政府提供公共服务的能力却很有限。"①

进入 21 世纪，人们越来越关注健康，健康已成为激发人们体育文化需求的直接动因。2003 年，"非典"时期部分城市体育场馆爆满，体育用品脱销，预演了体育需求激增时体育公共产品匮乏的后果。虽然这是一种非常态的体育行为突增，并随着疫情的解除而恢复原有状态，但这无疑向政府发出了强烈的预警：当人们对体育文化的强烈愿望，一旦被激发，体育场地、体育器械、体育指导等公共体育服务的需求该如何满足？为此，体育行政部门要充分地考虑人们对体育文化的强烈需求，转变政府职能，必须要以人为本，从人民群众对体育文化需求出发，立足现实，关注民众，贴近民生，以提供公共体育产品和体育服务为宗旨，以满足人们体育需求为目标，专心致志地完成服务人民、服务市场、服务社会的公共服务职能，为人民群众提供良好的体育市场和体育秩序、体育法律和法规、体育信息等。

（一）从权力无限型政府向优先权力型政府转变

政府体育管理职能从无限型模式下的无所不能、无所不管的状态，向有限型政府模式下的有所为、有所不为的现实目标转变。具体内容为：由政府统管体育资源转向只管公共体育资源；由政府提供所有体育物品转向只提供公共体育物品，政府角色向社会服务者角色转变；由政府通过行政机制配置体育资源，转向主要由市场机制配置资源。政府行政管理部门与体育事业单位的关系，根据体育物品的性质，逐渐从一般性、营利性、竞争性体育行业退

---

① 张德信等：《中国政府改革的方向》，人民出版社 2003 年版，第 41 页。

出，由政府充当唯一运行主体转向由政府、企业和民间机构共同组成体育市场运行主体。①

（二）由经济增长型政府向公共服务型政府转变

体育事业发展过程中，经济增长型政府所提供的公共体育产品和服务有限，片面地追求体育产业带来的经济效益，而忽视人民群众日益增长的体育需求，把本应由政府承担的责任和义务推向了社会和市场。由经济增长型政府向公共服务型政府转变，就是要正确处理竞技体育、学校体育、群众体育和民俗体育之间关系，协调好政府、市场、组织以及个人之间的利益关系，解决有限的公共体育资源与人民群众日益增长的体育需求之间的矛盾。

建立公共服务型政府，要求压缩政府经济职能与社会职能，实现经济管理与公共服务市场化。政府应该提供基本公共产品，放手让市场与社会提供私人产品。我国政府公共职能主要有以下几个方面：一是积极建立市场环境规则，完善市场秩序，规范市场行为，尽量为各类市场主体创造公平竞争的市场环境；二是提供市场所不能提供的公共物品，解决市场不能或不愿解决的公共问题，如提供公共安全、环境保护、发展基础教育和终身教育问题；三是投资于基本的社会服务和基础设施；四是解决市场不能解决的社会民生问题；五是有效实施宏观经济管理职能，运用经济手段、法律手段和行政手段调节经济运行，实现中国朝鲜族体育文化民生化建设。

中国朝鲜族体育文化的建设，需要政府不断加大对其的人力、物力、财力的投入，投入的方式可分为直接投入、间接投入和混合投入三种。对于民生体育中的纯公共产品，应该发挥政府主体作用，直接承担全部的投入；对于准公共产品的部分，政府应发挥主导作用，结合市场，承担一定的投入，采取混合投入形式；对于营利性公共体育产品，政府应宏观调控，承担少量投入，以市场为主，采取间接投入方式。

---

① 马志和等:《论政府体育管理职能的转变与制度创新》,《上海体育学院学报》2003 年第 3 期。

　　随着市场经济体制的建立和完善以及社会的转型，计划经济时期建立的体育工作体制和运行机制已完全不适应新时期体育工作的需求，结合延边朝鲜族自治州事业单位改革以及延边朝鲜族自治州 60 周年"州庆"的圆满落幕，进一步实行体育工作政事分开，管办分离。有关"干"的事务下移至两个"中心"和体育总会办公室，充分发挥"中心"和各级体育总会、单项体育协会、行政体育协会等体育社团的作用。"中心"主要职责是，以学校体育为阵地，加强"紧密型体教结合"，完善培训机制，培养后备力量群众；体育社团的主要职责是，推动群众体育向社会化方向发展，抓基础、抓普及、抓管理，使基础牢固深化、普及广泛经常、管理科学规范。体育行政部门把工作重点转移到贯彻国家方针、政策、研究制定体育行业政策和发展规划，依法加强行业管理和提供服务上来，转变作风，依法行政，搞好协调，建立办事高效、监督有力、运转灵活、行为规范的行政体制。

　　此外，中国朝鲜族体育文化的建设，需要政府加强体育法制建设和完善监督机制。首先，要加强立法。立法要真正为提高全民身体素质服务，为推动体育事业全面发展服务。要进一步修改和完善体育法，做好体育法配套立法工作，制定完善的体育法律法规。其次，加强行政执法。认真贯彻《全面推进依法行政实施纲要》，完善体育执法程序，健全体育执法工作制度，规范体育行政执法行为，增强文明执法意识，推进体育行政执法进程。再次，完善监督机制。加强和完善行政系统内部层级监督及审计、财政等专项监督，争取权力机关、司法机关、行政监察的监督，还要重视新闻舆论和人民群众的监督作用，建立群众和大众媒体的监督机制。

三、解决公平和效率问题是中国朝鲜族体育文化建设的关键

　　公平与效率问题是评价社会经济制度优劣的基本尺度。一个制度的好坏，不仅要看它是否能带来更高的社会生产力，还要看它是否对财富的分配更公平合理。党的十七大报告强调："初次分配和再分配都要处理好效率和公平的关

系，再分配更加注重公平。"党的十八大报告中强调，就业是民生之本，要贯彻劳动者自主就业、市场调节就业、政府促进就业和鼓励创业的方针，实施就业优先战略和更加积极的就业政策。鼓励多渠道多形式就业，促进创业带动就业。公平与效率问题之间不是对立的关系，而是辩证统一的，合理解决公平和效率问题是民生的关键切入点。

（一）注重公平。首先，是权力公平。体育权是教育权和健康权的一部分，属于基本的人权，是公民的基本权力，不能受家庭出身、性别、种族、经济地位等因素的影响，每个社会成员公平拥有这种权利。因此，政府应保护广大人民群众的体育权不受侵害，为体育权的实现创造条件。其次，是机会均等。政府应提供最基本的公共体育资源，保证每个社会成员都有均等的体育参与机会，特别是保障弱势群体参与体育的机会。再次，是制度公平。社会公平首先指的是制度安排的合理性问题，制度公平也被公认为是评价社会制度的一种道德标准。政府出台的各种体育政策应保证每一个社会成员在制度面前公平，享有自由、平等的发展权利。

中国特色朝鲜族体育文化的建设，需要构建面向大众的多元化体育服务体系，开展全民健身活动，增强人民体质。建设并管理好健身房、健身路径、健身广场、健身公园、健身中心等群众健身场所，为广大人民群众提供必要的体育设施和体育服务，为群众提供就地就近参加体育活动的机会；建立健全各级群众体育组织，发挥体育社团的作用，在活动形式上采取单位化和社会化相结合，加强社会体育指导员队伍建设和管理，形成社会化的群众体育组织网络；完善各级国民体质监测系统，指导人民群众进行科学锻炼，增加锻炼效果；举办经常性的、新颖有趣的体育文化活动，倡导以人为本、科学健康、文明的体育文化理念；组织开展好全民健身月活动，激发群众健身欲望，引导群众自觉、主动参与健身活动；坚持开展适合各类人群特点的体育活动，定期举办群众体育赛事。

（二）兼顾效率。效率指的是以较少的投入，获得最大的产出，是资源配置的最优化。实践证明，市场经济制度是目前最具效率的制度，在社会发展中起着极大的促进作用。中国朝鲜族体育文化建设需要坚持注重公平、兼顾效率的原则。兼顾效率，就意味着要发挥市场的作用，打破政府在公共体育资源配置过程中的垄断作用，实施体育资源配置的最优化。公共体育资源也是一种稀缺资源，政府应针对公共体育经费投入效率低、公共体育场地设施闲置、社会体育指导员的指导率不高的情况，采取有效的措施，消除不利因素。

政府重点支持公益性体育设施建设，群众性体育组织和体育活动，并以社会兴办为主；鼓励、支持企事业单位和个人投资兴建体育场馆设施，举办群众性体育竞赛和活动；公共体育场馆以及机关企事业单位所属的体育场馆，都应当向大众开放，充分提高体育设施的利用率，实现社会效益和经济效益的统一。

中国朝鲜族体育文化的建设，需要建立和完善体育产业管理和灵活高效的运行机制，健全规范的市场秩序，形成适合延边朝鲜族自治州特点的体育产业体系，推动体育民生化、生活化、产业化等多元化发展的步伐，创造良好的社会环境，理顺市场管理体制，建立和维护市场公平竞争秩序，鼓励和扶持多种所有制企业、社会实体和个人兴办，开发体育产业。

在民生的视域下，以广大群众对体育多元文化的需求为导向，按照"以人为本、全面发展"的方针，加强对体育产业规律、方向、政策的研究，尽快把体育产业做大做强。鼓励、支持企事业单位和个人举办面向大众的体育服务、体育用品经营，宣传贯彻国家体育服务标准，推动体育服务标准化、民生化认证认可制度。利用延边州特色的自然资源、人文资源以及国际体育交流资源，开发新的体育竞赛表演项目，引导体育健身娱乐业、体育培训业以及足球等经济效益好的职业体育竞赛表演项目。进一步搞好体育场馆的规划和建设，在民生的视域下，建立多功能、多样化、民生化，便于群众活动的中小型体育设施，力争各县、市的体育场馆在十三五期间有较大的改观。

四、共享发展成果是中国朝鲜族体育文化建设的保障

（一）实现基本公共体育服务均等化。首先，要明确中国朝鲜族体育文化

建设中所指的基本公共体育服务的受益对象是全体社会成员，提供者即各级政府，要有均等的体育财政能力，所提供的基本公共体育物品大致相同，基本公共体育服务的标准应是全国统一的。其次，明确政府在基本公共体育服务供给中的主体地位，确认其承担的责任和义务，调整和改革政府间关系，完善和规范中央财政对地方的转移支付制度，提高地方政府公共体育服务供给能力，实现地方政府基本公共体育服务的财政能力均等化。再次，消除城乡体制分割，统筹城乡体育发展，建立全国统一的基本公共体育服务体系。最后，形成多元的公共领域投资主体，提高公共体育财政投资效率和基本公共服务质量。

（二）建立利益诉求表达机制。首先，畅通群众利益诉求渠道，及时化解社会矛盾，建立健全群众利益表达机制，是削减社会矛盾误会的"泄洪器"和促进社会和谐的"安全阀"。各级政府部门要及时适应社会结构和利益格局的发展变化，制定体育政策时要广泛吸收社会各个阶层的意见，使之具有广泛的代表性；保证政府决策的民主化、科学化、制度化和法制化，保证政府决策和运作的一定程度的透明性，使之能够接受社会公众政治参与的意识和行为；在制定与人民群众利益密切相关的体育文化法律法规和公共政策原则上要公开听取意见；加强人们体育民生意识教育，树立社会民主法制、自由平等、公平公正理念，从而保障人民的话语权、参与权、知情权和监督权，让不同群体的利益诉求充分表达。其次，充分发挥党内民主、基层民主。保证执法的公正性和独立性，反对任何形式的特权和特殊利益，使各方面的利益能通过民主和法制的渠道得到有效的协调和整合；在各利益群体中建立各种形式的党团组织、工会等，为公众提供意愿诉求的条件，以减少冲突，解决民生，维持稳定。再次，充分发挥社会舆论和大众媒体的宣传作用。在当代大众传媒迅速发展、传播手段更多元的情况下，中国朝鲜族体育文化建设中，可以通过这些大众媒体，收集民众意见和建议，为社会各个阶层的人们提供了表达途径。

（三）坚持和完善体育扶贫机制。首先，强化领导责任，高度重视体育扶贫工作。其次，以形成长效机制为核心，突出民生体育建设的重点。通过把体育扶贫工作中成功的经验和做法制度化，制定和完善一系列的政策，促使扶贫工作长期开展下去。再次，多方共同努力，实现成果共享。一方面，需要中央和地方各级体育部门、教育部门、财政部门等部门之间的协调工作，共同努力；另一方面，除了发挥政府的社会管理和公共服务职能之外，还应调动社会组织和个人参与体育扶贫工作。

延边朝鲜族自治州政府也下发了《延边朝鲜族自治州社会发展"九五"计划和2010年远景规划》，"延边州政发1996年38号文件"中指出："大力开展群众性体育活动，认真贯彻执行《体育法》，实施《全民健身计划纲要》，不断提高全社会体育意识和体育水平，增强群众体育运动场所和设施。积极贯彻普及与提高并举的方针，使我州传统体育运动项目保持和超过原有的水平，其他竞技体育项目要有新的突破。'九五'期间力争全州体育人口达到80万人，到2005年全州体育人口达到120万人以上。预计到本世纪中叶能达到中等发达国家体育人口水平"。①

以深化文化事业单位改革为契机，引入竞争机制、激励机制，充分挖掘、整合民族文化资源，加大对公益性事业的投入，发展壮大文化产业，打造独具竞争力和影响力的民族文化品牌，促进文化与经济的融合。广泛开展全民健身运动，丰富各族人民群众生活。深入探索体育产业发展的市场化新途径，完善社会公共服务体系。在坚决贯彻"中共中央2002年8号文件"中提出的"大力推进全民健身，构建多元化体育服务体系"的精神和国家体育总局的战略部署的前提下，努力抓住机遇，奋力拼搏，始终坚持"以人为本"的科学发展观，牢固树立"健康第一"的思想，从根本上切实抓好中国朝鲜族群众体育，使中国朝鲜族学校体育、竞技体育、群众体育和民俗体育协调可持续地发展，进而促进中国朝鲜族体育文化的发展。

总之，民生问题的切实解决，是一项系统的、长期的工程，需要借助社会各方面的力量共同努力，才能完成。无论是经济要素，还是政府主导以及制度建设，都是外部的力量，然而事物发展的根本动力在于其自身，如果单单依靠

---

① 金成文等：《党的民族政策与演变发展五十年》，黑龙江朝鲜民族出版社2005年版，第372页。

外部力量，是不能解决实质性问题的，民生问题亦不例外。要想当前迫切的民生问题得到有效化解，外部力量只是辅助作用，根本的还是要发展其内部力量，这就要依赖于广大人民群众自身，在社会主义建设浪潮中发展自我、完善自我。当然，由于我国国情和民情的特殊性，发掘民生的内在力量的同时，还需要社会各界力量的鼎力支持和扶助，才能实现民生问题的解决。政府要起主导作用，但其力量毕竟有限，只有更多地发挥各种社会组织和企事业团体等的力量，才能形成一股合力，推动民生问题的化解，因而实现从马克思的民生思想到当代中国的民生实践。

第五节 "民生"视域下朝鲜族农村民俗体育文化发展研究

目前，国内学术界在中国朝鲜族民俗体育以及相关研究领域取得的具有代表性的学术成果有：在民俗体育研究方面，江西财经大学的涂传飞详细界定和剖析了民间体育、民俗体育、传统体育和民族体育的具体含义和辩证关系；官钟威和李红梅在《论民俗体育文化》一文中介绍了民俗体育的功能和民俗体育文化的特点；李红梅在《论民俗体育的现代化发展》中从民俗体育现代化的必要性、民俗体育现代化的影响因素和民俗体育现代化的途径三个方面做了积极的探索；马连鹏在《民俗体育文化的开发与发展》一文中"阐述了我国民俗体育的历史文化特点、社会功能及发展现状，提出了开发民俗体育的文化资源，加强民俗体育的现代化和社会化建设的理论构想。"①

在朝鲜族体育研究方面，金青云教授的《中国朝鲜族体育发展战略研究》一书是近年来国内朝鲜族体育研究方面的扛鼎之作，该书有针对性地提出了中

---

① 马连鹏、马爱军：《民俗体育文化的开发与发展》，《陕西师范大学学报》（自然科学版）2006年第 A2 期。

国朝鲜族民族传统体育、学校体育、群众体育等领域的发展战略，为我国少数民族体育的研究提供了宝贵的学术资料；姜允哲教授的《中国朝鲜族体育研究》一方面介绍了中国朝鲜族体育的形成和发展史，另一方面还条分缕析地阐述了中国朝鲜族竞技体育、学校体育、社会体育和农村体育等内容；金青云、崔光福、李成龙的《朝鲜族体育研究》一文指出：朝鲜族民俗体育文化一方面来源于本民族的社会生活实践，另一方面来源于和周边地区的文化沟通和交流。朝鲜族民俗体育活动彰显了该民族积极向上、团结协作、勇敢顽强的民族品格；姜允哲和姜成的《中国朝鲜族体育文化的定位及发展战略》一文诠释了中国朝鲜族体育文化的民族性与文化定位，细致全面地阐述了中国朝鲜族体育文化的发展战略；许辉勋教授的《中国朝鲜族民俗的形成与演变》一文从滥觞期、冲突期、蒙难期、明暗交替期四个时间阶段简要介绍了中国朝鲜族民俗的演变史。

在地方民俗体育研究方面，王敬浩的《广西民俗体育的可持续发展与特色文化建设》指出："服务于大众养生健身，实现产业化发展，将是广西民俗体育实现可持续发展的未来之路。同时，这一发展趋势对于建设以人为本、自主创新模式的广西特色文化也起到了积极的推动作用。"[1] 韩伟、李胜红的《贵州民俗体育旅游的发展探析》介绍了民俗及民俗体育的概念界定、贵州省民俗体育旅游区域竞争优势、贵州民俗体育旅游发展现状以及民俗旅游开发的对策和建议；朱宗海的《河南省民俗体育文化初探》一文指出：应当增强河南民俗体育文化的宣传力度，有选择、有重点地进行开发，坚持走产业化的发展道路；徐剑等人的《湖北民俗体育文化可持续发展研究》表明：想要实现湖北民俗体育文化的保护和可持续发展，应当坚持文化认同、以人为本、传承与融合和对外开放等基本原则。

在民俗体育文化与新农村建设方面，李春光的《新农村建设视域下民俗体育文化的创新发展》一文以民俗体育文化传承和发展的历史契机为切入点，重

---

① 王敬浩等：《广西民俗体育的可持续发展与特色文化建设》，《山东体育学院学报》2009 年第2 期。

点介绍了新农村建设下，农村民俗体育文化的开发工作；林宇的《新农村建设中我国民俗体育文化的发展》一文从民俗体育文化的基本含义、本质属性、价值功能和制约因素等方面做了详细地论述，并有针对性地提出了一些发展举措和建议；孙美的《中原特色民俗体育与社会主义新农村建设》一文指出："中原特色民俗体育是中华文化宝库中的一份瑰宝，社会各界应广泛关注其未来的发展，对其继续进行保护和利用，充分发挥民俗体育在社会主义新农村建设和构建和谐社会中的作用。"①

此外，王超、陈莉、钱应华、李磊、杨建设等学者以中国民俗体育文化的内涵以及现代化发展、山东省民俗体育文化开发策略、区域民俗文化的研究定位及策略选择、民俗体育与构建和谐村落等方面为着眼点，有侧重点、有针对性地对民俗体育文化进行了解读和诠释。

一、中国朝鲜族农村民俗体育文化与新农村建设

（一）新农村建设的含义

追本溯源，20 世纪 50 年代我国首次提出了"新农村"的概念，在 80 年代初左右，"小康社会"的概念被纳入到我国的施政纲领之中，此后，在国家和党中央的各种公文、讲话等文献中，"建设新农村"无数次被提及。如今，随着我国经济改革的进一步深入，城镇化建设的逐步开展，"建设新农村"在弘扬和践行科学发展观的时代背景下再次被视作工作的重心和重点。"通过城市对农村的反哺、工业对农业的反哺，使农业得到可持续发展的基础和条件，体现了和谐社会的发展理念。"② 不难发现，"新农村"是体现了与时俱进时代要求的一个综合概念，理解和把握它的含义关键在于"新"上，在笔者看来，以"新"为着眼点，新农村的含义大体包括如下四

---

① 孙美：《中原特色民俗体育与社会主义新农村建设》，《少林与太极(中州体育)》2010 年第 3 期。
② 曾玉林：《新时期我国社会主义新农村建设的内涵与目标》，《云梦学刊》2008 年第 3 期。

个层面的要求：

1.农业要有新发展

建设和发展具有中国特色的新型现代化农业是新农村建设的本质要求之一，简言之，在当前时代背景下，农业要有新发展。新型现代化农业的建立与发展不仅是新农村建设的重中之重，而且也为新农村建设提供了重要的物质保证。新型现代化农业既提出了优化农业产业结构的时代要求——不断提升农业的规模化和集约化水平，又提出了提升农业科技水平的科学要求——不断促进农业科技的发展和进步。

第一，优化农业产业结构，全面推进现代化农业的建设。纵观世界范围内农业发展的历程，不管是西欧的意大利和法国、还是东北亚的韩国与日本，它们的农业发展进程在工业化发展的中段就由小农场或小农经济逐步转向农村综合建设，目前我国也处于类似的重要转型时期。"在农村综合建设过程中，提升农业产业结构是其中至关重要的战略措施。"[1] 从20世纪80年代起，家庭联产承包责任制开始在全国范围内推广和实行，因为这一举措与当时我国的农业发展水平是协调一致的，所以极大地推动了我国农业的发展，极大地提升了国民经济的总量和整体实力。如今，三十多年过去了，我国的生产力水平较以往有了大幅提升，过去较为粗放和简单的农业生产方式明显落伍，很难满足当今社会化大生产的基本需求，而且离散的农业耕作方式也不利于农业集约化、产业化和规范化的拓展和推广。对此，新农村建设要求"按照高产、优质、高效、生态、安全的要求，调整优化农业结构"，[2] 努力构建优势明显、特色突出的农业产品产业带，大力发展和开拓特色农业，注重绿色食品的开发工作，大范围推广生态农业。与此同时，做好农业的产业化工作，重视农产品的二次加工产业，重点培养和扶植一些产品附加值高、产能效益好、市场竞争力强的乡村企业，发挥它们的模范带头作用，对既有的农业产品名牌企业要给予政策上

---

[1] 刘永梅：《关于建设社会主义新农村的思考》，《中国农村小康科技》，2006年第1期。

[2] 《中共中央、国务院关于推进社会主义新农村建设的若干意见》，2006年4月20日，见 http://www.gov.cn/gongbao/content/2006/content_254151.htm。

的支持,努力促成农民个体、农业合作组织和农业产品名牌企业的有机统一,使农业的集约化、规模化和产业化真正服务于广大农民,真正为农民带来更多收益。除此之外,将农产品的市场竞争力作为中心,不断开展农业的结构、技术、观念、体制和管理方面的开拓创新工作,逐步形成节约高效、绿色安全、技术先进、可持续发展的新型现代化农业的新局面。

第二,重视农业科学技术的宣传和推广工作,提升农产品的科技含量。"目前,我国农业的科技含量不高,农业仍处在粗放经营状态,农业科技在农业增长中的贡献率和农业科技成果转化率都很低,导致农业劳动生产率低,经济效益差。"① 在广大农民中间宣传和推广农业科学技术,不断提升农产品的科技含量是新型现代化农业走向成熟、壮大的必由之路和基本的技术要求。为此,首先,建立系统、科学的农业科技推广体系。将科教部门、相关的公司、政府和民间团体都纳入到推广体系中。其次,处理好农业技术的需求和供给之间的关系问题。如今,我国农民的技术需求和相关部门的技术供给之间的联系不够紧密,就农民的技术需求而言,因为人们习惯了传统的耕作方式,加之农民自身的科学文化水平不高,导致他们对农业新技术的需求不高。就相关部门的技术供给而言,尽管农业科学技术的成果较多,可是其针对性、应用性欠佳,在实际的农业生产中应用的成本较高。再次,将农业科技的推广和宣传工作做到实处,实现常态化。由于错误政绩观的消极影响,许多政府部门组织的农业科技推广活动大多流于形式,比如,没有深入到田间地头,只在城市中心和周边进行推广。又如,推广和宣传活动次数较少且方式单一等,这都阻碍了农业科技的实际应用。最后,极力挖掘农业科技示范园区的示范价值。对于某些农业发展已经走上可持续发展道路的地区,对于某些农业经济获得大发展的地区,应当鼓励和支持农业科技园区的建设,结合当地农业发展实际,突出园区的特色和优势,发挥其应有的带头作用,充分彰显其示范价值,带动周边地区农业走上科学发展之路。新农村建设归根到底离不开农业科技的支撑作用,更离不开

---

① 曾玉林:《新时期我国社会主义新农村建设的内涵与目标》,《云梦学刊》2008年第3期。

农业科学技术的宣传和推广工作。

2. 举措要有新变化

21 世纪 20 年代当前时代背景下，推动新农村建设的举措要有新变化，具体表现为在广大农村地区大力推广以工补农和以城带乡的政策措施。自 20 世纪 50 年代，"新农村"建设的字样经常出现在广播、电视、报纸、杂志和互联网上，但是六十余年过去了，农村、农民和农业问题依然是摆在中央和地方各级政府面前的巨大障碍和亟待解决的难题。从某种意义上说，新农村建设问题一直难以解决的根源在于对建设中的难题和难点把握不到位，进而难以提出卓有成效的政策措施。在笔者看来，开展新农村建设的难点有：如何妥善安置广大农村地区富余的劳动人员？如何筹措和募集建设资金？假如不能找到这两个难题的解决途径和方法，那么新农村建设依然会原地踏步，难有成效。有鉴于此，国家明文指出：当前发展阶段下，建设新农村"始终把'三农'工作放在重中之重……加快建立以工促农、以城带乡的长效机制。……进一步加大支农资金整合力度，提高资金使用效率。金融机构要不断改善服务，加强对'三农'的支持。要加快建立有利于逐步改变城乡二元结构的体制，实行城乡劳动者平等就业的制度。"[1] 显然，国务院和中央政府已经抓住了难题的核心所在并有针对性地提出了解决举措，这将促进新农村建设工作的全面、深入开展。

3. 农民素质要有新提高

不断提升广大农民的素质，培养适应当代社会化大生产的高素质农民也是新农村建设的应有之义务。在新农村建设的社会实践中，广大农民是生力军、支柱和主体，农村地区经济社会发展的程度如何、速度如何等问题直接与广大农民的自身素质有着直接的关联，可以说，提升农民素质是新农村建设的重点之一，也是促成"三农"问题最终圆满解决的关键一环。新农村建设的重要任

---

① 《中共中央、国务院关于推进社会主义新农村建设的若干意见》，2006 年 4 月 20 日，见 http://www.gov.cn/gongbao/content/2006/content_254151.htm。

务之一就是全面提升广大农民的自身素质,将他们塑造成为掌握当代农业科学技术和技能的农民。当代农民的"基本素质要求包括:有文化、懂技术、会经营、讲文明、守法纪等。"① 第一,所谓"有文化"是指当代农民应当掌握一定程度的科学文化知识。农民文化素质的高低直接影响他们接受和掌握新型农业科学技术的程度与水平,也直接影响他们能否认识和认同无公害农产品、非转基因食品、生态农业、绿色农产品等新概念和新理念。易言之,广大农民自身素质的提升是塑造新时代农民不可缺少的先决条件。第二,所谓"懂技术"是指当代农民应当掌握和积累一定程度的农业科技方面的知识。农业科技的成果最终要走出实验室,走进田间地头,实现科技价值向经济价值和实用价值的转变。在这个转变过程中,农民是不能忽视的重要一环。他们对农业科技成果的准确理解和把握将有助于科技向现实生产力的转变,反之亦然。第三,所谓"会经营"是指当代农民应当掌握一些有关市场经济和乡村企业经营管理方面的知识。将来我国农业的发展大趋势是集约化、规模化和产业化发展,广大农民独自办企业或者多人联合办企业将成为常态,农产品在产地附近就能实现二次加工以及更深层次的加工,将大大提高农产品的附加值。为此,农民应当掌握管理和经营乡村企业的知识和技能。第四,所谓"讲文明"是指当代农民的精神文化生活也要随着物质生活水平的提高而提升,能够改善自我精神面貌、提高自我道德修养,进而移风易俗,形成良好的社会风气。第五,所谓"守法纪"是指当代农民必须掌握基本的法制知识,在知法和懂法的前提下遵守社会经济生活中的各种法律、法规和制度,而且在必要时能够自觉使用法律来维护自身利益和正当权益。综上所述,就像胡锦涛同志所言:"亿万农民是建设社会主义新农村的主体。提高农民的综合素质,是建设社会主义新农村的重要保证。"②

---

① 曾玉林:《新时期我国社会主义新农村建设的内涵与目标》,《云梦学刊》2008 年第 3 期。

② 郝金红:《社会主义新农村建设的内涵及实现机制》,《学理论》2008 年第 7 期。

4.农村要有新面貌

促成农村整体面貌的改善也是当代新农村建设的基本要求之一。农村整体面貌的改观是新农村建设取得成功和获得成效的具体外在表现。长久以来，民众之所以不愿久居农村，一方面是由于农村地区的各种社会基础设施不健全，另一方面是由于和城镇相比农村的经济发展水平较为落后。以科学发展观为指导的新农村建设，就是要让上述情形得到很好的改观，使广大农村地区经济获得长足发展、社区环境整洁优美、城乡共享社会公共服务资源、日常社会生活静谧舒适。具体而言，第一，农村经济获得长足发展。促使农村经济走上繁荣发展的快车道，一方面下大力气搞好各项生产活动，另一方面拓宽和增加富余农村劳动力的就业渠道，从而在一定程度上增加农民的纯收入，为农村经济注入活力。有鉴于此，以乡镇经济为依托，激发乡镇内各村经济的横向交流，鼓励和支持民营经济的发展，号召广大农民依托农业生产活动进行再创业和再就业，带动广大农民以小城镇为中心聚集，大力开发农村的第二和第三产业，寻找和创造农民就业和致富的新机遇，令小城镇转变为带动农村经济发展的生力军。第二，社区环境整洁优美。摒弃过去建设和美化村庄的旧思路，接受符合时代发展需求的城镇社区建设理念，在村庄的整体布局和规划上下足功夫，同时做好对当前村庄的修缮工作，具体来说，"积极推进农村改路、改水、改厕、改厨、改房，加快建设中心村，改造城中村、园边村、城郊村，合并小型村，搬迁高山村"，[①] 将先天自然条件良好且具有一定经济基础和实力的村庄修整和改造为环境整洁、规划科学、风景优美的农村新社区。第三，城乡共享社会公共服务资源。为了改善广大农村地区公共服务资源短缺的状况，"积极将城市优质人力资源导入农村。除了在资金投入上向农村倾斜，还应通过机制创新，把城市的人才、科技引入农村，以优质的人力资源支持农村发展。教育、卫生、科技等部门应制定对农村的人力资源对口支援政策。"[②] 将城镇的公共服务

---

① 曾玉林：《新时期我国社会主义新农村建设的内涵与目标》，《云梦学刊》2008 年第 3 期。

② 郝金红：《社会主义新农村建设的内涵及实现机制》，《学理论》2008 年第 7 期。

基础设施建设逐步延伸至农村地区，将城镇周边的农村纳入公共服务的网络，以各个城镇为中心向周边农村提供良好、健全的社会服务。不断深化城乡一体化的供电供水、连锁超市、公共交通以及劳动力再就业服务等工作，提升广大农村地区的社会保障与社会事业水平，使农民像城镇居民一样享受各种安全、便捷和高效的公共服务。第四，日常社会生活静谧舒适。在农民经济收入大幅增加的同时，要引导人们逐渐转变传统的生活方式，即在尽享社会化大生产丰硕成果的同时，依然保有朴素优良的当地文化，努力维系淳朴和睦的邻里关系，尽量避免城镇社会生活喧嚣的污染，维持静谧舒适的居住和生活环境，实现田园生活与现代生活的辩证统一。

（二）中国朝鲜族农村民俗体育文化对新农村建设的作用

1. 有助于改善农民的身体健康状况

社会经济的繁荣和发展是一把双刃剑，它在改善人们社会生活质量的同时，也带来许多负面的消极影响。随着中国农村地区经济生活水平的提高和物质生活的改善，高血脂、冠心病、动脉粥样硬化和糖尿病等"富贵病"开始侵袭农民的身体健康。"民俗体育作为一种大众的体育健身活动形式，是全民健身的重要组成部分，有着广泛而又深厚的民间文化基础，在一定程度上反映了我国人民的社会、政治、经济、历史、文化、宗教、心理及风俗等文化特征。"[1]众所周知，参加有规律的、适量的体育活动和锻炼是预防和治疗上述疾病的有效途径和方法。然而，假如缺少外在的有效激励和组织的话，广大农民很难会持之以恒地参加体育锻炼活动。不过，中国朝鲜族农村的摔跤、秋千和跳板等民俗体育活动为广大农民积极参加体育锻炼创造了良好的机遇，由于民俗体育活动与当地社会生产生活联系紧密，农民在心理情感上易于接受和参加这些活动，如果组织者对活动的时间安排做科学和合理的规划，那么民俗体育会成为中国农村地区农民体育活动的突破口和引导者。概括地说，首先，参加

---

① 李磊：《民俗体育的昨天和今天》，《中国体育报》2002 年 9 月 20 日。

民俗体育活动能使人们身心愉悦，不仅锻炼了身体，减少了各种心脑血管疾病的发生，促进了病人身体健康的恢复，而且，秋千活动中，身着彩衣的女性在空中划出一道道优美的曲线、跳板活动中，女性在空中所做的各种高难度动作、摔跤活动中，选手之间的激烈角力和竞争都冲淡和驱散了人们在社会生活中遇到的各种烦恼和不快，使人们心理上得到了放松和舒缓。其次，民俗体育活动进一步丰富和充实了农民在社会生产劳作之余的休闲娱乐方式，有助于生活质量的提升，有助于身心和谐与健康。

2. 有利于新农村的经济建设

在美国、英国、法国和德国等发达国家，体育产业是国民经济的重要组成部分之一。目前，在我国境内某些广受民众欢迎的体育项目也进入了职业化发展的正常轨道，同时提供了数以万计的就业机会和岗位，成为我国社会经济发展的动力来源之一。毋庸置疑，当前阶段，城市是我国体育产业立足和发展的根据地，但是，这并不妨碍民俗体育活动为农村经济建设服务，"农村是我们民俗体育文化的发源地和根据地，数亿的农民都生活在农村那块土地上，农村民俗体育文化产业具有非常大的潜力。"①农村民俗体育活动能够吸引更多的旅游者和观光者，提高中国地区农民的经济收益，使农民的生活更加富裕。

民俗体育活动的开展无疑会带动周边民俗体育产品的消费，拓展和增加民俗体育产品的消费覆盖面积，间接带动相关制作和销售民俗体育产品行业的兴旺和发达，进而推动农村经济的发展和繁荣。例如：延边朝鲜族自治州主办的一年一度的中国朝鲜族民俗旅游文化博览会就有朝鲜族摔跤、朝鲜族秋千和朝鲜族跳板的节目表演，这些民俗体育活动中鲜明的朝鲜族特色、浓郁的朝鲜族文化受到当地群众和各地旅游者的欢迎，许多游客都是通过互联网和广播电视传媒等途径慕名而来，他们的观光游览带动了一系列的旅游消费。2012 年延边州在百草沟镇建立了棉田民俗生态文化村，"修建了 2000 平方米的展示基地，展示基地可表演朝鲜族民俗舞蹈、举行朝鲜民俗活动、体验朝鲜族民俗、品尝

① 林宇：《新农村建设中我国民俗体育文化的发展》，《继续教育研究》2012 年第 6 期。

朝鲜族饮食、购买朝鲜族工艺品和参与朝鲜族体育活动（秋千、跳板、摔跤）等。"[1] 如果能将民俗旅游博览会上的游客引导至这些地方欣赏原生态的朝鲜族民俗文化，那么就盘活了当地的农村经济，农民的收入有了明显提高，地方的整体经济收入也大大增加，正应了日常的一句俗语："文体搭台、经济唱戏"。如今，延边地区一系列常态化的独具朝鲜族个性和特色的、包括民俗体育活动在内的朝鲜族民俗文化旅游活动已经成为延边地区农村观光旅游的主要平台，成为新农村经济建设的重要着力点。

3. 有益于丰富新农村的文化生活

民俗体育活动的举办为延边农村地区的民众提供了良好的情感交流的平台，使新农村的文化生活无论在内容上还是样式上都得到了充实。由于延边农村地区远离城市、地处边陲，整体的精神生活水平远远落后于城镇地区，在夏秋两季，农村的民众过着传统的"日出而作，日落而息"的有规律且乏味的生活，在冬春两季，则大多待在室内看电视、三五成群地打牌、打麻将、下棋等度过漫长的"猫冬"时光，就像俗语所说："农家生活三件事，干活睡觉看电视。"举办多种多样的民俗体育活动能够打破这种一成不变、枯燥乏味的生活节奏，为平凡的农村生活平添许多欢笑和乐趣，进一步充实和丰富了农民在劳作之余的文化生活。在延边农村地区，乡镇和其他民间组织时常举办民俗体育活动，又如龙井市的金达莱民俗村在2012年"先后承办了和龙市第5届金达莱文化旅游节、和龙市第一届迎端午民俗运动会"，[2] 活动期间，大家扶老携幼一同出门，年轻力壮者是参加活动的主力和支柱，在激烈、有趣、活泼、充满竞争的活动中释放自己的激情和热情，而年老和年幼者则在一旁饶有兴趣、津津有味地观看，体会着本民族独特的文化传统与风格，不但愉悦了身心，而且也受到了本民族文化的熏染。可以说，农民在社会生产劳作中积蓄的压力、烦恼、不快和苦闷都在活动中被驱赶殆尽，收获的是街坊四邻与邻里之间的交

---

[1] 平雨鑫：《边城风情耀神州——延边州统筹推进特色城镇化纪实》，《吉林日报》2012年12月19日。

[2] 杨晓艳：《到吉林过大年的释放效应》，《吉林日报》2013年4月9日。

流、沟通、协作与和睦，尤其是每逢国家的法定假日和朝鲜族传统的民俗节日时，民俗体育活动在丰富新农村文化生活方面的作用体现得更加明显。应当承认，在新农村建设工程开展之前，民俗体育活动就是延边农村地区民众生活不可或缺的一部分，是中国朝鲜族民族文化和传统的真实体现，是历史悠久的中国朝鲜族民俗文化版图中的重要一块，只不过在国家新农村建设政策和方针的大力支持和辅助下，农村地区民俗体育活动能够最大程度地发挥其正向价值和积极作用，将更好地为中国朝鲜族新农村的文化生活服务。

4.有利于新农村的社会和谐与稳定

从某种意义上讲，民俗体育活动不但具有物质文明的基本特点，而且也体现了精神文明的某些本质属性。与前者相比，后者在民俗体育活动中更为突出和明显。不容否认，体育建设是精神文明建设工作的重要子集和下属领域，是社会主义精神文明建设的基本构成要素，爱国主义精神、集体主义的认同在一定程度上都得益于体育活动的开展，此外，体育活动也能够激发参与者百舸争流、突破极限、超越自我、关注健康的热情，培养阳光、积极的性格特征。因此，民俗体育活动一定会助力精神文明建设的深入开展。精神文明建设水平的提高反证出社会物质生活水平的提升、居民经济生活质量的改善，是社会和谐和健康的生动表现。更为重要的是，民俗体育活动维系了农民之间淳朴、友爱的邻里关系和情感，为农民提供了除社会生产活动之外的另一个有效交流和沟通的文化平台。日常生活中磕磕绊绊、矛盾纠纷、利益冲突等都是在所难免的，关键在于问题出现后要建立良性的互通有无的交流机制，不然在缺少必要联系的情况下，各种误会和不解只会逐步加深。民俗体育活动在某种程度上扮演了沟通桥梁和纽带的角色，有利于农民之间的双向互动，有利于各种纠纷和矛盾的化解，有利于互助友好社会氛围的形成，最终有利于新农村的社会和谐与稳定。

综合以上四个方面的论述，笔者认为，延边朝鲜族农村民俗活动的开展和举办是当地新农村建设的重要途径和抓手。"中央对建设社会主义新农村提出的总体要求是'生产发展、生活宽裕、乡风文明、村容整洁、管理民主'"，① 民俗体育活动是达成上述总体要求的不容忽视的重要途径。例如农民的身心健康在民俗体育活动中得到了保障，预防和抵御了多种生理和心理疾病的发生，这无疑有助于生产力的提高和生产的发展，毕竟劳动者是生产力中最活跃和最主要的因素。再如将民俗体育活动和延边当地的民俗旅游活动紧密联系起来，能够促进农村居民经济生活收入的增加，令农民的生活更加富足。又如延边农村地区民众的业余文化生活习惯和方式也会因为民俗体育活动的举行而有所改变，间接改善了农民的生活状态。又如农民民俗体育活动贴近生活实际的主题和对集体团结协作的要求都将增强农民的归属感、凝聚力和向心力，进而有利于"他者意识"的确立，有利于自身素养的提升和社会风气的改善。

越来越多的媒体报道表明：许多地方各级政府"把开展体育活动作为净化社会风气，促进广大农民建立文明、健康、科学生活方式的载体，有效地占领了农村思想文化阵地，促进了乡风民俗的好转，有些地方就有'建一片球场，少十个赌场'的说法。"② 因此，深入挖掘和开发民俗体育活动在新农村建设中的作用就显得尤为必要和迫切。

（三）新农村建设背景下中国朝鲜族农村民俗体育文化发展存在的问题

1. 农民参与民俗体育活动的积极性逐步降低

笔者在实地调查中发现，尽管朝鲜族摔跤、秋千和跳板等民俗体育活动在延边广大农村中具有一定的群众土壤和市场，但是不可否认，广大农民参与民俗体育活动的积极性在逐步降低，这主要表现在：第一，能够熟练掌握摔跤、秋千和跳板技能的农民数量在逐步减少，因为近年来许多朝鲜族农民群众远赴韩国和我国的东南沿海等地区务工，他们不仅是开展经济劳动生产的中坚力量，而且是参与民俗体育活动的主要群体，他们的离开使得民俗体育活动参

① 饶永辉等：《新语境下的民俗体育文化发展》，《江西师范大学学报》（哲学社会科学版）2010年第6期。
② 钱应华、谢翔：《民俗体育与构建和谐村落》，《体育文化导刊》2008年第6期。

与者的数量和质量都出现了下降，也直接降低了这些活动的观赏性，间接影响了其他民众参与的积极性。第二，青年一代对民俗体育活动的兴趣不高。近年来信息技术的飞速发展，极大地改变了青年一代生活与休闲的方式，电脑、智能手机、高清电视等成为他们的主要休闲途径，这些高科技设备带来的视听震撼是民俗体育活动所不可比拟的，青年一代宁愿终日端坐在电脑前玩虚拟的《NBA》和《实况足球》等单机或网络游戏也不愿走到户外参加实实在在的民俗体育活动。

2. 农村民俗体育文化发展动力不足

这主要表现在如下两个方面：第一，广大朝鲜族民众对农村民俗体育文化的未来发展没有给予足够的重视。近年来，如何致富奔小康，如何增加农民的经济收入，如何提高农民的物质生活水平是中央政府和地方各级政府的工作重点，延边农村地区的广大农民也在努力通过勤劳致富来解决上述问题，他们的关注重点在社会经济生产活动方面，相应就减少了对农村民俗体育文化的关注度，也没有精力和闲暇思考民俗体育文化未来的发展前景，他们大多认为这项工作是由政府文化部门或高校科研院所来负责的。可见，民俗体育活动参与者的狭隘认识在一定程度上影响了农村体育文化的发展动力。第二，农村民俗体育文化的组织和开展形式较为保守，缺乏创新，限制了民俗体育文化的发展前景。在笔者的社会调查中发现，目前农村民俗体育活动的组织和开展形式主要是：每逢朝鲜族的传统节日或国家法定的重大节假日，由乡镇或各村村委会的文化干事动员和组织辖区内的民众在既定时间和地点参加民俗体育活动。一方面这种组织方式和流程多年来一直如此，未能与时俱进；另一方面，各镇或各村"单打独斗"缺乏横向的协作和交流。由于多个乡镇或村屯的协作开展民俗体育活动要牵涉到活动经费支出分配、场地的选择、参与人员的交通往来、政府多部门的协同等问题，所以各镇或村屯大多选择独立开展活动。这就堵塞大家合作交流的途径，难以对农村民俗体育活动的未来发展形成科学、正确、合理的认识与看法。

3.学校教育对民俗体育活动的支撑不够

朝鲜族摔跤、秋千和跳板等民俗体育活动具有身体对抗性较强、危险系数较高、技能技巧难度较高等特点，这就在一定程度上限制了这些活动在学校教育中的开展余地和空间。例如朝鲜族摔跤活动对抗激烈，中小学生的情绪自控能力较差而且求胜信念较强，在你来我往的身体对抗和较量中极易情绪失控，背离运动的初衷。如果对摔跤的技巧掌握不到位，保护意识不强，也容易在活动中扭伤手肘、胳膊、腰部和脚踝等部位。再如秋千和跳板活动都会使参加者腾空而起，秋千以荡起的高度为评判胜负的标准，跳板以腾空的高度和空中的技巧展示为评判的依据，如果参加者的技巧不熟练、技能不过关，就会造成极大的身体损伤。众所周知，当今的中小学生大多是独生子女，家长对他们人身安全非常重视。如果学校在组织此类活动中发生意外，使学生受伤，无论对学生家长还是学校来说都是不可接受的事实。所以，为了避免不必要的麻烦，延边农村地区的学校教育中很少开展这些民俗体育活动。

（四）新农村建设背景下中国朝鲜族农村民俗体育文化发展的理性思考

正如前文所示，中国朝鲜族农村民俗体育活动可以改善农民的身体健康状况、密切彼此之间的沟通和交流、促进农村地区社会的和谐与稳定、推动农村经济的快速发展，又鉴于中国朝鲜族民俗体育活动的宝贵作用和价值，应当重视此项工作的挖掘和开发工作。此外，时光的飞逝、社会的变迁和历史的荡涤都会对民俗体育活动产生巨大影响，更有甚者，许多传统的民俗体育活动将退出历史舞台或出现传承断裂，会阻碍或堵塞中国朝鲜族群众深入了解本民族文化和传统的道路和渠道，所以，在新农村建设的时代背景下，地方政府和农村地区的广大民众应当进一步将农村民俗体育文化发扬光大。在笔者看来，可以从如下几个方面入手。

1.通过宣传增强农民参与民俗体育活动的意识

众所周知，思想是行动的先导，意识是行动的主导。要在新农村建设的时代背景下做好民俗体育活动的发展工作，理应在农民的思想和意识层面上下大力气，做足工作。只要延边农村地区农民的思想认识水平提高了、对民俗体育活动的认知更全面和客观了，那么他们参与其中的程度就会越高，兴致就会越浓。可以说，思想和意识的转变是行动改变的必要先决条件。所以，延边地方各级政府机构在搞好农村民俗体育基础设施建设的同时，应当依托当代各种发达的传播媒体做好民俗体育活动的宣传与推广工作，借助电视、广播、互联网、报纸、多媒体终端在农民中进行广泛的宣传，使大家意识到参与民俗体育活动的重要性以及积极影响，鼓励农民在生产劳作之余踊跃参与相关的体育活动，在活动中锻炼身体，在活动中放松心情，在活动中体现自我价值。竭力让民俗体育活动成为农村全民建设工程的立足点与核心，让民俗体育活动的理念扎根农民的思想和意识的土壤中，让农民发自肺腑地喜爱当地的民俗体育活动。并且各级政府中的体育和文化部门应当发挥自身的管理和引导功能，做好民俗体育活动组织团队的培训工作，为开展民俗体育活动提供充足的人力资源。并且充分利用各村成立的"农村文化大院"，发挥它的宣传媒介功能，使它成为弘扬民俗体育文化的前哨和桥头堡。总而言之，尽管民俗体育活动基础设施的建设是最基本的，但是将民俗体育文化植根于民众的思想意识才是更为重要的，这样才能最大程度地发挥相关基础设施的功用，才能充分体现这些基础设施的自身价值。

2. 集思广益进一步开发农村民俗体育文化

"农村是民俗体育的沃土，农村对中国节日的重视程度在很大程度上为民俗体育的发展创造了机遇，应该充分挖掘农村的民俗体育项目。"① 众所周知，个人或少数人的认识能力和思维视野是极其有限的，在认识、分析和解决问题过程中容易留下思维的"死角"，不能全面、深刻地把握问题的关键，而众人在一起发挥群体商讨、集思广益的作用则能有效规避个人思维与认识的狭隘性，实现思维视野的交涉和拓展，有利于多维度、多层次地审视各种问题。

---

① 林宇：《新农村建设中我国民俗体育文化的发展》，《继续教育研究》2012 年第 6 期。

在中国朝鲜族农村民俗体育文化的发展工作中，由于单独一个村庄的人力资源相对薄弱，很难提出科学、可持续发展的长远规划，所以，在笔者看来，可以从如下几个方面作为工作的着眼点：第一，汇聚周边村庄的人力资源，共谋民俗体育文化的发展。由于延边地区是朝鲜族人民群众的聚集地，因此相邻村庄中有大量的朝鲜族同胞在从事共同的社会生产和劳作。既然一个村庄势单力薄，那么将周边三五个、七八个村庄的民俗体育活动的带头人和骨干成员汇聚在一起，大家共同分享组织和开展民俗体育活动时的各种有益经验，吸取其中的惨痛教训，弥补当前活动组织方面的不足和缺陷，一同为农民民俗体育活动的健康发展建言献策。第二，向地方相关的高等学府和院校寻求智力支持和咨询服务。比如：邀请延边大学民族研究院、社会学系、历史系、朝韩学院，尤其是体育学院的教授和专家来村庄进行实地调研，因地制宜地充分开发和挖掘现有的民俗体育文化资源。第三，在上级政府部门和机构的支持下，尝试举办独具中国朝鲜族特色的体育文化节，大力推广农村的民俗体育项目，将民俗旅游、民俗经济和民俗体育文化结合起来，开拓民俗体育文化发展的新领域、新方向。

3. 立足现实开拓农村民俗体育产业化发展新途径

不能囿于现代体育的狭隘范畴来思考农村民俗体育文化的发展，而应当在充分尊重各村和乡镇具体实际的前提下，结合民俗文化的特点来谋发展。延边辖区内朝鲜族农村乡镇的分布星罗棋布，各个村庄和乡镇都有朝鲜族村庄的一般共性和特点，但又有自己的独特历史传统、个性和民俗体育活动氛围，所以，应当差别化地对待，不能整齐划一的一刀切。在笔者看来，不妨学习和借鉴图们市的成功经验，该市"向上街、月宫街、新华街还先后被国家、省、州命名为长鼓舞之乡、圆鼓舞之乡和扇子舞之乡，凉水镇的手绢舞、月晴镇白龙村的民俗舞也备受人们青睐。图们市所属的4个乡镇及3个街道，各有特色，各有绝活，逐步树立了自己的文化品牌。"①上述案例为延边农村民俗体育

① 董乐平、李敏：《图们市树立富有自身特色的文化品牌"小文化"走向"大文化"》，《延边日报》（汉语版）2006年5月22日，见 http://xuewen.cnki.net/CCND-YBRB200605220014.html。

产业化发展树立了榜样，农村地区的乡镇可以立足当地实际，结合自身传统和优势，拿出特色鲜明的乡镇民俗体育文化品牌，突出重点、强调重心，避免眉毛胡子一把抓，避免轻重主次和缓急不分，走特色化、产业化的发展道路。为此，第一，"设立民俗体育表演项目"，① 适当地对农村地区的民俗体育传承人给予一定的物质奖励与支持，令朝鲜族民俗体育的薪火一代一代地传下去，在延边的广大农村大地上继续生长。第二，"搭上旅游发展的快车"，② 依托延边州范围内的民俗旅游产业，在景区的村庄或村落中开展民俗体育表演活动，令远方的游客在欣赏朝鲜族美食和延边美景的同时，也能感受到朝鲜族民俗体育活动和民俗文化的独特魅力。第三，"坐上文化产业发展的轿子"，③ 将延边农村地区的原生态的民俗体育活动制成录像光盘或者精美的画册，在各大旅游景区、民俗村和"农家乐"中公开出售。保有和深入挖掘民俗体育的特色与个性是其产业化的根本和关键所在，也是实现其长远、可持续发展的前提条件。其产业化的稳步推进和发展不但会为农村民俗体育的保护与开发工作提供必要的资本保证，而且也可以充实当地农民的腰包，直接服务于新农村的经济建设，产生良好的社会效益和经济收益。更为重要的是，产业化促成的民俗体育文化的繁荣和发展可以较好地解决一定区域内民俗体育文化同质化、趋同化的问题，使民俗体育文化呈现多元化的发展态势。

4. 依托学校教育培养农村民俗体育文化传承力量

2001 年 6 月，国家发布了《国务院关于基础教育改革与发展的决定》，其中明文指出："实行国家、地方、学校三级课程管理。……在保证实施国家课程的基础上，鼓励地方开发适应本地区的地方课程，学校可开发或选用适合本校特点的课程。"④ 这表明：各地方教育机构可以根据当地的民族传统、风俗特色、地域特点因地制宜、因时制宜地设立、开发和安排地方课程。毫无疑问，

---

① 李思宇：《民俗体育如何与产业联姻》，《延边日报》（汉语版）2011 年 8 月 30 日。

② 李思宇：《民俗体育如何与产业联姻》，《延边日报》（汉语版）2011 年 8 月 30 日。

③ 李思宇：《民俗体育如何与产业联姻》，《延边日报》（汉语版）2011 年 8 月 30 日。

④ 《国务院关于基础教育改革与发展的决定》，《人民教育》2001 年第 7 期。

各级学校是祖国建设事业所需人才的摇篮，同时也肩负着传承和发展各地民俗文化的重大责任，为此，在地方课程的设立以及教学任务的安排上不能忽视民俗体育方面的技能与知识。延边辖区内的乡镇中小学应当紧紧依托学校教育的良好平台，在高中、初中和小学里逐步建立适龄的、层次鲜明的民俗体育文化传承体系。与此同时，要注重民俗体育方面教师的引进和培养工作，优秀的教师队伍、雄厚的师资力量是农村民俗体育文化传承的人力资源保证，是培养一代又一代农村民俗体育文化继承人的主导力量。

笔者到延边州教育局对中小学传承民俗体育文化的情况进行了摸底调查。目前，州教育局尚未正式出台相关政策要求朝鲜族的中小学开设朝鲜族民俗体育文化方面课程与活动，但是基层的个别教育单位，例如汪清五中，正在进行试点尝试而且初步取得了一些可喜的成果。2010年5月，"中央电视台再一次到汪清五中拍摄了跳板、秋千活动，……汪清五中在全校范围内开展普及民族项目活动。短短的两年内在金日锡教师的精心指导以及班主任和学生们的积极配合下，取得了很好的成绩。"尽管依托学校教育发展民俗体育文化的道路漫长而艰辛，但是汪清五中的成功实践是个很好的开始。随着教育工作者的继续摸索和实践，相信中国朝鲜族的中小学教育一定能助力民俗体育文化的发展。

总而言之，由于延边地区农村经济基础还较为薄弱，难以投入巨大的人力、物力和财力来推行主流的公共体育项目，唯有不断挖掘民俗体育的固有价值，不断促进民俗体育活动的科学化、规范化，始终坚持农村民俗体育文化的可持续发展，才能显著地提升当前延边地区农村体育的发展水平。地方各级政府机构不能削减对农村民俗体育的财政拨款，反而应当极力加以保证，发挥自己的应有职能和作用，引导农民掌握和理解体育健身活动的重要性，鼓励农民踊跃参加民俗体育活动，为发展新农村体育文化和全面推行新农村建设贡献力量。

第六节 "民生"视域下朝鲜族民俗体育的生活化发展研究

一、"民生"视域下中国朝鲜族民俗体育生活化的本质

在"民生"视域下，朝鲜族民俗文化可以依据不同时代、不同时期和社会对其需求程度，进行合理的变化调整，使我们的民俗体育项目，具有独特的风格，成为民俗文化的发展其个性化的标志高度集成的文化活动。就我国朝鲜族民俗体育而言，我国朝鲜族摔跤、秋千，现已是全国少数民族运动会的正式竞技比赛项目。在形式上，必须保留民俗体育的非常重要的项目。其次，我国朝鲜族可以从其他民族的做法中得到适合其发展的方法作为借鉴，可以充分利用区域资源优势，使民俗体育更加地贴近于人们的文化生活，让人们在日常的生活当中能体验和参与到民俗体育，这不仅能让人们更好地了解朝鲜族民俗体育文化，同时也能让民俗体育文化得到更好传播和发展。

（一）促进全民健身的发展

国家大力发展和宣传全民要参与到体育运动中来，颁布了《全民健身纲要》政策，使人们认识到体育在人们生活中的重要性，全民健身运动的展开需要各个领域的体育形式都展现在人们大众的面前，让人们在参与到运动的过程中有更多的选择。民俗体育要想让大众先了解再喜欢就要更加地贴近生活，在国家越来越重视民生的前提下，民俗体育的生活化也是顺应发展的。延边朝鲜族自治州积极的组织相关的民俗体育文化活动，让大众能近距离地了解中国朝鲜族民俗体育的文化和项目，已经成功举办三年的延吉国际冰雪节，和其他地区冰雪活动不同的是，延边国际冰雪节处处体现着中国朝鲜族民俗体育特色。在冰雪之中包含浓郁的朝鲜族文化，为海内外游客带来深度、独特、全新的民俗体育文化的体验。如，以金达莱为主题为表现朝鲜族民俗文化，建有金达莱冰宫

殿和上元桥等,它们都是由冰建造而成,此外,还有独具特色的雪地秋千和雪地摔跤民俗体育竞技等冰雪娱乐活动。突显活动的互动性和特色性,在娱乐当中促进了大众对中国朝鲜族民俗体育的了解,为日后大众在日常锻炼和健身生活中参与到民俗体育中起到了积极作用。所以民俗体育的健身功能也要体现到其本质当中去,在国家大力发展全民健身过程中,民俗体育响应国家政策导向,不仅可以丰富人民大众的健身娱乐的选择性,同时也会对民俗体育文化的发展和传承起到积极作用。

(二)我国社会主义经济发展的必然需求

西方是体育生活化的起源之地。在 20 世纪的后半期,随着科学的不断发展和进步,社会的生产关系发生了转变,逐渐用机器劳动力代替了人工劳动力,虽然大大地加快了工作生产效率,但同时也降低了人们的活动频率。在机器替代人工的过程中,必然会出现大量的人员变动,各行各业都存在着严重的竞争压力,使人们在精神上和心理上都处在高压状态,这极大程度上影响了人们的身心健康。为了解决这一社会问题,西方一些发达国家开始在体育领域寻找解决对策。如德国制订实施了"黄金计划",大众体育得到了广泛的开展,大众体育俱乐部迅速增加,有三分之一以上人口参加体育俱乐部活动;日本自 1964 年东京奥运会后则迅速把体育的重点转移到发展大众体育上,体育人口得到了大幅度的增长;美国则在 1980 年和 1990 年两次制定了旨在增进健康,驱除疾病的"健康公民 2000"等规划,并将 10 月 4 日定为"跑步与健康日",5 月定为"健康月",提出了"与其依靠药物,不如依靠健身"的口号;1978 年联合国教科文组织通过并宣布了主要任务为"促进大众体育发展"的《体育运动国际宪章》;1994 年在乌拉圭召开第 5 届世界群众体育大会更是把"群众体育与健康"作为主题,提出了"体育为人人,健康为人人"的口号。① 从此,体育以人为中心的发展理念油然而生,注重人们的健康发展和体育生活化成为

---

① 肖焕禹、陈玉忠:《体育生活化的内涵、特征及其实现路径》,《体育科研》2006 年第 4 期。

了主题。

我国一直以"为人们服务"为宗旨,秉承"以人为本"的国家战略发展方针。体育生活化正好与之相融合。随着社会化进程不断地深入,我国的经济得到了迅猛的发展,在国际上也逐渐地被世界各国所认可。在近几年倡导的文化"走出去"战略的过程中,我们在与其他优秀文化的交流中也学习到了相当重要的经验。体育作为文化交流的一个重要方式,必然要受到西方优秀文化的熏陶。体育生活化便由此受到国人的重视。民俗体育作为体育中一个既边缘又特殊的领域,顺理成章的要转向生活化中去。为什么说其边缘? 因为民俗体育在过去对于普通大众来说是很少接触的;又为何特殊呢? 因为民俗体育是体现一个民族文化的源远流长和价值的重要方式。中国朝鲜族民俗体育要想在社会发展的大背景下,更好的发展和传播,必须要融入到人们的生活中去。现在社会中大多数民众参与的都是一些主流运动项目,而民俗体育的起源来自于最原始的生活环境。中国朝鲜族民俗体育文化拥有悠久的历史和浓郁的文化特色,在生活化的指引下会给人民大众带来不一样的运动体验。现在随着社会的不断进步和在国家良好的政策指导下,人们的余暇时间不断增多,为了增进身心健康,体育运动成了人们的主要释放压力的方式,而民俗体育生活化也会给人们参与体育运动过程添加一个新的亮点,同时也会给体育相关产业的发展带来新的动力。

(三) 增进民族团结以及促进社会和谐发展

社会冲突的发生都是社会矛盾的不断激化所造成。在社会关系中,人和人是不断的交流和接触的,每个人的民族、信仰和表达方式等可能都是不同的,如何让人们更好地去理解对方,根除矛盾,这就需要各种各样的生活媒介去传递。体育是现在全世界公认的为消除矛盾提供契机的最好方式之一。例如我国和美国的"乒乓外交",推动了中美两国关系正常化的进程。使中美关系一步步走向缓和,最终建交。还有朝鲜与美国的"篮球外交",通过篮球访问,间接地促成了朝美两国在其他领域的会谈。这些都体现了体育在促进社会和平发展中所起到的积极作用。

我国是一个多民族的国家,多种民族文化交融继而形成了伟大的中华民族文化。在党的正确领导下,提倡和谐社会的发展方针,来实现伟大的中国梦。民俗体育作为特殊的一分子,必然也要在和谐社会发展中起到积极的作用。中国朝鲜族主要生活在东北边疆地区,在边疆稳定问题上具有重要的意义。中国朝鲜族民俗体育作为体现中国朝鲜族文化的重要方式之一,应作为朝鲜族与社会生活中其他民族更好的交流和互动的媒介。从而为边疆地区的稳定和民族团结作出贡献。

二、实现中国朝鲜族民俗体育生活化的基本对策

(一)完善相关政策法规

现阶段对全民健身的相关政策比较全面,但要想使民俗体育生活化就需要加强配套立法政策,从既能更好保护民俗体育文化发展,到又能使相关程序简单化。虽然现在阶段我国颁布了一些促进全民运动相关政策法规,但随着社会发展进程不断加快,社会问题也不断地更迭,所以应在社会发展过程中不断地完善相关政策和推出新的适合社会发展的政策,建立可持续发展的政策法规,为在"民生"视域下民俗体育生活化发展提供保障。加强监督力度,在民俗体育贴近于生活的同时,也要保证民俗体育文化朝着正确的方向发展,保留其最有特色的民族文化,这才是民俗体育生活化的意义所在。加强对民俗体育参与者的人权保证,不能因为特殊性和独特性而受到他人的排挤,要通过法规奠定良好的人权基础。要对扰乱社会和谐的人或事制定严厉的惩治措施,从而建立良好的民俗体育生活化社会环境。

(二)政府加大对民俗体育经费投入

在市场经济背景下,投入的多少往往能影响结果的效果。生活化是民俗体育新的生长细胞,而资金投入就是民俗体育生活化的血液,两者是相辅相成

的。如果没有良好的资金投入，民俗体育生活化进程在社会经济发展的大背景下将会困难重重。国家民委、国家体育总局关于印发《关于加强少数民族传统体育工作的意见》的通知中提出："各级民族工作部门每年要从民族工作经费中安排民族传统体育专项经费，体育部门每年要在体育事业经费中专门安排民族传统体育专项经费，用于发展民族传统体育事业。民族地区进行体育设施建设，要考虑当地的特殊需求，建设适应民族传统体育需要的设施。体育部门开展的扶助西部、支持农村体育的活动，要向民族传统体育倾斜。要通过制定奖励和优惠政策鼓励社会各界资助民族传统体育事业，扩大民族传统体育的经费来源。"从这一政策规定当中，可以看出国家正在鼓励通过资金投入加快发展民族传统体育，而民俗体育是传统体育的分支，是传统体育的重要组成部分。① 所以民俗体育生活化过程中也应得到政策资金的支持。因为在民俗体育生活化进程中，由于过去的封闭和远离大众生活，需要大量的基础设施作为保障，才能让大众通过切身体验去感受民俗体育的乐趣和价值，才能使民俗体育生活化得到良好的落实，同时也能使民俗体育文化得到更好的保护。为什么说资金投入对民俗体育生活化这么重要？首先，资金的投入为民俗体育生活化发展奠定坚实的物质基础。民俗体育生活化的发展需要大量的投入，无论是在生活化中的基础设施建设，还是生活化的服务供给，都需要资金的投入；其次，资金投入过程决定着民俗体育生活化发展的结构类型。投入不同，民俗体育生活化发展的规模就不同，生活化的服务能力和民俗体育产业的发展水平必然不同。中国朝鲜族民俗体育生活化事业必定更需要延边地区政府的资金投入，才能达到良好的效果，这就需要延边地区政府通过政策法规进行拨款或者通过政府出面在社会企业当中筹集资金，投入到中国朝鲜族民俗体育的生活化进程中，让人们更好地了解中国朝鲜族民俗体育文化，从而在日常生活中参与进去，加快中国朝鲜族民俗体育生活化。

---

① 陈红新等：《也谈民间体育、民族体育、传统体育、民俗体育概念及其关系》，《体育学刊》2008 年第 4 期。

（三）转变观念，扩大大众对民俗体育消费

民俗体育的历史性和观赏性是其最大的特色之处。其包含的文化特质也是最吸引人的地方，通过文化衍生出的独具特点的商品也是独具一格的。体育消费主要是两大领域，其一是观赏娱乐性消费，比如表演、观看体育赛事；其二是参与型体验式消费，如健身房健身、体育竞赛。民俗体育在这两方面都有很好的发展空间，并且要实现生活化也需要在这两方面促进消费。民俗体育消费和我们的生活的各个消费领域都相关，从场馆建设、基础设施建设、民俗体育产品制造到民俗体育传播，如相应民俗体育文化活动的发展等，覆盖的领域相当广泛，都会产生很大的消费力。

北京体育大学教授靳英华曾经向记者介绍，"发展体育产业、扩大体育消费是社会发展的必然要求，主要是两大因素来主导。第一，我国经济经过改革开放三十多年的高速增长，人们的生活节奏也在高速运转，所以都市人群很多都是亚健康状态，尤其是青少年的体质逐渐下降，所以发展体育产业，能够激发更多人参与到健身热潮当中，拥有积极健康的生活方式。第二，体育产业本身在欧美发达国家已经成为重要甚至是支柱性的产业，对我国经济也可以起到积极的促进作用，所以发展体育产业是利国利民的好事。"民俗体育作为体育产业当中一个新兴的朝阳领域，更应该提高这领域的消费能力。而只有让民俗体育更加地贴近于大众，才能提高人们对民俗体育文化的关注度，进而提高消费水平，因为民俗体育的发展以社会文化消费需求的存在和增长为前提，民俗体育的发展在一定程度上靠文化消费需求的刺激和拉动来实现。中国朝鲜族民俗体育应充分发挥其独具一格的文化特色，融合到人民大众的生活中去，积极的举办相关的文化活动，刺激人们对中国朝鲜族民俗体育文化产品的消费，消费的增加会直接反映到人们对中国朝鲜族民俗体育的认知度和参与度，当消费成为人们对中国朝鲜族民俗体育的认可时，中国朝鲜族民俗体育才真正地融入到人们大众的生活中去。

第五章 中国特色朝鲜族民俗体育文化产业可持续发展战略研究

第一节 朝鲜族民俗体育文化产业化政策体系构建的思考

体育产业政策是指国家根据国民经济发展和体育发展内在要求，主动运用各种经济手段和政策工具，规划、引导、推动体育产业的形成和发展，并使其有效适应社会体育需求的政策措施的总和。[1]

亚当·斯密最早于《国富论》中提出了绝对优势理论，[2] 即有利的自然禀赋或后天的有利生产条件，都可以使一国在生产上和对外贸易方面处于比其他国家绝对有利的地位。资源禀赋差异对不同的国家或地区的体育文化的发展有相当程度影响。目前，我国已经挖掘出近七百项民族民间体育项目，在全国建立了 155 个民族传统体育基地。

近年来，延边共搜集、整理出包括民间音乐、民间舞蹈、民间美术、民俗等十大类非物质文化遗产项目近三百项。现有国家级非物质遗产名录 16 项、省级 77 项、州级 89 项。其中，中国朝鲜族农乐舞于 2009 年被列入联合国人

① 白晋湘等：《我国民族民间体育产业化政策体系构建的前瞻思考》，《成都体育学院学报》2010 年第 8 期。
② 芮明杰：《产业经济学》，上海财经大学出版社 2005 年版，第 470 页。

类非物质文化遗产代表作名录。命名的国家级非物质文化遗产项目代表性传承人4位、省级40位、州级104位。丰富的民族民间文化资源具备产业化发展的潜质，具有产业化发展的特色与优势，产业化发展亦是其现代发展的重要途径与方式。

一、中国朝鲜族民俗体育文化产业化发展态势良好

朝鲜族民俗传统体育文化是中华文明的一个有机组成部分，是我们的先辈们在朝鲜民族传统文化中创造和发展起来的，推动了朝鲜族体育文化的发展。随着时代的变迁，科学技术的进步，以及受现代西方经济体育的影响，朝鲜族民俗体育文化的生存环境也受到了一定的冲击，但是其蕴藏的民族文化精神仍然影响着人们今天的思想和观念，其特有的体育方式仍为广大的朝鲜族人民喜爱。

延边旅游业应突出休闲养生主题，加强国际交流与合作，整合优势资源，培育核心景区，完善服务体系，打造生态、民俗、体育、冰雪、边境旅游精品。

二、构建中国特色朝鲜族民俗体育的现代产业化政策逻辑起点

（一）优化市场机制，促进朝鲜族民俗体育文化的现代传承与发展

中国特色朝鲜族体育文化作为中华民族传统体育文化的一部分，是人类共同的文化遗产。民族传统体育文化要传承与发展，就应正确选择民族性基础上的世界化，即在保持民族文化的基础上实现走向世界的目标，我们绝对不能为迎合当今主流的西方体育而丧失和抛弃民族体育的精髓。因此，应充分利用好《西部大开发》《中国图们江区域合作开发》等政策优势，推进朝鲜族传统体育的科学化、产业化发展。

朝鲜族民族传统文化在传承与保护、发展中，思想观念上，要逐步从封闭型向开放型转变；管理体制上，逐步从自发型向有组织、有计划、有目标方向发展；演进方向上，逐步从民间娱乐型向科学化、社会化、产业化方向转变；

在形式上，由单纯的民俗体育集会向经贸、文化、体育相结合的方向转变；在交流上，由单一的民族活动交流向多民族共同参与的方向发展，并逐步走向全国和世界。

此外，应利用好图们江区域开发政策，从图们江区域独特的地理位置和文化特性考虑，以区域体育文化优势为基础，构思实现全方位体育旅游资源开发与利用。要以民俗体育旅游为平台，向外界展示中国朝鲜族传统体育文化，并把朝鲜族传统体育纳入到民俗旅游上。建成融生态、民俗、冰雪于一体的国际知名体育旅游目的地和国内体育与旅游活动中心，形成特色鲜明的长吉图旅游产业带，具有很大的意义。

（二）贯彻国家民族文化与文化产业等相关政策，补充完善现有朝鲜族民俗体育产业政策体系

2008 年 9 月 29 日，胡锦涛总书记在北京奥运会、残奥会表彰大会上提出："要继续推进体育改革创新，要发展体育产业，引导更多社会力量兴办体育，促进体育事业和体育产业协调发展。"2009 年 7 月，国务院公布《国务院关于进一步繁荣发展少数民族文化事业的若干意见》和《文化产业振兴规划》中指出，应鼓励民族文化产业多样化发展，促进文化产业与教育、体育、旅游、休闲等领域联动发展，也明确了加快振兴文化产业，推动民族文化产业发展战略。2005 年，国务院办公厅下发《关于加强我国非物质文化遗产保护工作的意见》等，促进我国非物质文化遗产保护工程全面启动。这些是党中央、国务院站在引领中华民族伟大复兴的战略高度，对中国体育未来发展作出的新部署、提出的新目标。

民族民间体育文化是中华民族文化的重要组成部分，是关系我国各民族群众体质健康与民族文化发展的重要内容。通过制定民族民间体育产业化政策，促进民族区域旅游产业发展，带动民族地区经济社会发展，增进民族团结和谐社会建设，对增强国家软实力、党的民族政策和我国少数民族体育文化事业的发展具有重要意义。

三、中国朝鲜族民俗体育文化产业化政策体系构建的层次结构

(一)从纵向层次结构上进行政策体系构建

中国特色朝鲜族民俗体育产业化政策体系的构建从宏观上来讲，应以国家相关产业政策和民族政策为指导，体现对民俗体育产业化政策的扶持与引导，思考民族民间体育如何支持及服务于旅游、民族文化等相关产业的发展。从微观上来讲，应以地方产业政策为平台，突出民族民间体育文化产业政策的地方特色。以此来形成中国特色朝鲜族民俗体育文化产业化政策体系。

(二)从空间结构上进行政策体系构建

以点布局：主要以某个典型的区域或项目作为产业开发的结合点，即中国朝鲜族民俗园、民族民间节日体育、长白山资源、海兰湖民俗风景区等作为产业点进行政策扶持与引导。

以线布局：通过线路将特定区域民族民间体育文化资源进行衔接与对接，打造民族体育与旅游等文化产业发展通道。在延边朝鲜族聚集区，丰富多彩的民族民间体育文化与旅游等文化产业的结合发展走在了全国前列。如在长吉图开发开放的快速推进中，极具特色的长吉图旅游产业带正呼之欲出。山水相连的长吉图走向旅游一体化，以中俄朝韩日环日本海为主的大图们江旅游带已成为旅游热线，东北亚跨境游节节升温。发挥吉林省边境资源优势，构建以中俄跨境游、中朝俄三国环线游、环东海等跨国游为主的边境旅游产品体系。

延边旅游资源丰富，长白山风光游、朝鲜族民俗风情游、跨国跨境游、生态旅游、冰雪旅游、红色旅游、自驾游等具有广阔的市场空间，2011年接待国内外游客858.1万人次。

以面布局：主要指具有类似文化特质和内容的民族民间体育区域，通过政策引导与整体规划打造统一的营销与产业平台，推动区域内民族民间体育产业集群的发展。如对朝鲜族农乐舞（象帽舞）（2009年，中国朝鲜族农乐舞入选联合国《人类非物质文化遗产代表作名录》，开创了我国舞蹈类项目成功申遗

的先河）、朝鲜族长鼓舞等统一进行市场规划与开发。

四、构建中国特色朝鲜族民俗体育文化产业化政策的内容体系

（一）朝鲜族民俗体育产业化引导与发展政策

民族民间体育产业化引导与发展政策是指围绕民族民间体育产业发展，旨在实现一定的产业发展目标，而使用多种手段所制定的一系列具体政策的总称。中国朝鲜族民俗体育产业化发展需通过政策推动其科技的创新、社会资本的投入、群众的参与来培育和推动其产业化发展步伐。尤其要重视强调制定其合理有效、符合地区产业化政策，合理选择朝鲜族聚集区体育文化特色与优势，从而来对其进行合理引导与扶持。

（二）中国特色朝鲜族民俗体育产业化结构政策

通过对朝鲜族民俗体育产业化结构的调整而调整其供给结构关系。选择和确定一定时期内某区域内民俗体育产业化发展的主体内容，以此带动区域健身文化、旅游文化等相关事业的发展。如对朝鲜族秋千、跳板、摔跤、射箭等内容作为朝鲜族聚集区民俗体育产业化结构的品牌主体予以重点政策支持。

（三）中国特色朝鲜族民俗体育产业化组织政策

协调各相关经济实体之间的关系及组织结构、规模结构，实现其合理化，促进资源的有效分配和产业效率的提高，最终促进供给的增加。在产业化政策制定时应考虑到政策带来政府过多干预乃至垄断的可能性，市场化改革的前车之鉴不可忽视，在政策制定时要考虑到政策的适度性与退出时机。因此，朝鲜族民俗体育产业化组织政策应考虑如何对其进行规范与引导。

（四）中国特色朝鲜族民俗体育产业化布局政策

民族民间体育产业布局政策是指该产业化发展在我国或区域范围内的空间

分布和组合的产业政策。这一政策主要解决如何利用区域资源和经营的相对集中所产生的"聚集效益"，并产生规模协同优势与辐射效应。如"环海兰湖民俗风景圈""环长白山体育休闲圈"等，其目的是发挥延边的人文景观和长白山独特的自然景观及千里图们江畔的自然环境的优势，开展多方合作，建设形成中国图们江区域体育与旅游相结合，与自然景观将相辉映的"体育休闲圈"，逐步形成延边至中国大图们江区域体育旅游的"品牌"基地。

五、中国特色朝鲜族民俗体育产业化政策调节机制

（一）建立民俗体育产业化政策主体横向协调机制。由于民族民间体育文化的多元特征，受到不同部门的管理，因此，需研究如何统一管理、统一执法、统一监督，在政策主体业之间形成良好的横向协调机制。

（二）朝鲜族民俗体育产业化政策主体纵向协调机制。研究各地方政府如何结合地区实际，对民俗体育产业化政策进行"再制定"。从而处理好全局与局部、中央与地方、长远与眼前的利益关系，在中央与地方、地方与地方之间形成合理的利益协调和分离机制。

（三）建立朝鲜族民俗体育产业化政策传播机制、反馈机制和监督机制，增强政策主体的综合调控能力。研究如何完善公共信息平台，建立信息反馈机制，确保信息畅通，且研究如何切实完善政策监督机制，使政策监督制度化、经常化，以便能及时采取措施纠正偏离目标的误差。

第二节　朝鲜族民俗体育文化产业可持续发展战略提出背景

中华民族文化具有几千年的历史，源远流长，在历史和地域环境不断改变的过程中，中华大地各少数民族逐渐形成了各自独具特色的区域文化。中国朝

鲜族民俗体育文化就是其中一个重要的组成部分。中国朝鲜族聚集区（延边）拥有着自己独特的自然地理环境、特殊的人文内涵和特殊的形成与发展过程，凝结着特有的价值观念和行为取向。这些特殊的文化资源为中国朝鲜族民俗体育的发展提供着坚实的保障。文化资源是文化发展的重要基础，但如何开发利用文化资源是一个复杂的问题。利用产业化实现文化资源的滚动式开发是一条重要的途径。① 从产业的角度可以挖掘出富有时代影响力的文化资源，实现分享，并且能对本民族的文化进行更有效的传承与保护。

随着知识经济的到来和社会主义市场经济的蓬勃发展，传统的经济模式将逐渐被淘汰。现在社会的发展注重的是对资源的合理利用和可持续发展。过去的经济模式对资源的浪费和环境的破坏甚是严重。自从 1992 年联合国在里约热内卢召开的地球问题首脑会议上通过了《21 世纪议程》，第一次把可持续发展由理论推向全球性的实践，标志着可持续发展理念将在全球各个领域成为首要解决的问题。可持续发展，就是要促进人与自然的和谐，实现经济发展和人口、资源、环境相协调，坚持走生产发展、生活富裕、生态良好的和谐发展道路。朝鲜族民俗体育文化产业要想对朝鲜族民俗文化资源进行更好的开发与保护，就必须走可持续发展的道路。只有可持续性的发展，才会给社会带来最大的价值。

一、政策层面

朝鲜族民俗体育文化产业是文化和体育相结合产生的独具民族特色的新兴产业，但它总体规划在文化产业范畴之内。这是因为它不仅自身蕴含着深厚的文化内涵，而且可以不断创造出新的文化现象，而这种现象不但可以服务于人类精神消费，还可以创造巨大的物质需求。②2011 年 10 月，在中央

---

① 吴学丽：《试析当代文化产业的价值视野》，《前沿》2011 年第 17 期。

② 李鹏：《体育文化产业刍议》，《体育文化导刊》2011 年第 9 期。

"十二五规划建议"中，首次引人注目地将发展文化产业的目标定位"推动文化产业成为国民经济的支柱性产业"，文化产业正式被列为国家战略性支柱产业之中。这就说明文化产业在 2015 年时要占 GDP 总量的 5%，这样才能成为支柱产业。其实在 2009 年时国家已经开始重视文化产业的发展，并颁布了《文化产业振兴规划》，为文化产业健康快速发展提供了良好的政策指导。朝鲜族民俗体育文化产业在这样优越的政策条件下应抓住时机，积极探索新的发展思路，不断创新，激发新的动力。同时延边州政府为了贯彻落实中央精神，也印发了"关于扶持民族文化发展若干政策的通知"和"《延边朝鲜族自治州国民经济和社会发展第十二个五年规划纲要》的通知"。在这两个文件中重点提出了发展和扶持朝鲜族民俗文化产业，把特色民族产业作为促进各个产业间协调发展、优化产业结构和资源配置的核心，从而带动全州经济的快速发展。如文化产业强国——美国 2009 年电影海外票房达 193 亿美元，占到了全球票房的 64%，美国电影版权产业的综合收益（包括票房收入、相关广告、音像、软件、游戏、旅游娱乐、玩具、主题公园等）达到了 1000 亿美元的规模。而美国的电影文化产业主要位于加利福尼亚州西南部的美国第二大城市洛杉矶市的西北部，也就是被大家熟知的"好莱坞"所在地。通过电影产业的发展使洛杉矶这个城市已经成为一个电影的标志，城市的形象得到了很好的宣传，并且同时带动了当地的旅游服务业等相关产业的发展。

二、文化资源层面

朝鲜族体育文化产业可持续发展离不开人文环境的沉淀、积累和资源环境的保护。人类的发展离不开环境的影响，环境提供着人生存的各种资源，文化就是在人利用和改造各种资源的基础上形成的。所以文化资源既要包括自然资源又要包括人文资源。自然资源：延边州面积 4.33 万平方千米。而在这区间就包括了以下国家级旅游景区：长白山国家 4A 级旅游景区、和龙八家子山峰、图们江上中朝边境的图们江源（和龙林区境内）、图们江下游中朝俄边境的珲春图们江（珲春林区境内）、延吉帽儿山等 4 个国家级森林公园，和龙仙景台和珲春防川 2 个国家级重点风景区，安图等 2 个省级旅游开发区和 65 个州级旅游景区景点。① 区域内森林覆盖率 79.6%；水能蓄有量 140.5 万千瓦，可开发量 62.2 万千瓦。这些资源为开展户外探险、水上橡皮艇、垂钓、高尔夫、攀岩等体育旅游项目的发展奠定了良好的基础。

延边朝鲜族自治州位于我国东北地区，冬季时间比较长，并且年积雪量也比较大，适合开展滑雪、滑冰、冬泳等冬季体育旅游项目，现已有两个独具规模的滑雪场：汪清满天星滑雪场和龙井海兰江滑雪场。综上所述，延边朝鲜族自治州在环境、水利、冰雪等自然资源上具有一定的区域优势。这些自然资源为朝鲜族民俗体育文化产业在日后发展提供了先天的条件。主要表现在：首先，朝鲜族民俗体育文化产业可以利用良好的自然文化遗产充实民俗体育文化的内涵；其次，可以利用开发完的体育资源丰富民俗体育文化产业的发展模式；最后还可以利用建好的现代体育设施使朝鲜族民俗体育文化和现代体育形式相结合，使朝鲜族民俗体育文化产业在没有丢掉本身传统的文化形式的前提下进行多样化的可持续发展。

人文资源：延边朝鲜族自治州拥有满族、蒙古族、回族、锡伯族、朝鲜族等 35 个少数民族，少数民族主要以朝鲜族居多，主要集中在延边州境内。而由于延边朝鲜族人民自古以来以农耕产业为主，因而延边朝鲜族民族传统体育风格独特、形式多样、具有农耕民族文化特色。② 如顶瓮竞走、摔跤、秋千、跳板等民族传统体育。在文物古迹上也是种类繁多，如满清皇室发祥地、二十四块石古迹、六顶山古墓群、敖东城、黑石古城等。由此可见，朝鲜族民俗体育文化在延边朝鲜族自治州已经有很长的历史。但是这些历史文化资源和民族文化资源在开发上还是显得简单粗糙。如果不通过产业化模式进行

---

① 沈万根：《图们江地区开发中延边利用外资研究》，民族出版社 2006 年版，第 8 页。
② 姜允哲：《中国朝鲜族体育研究》，人民体育出版社 2010 年版，第 302 页。

资源整合、合理开发，民俗体育文化将得不到很好的保护和传承，更别谈可持续发展。所以朝鲜族民俗体育文化产业应该利用好这优越的历史文化资源和民族文化资源，创造出更多的经济效益，同时带来更好的社会效应。

三、文化安全层面

民俗体育文化是一个民族特有的通过肢体语言表达出来的文化现象。它是通过一定的历史环境传承下来的，具有一定的普遍性、亲和性、地域性、民族性等特点。很容易被人接受，同时也会使民族内部产生一定认同感，能够产生很好的凝聚作用。这种凝聚作用是在人们不断的接触和交流的中形成的，久而久之就产生了相同的价值观和人生观，同时也会表现出对本民族的自豪感和亲近感。随着我国加入世界贸易组织（World Trade Organization，以下简称："WTO"）和信息社会的到来，全球各种文化都可以展现在每个人面前，对于各种文化的简单了解不会改变自己的文化意识形态。民俗体育文化也是如此，在信息全球化的今天，各民族之间都有体育文化的交流，在交流的过程中互相学习和宣传本民族的体育文化，并且在交流与学习的过程中始终会展现和包含本民族特有的文化内涵。

但是，从民俗体育文化产业的经济层面来看，当把一种文化包装成商品带到一个国家文化市场中时，这种文化产品所产生的不仅仅是经济价值，更重要的是所带来的社会效应是无法估量的。这就形成了"大鱼吃小鱼"的模式，体育文化产业发达的国家把本国的体育文化产品带到我国后，国内的体育文化市场受到挤压，我国的体育文化产品将会在竞争中淘汰，这就会产生我国体育产品模仿他人产品的现象，这样不仅会对资源造成很大浪费，同时也会很容易丧失本民族特有的文化内涵。如美国职业篮球联赛（以下简称"NBA"）赛事已经对我国的中国职业篮球联赛（以下简称"CBA"）产生了很大影响。目前全世界有一百五十多家电视台在二百多个国家以四十多种语言转播NBA的比赛，收看转播的家庭超过了6亿户。NBA运作模式的成功举世公认，并被很多篮球联赛学习与借鉴，我国男子篮球职业联赛自建立之初，便一步步地对NBA进行模仿，从比赛规则（如24秒进攻时间、半场制改为四节制等）到赛程赛制（分常规赛、季后赛），乃至关于采用工资上限制度的讨论等，可以说CBA已经逐渐成为NBA在中国的翻版。对NBA的学习，使CBA得以借鉴全世界最发达的职业篮球联赛的经验，以较短的时间建立起一整套相对完善的联赛制度，对中国篮球发展起到了重要的推动作用。然而我们应该清醒地认识到，近年来NBA大力扩展中国市场，实际上已经抢走了CBA相当大的一块市场，如果NBA采取更大的动作在中国扩张，将很有可能对CBA的发展产生实质性的损害。① 通过这个事件可知，体育文化产品具有一定的社会意识和价值观念，不仅表现为经济利益，同时深层次的涉及国家文化安全问题。由于延边地区紧邻俄罗斯、朝鲜、韩国和日本，朝鲜族民俗文化产业将面临这几个近邻国家体育文化产业的冲击。朝鲜族民俗体育文化产业应在良好的政策条件和社会环境下，积极加快产业升级、资源整合，优化产业结构，在经济全球化的今天，争夺一块属于自己的市场，为我国朝鲜族民俗体育文化产业可持续发展提供保障。

第三节　朝鲜族民俗体育文化产业可持续发展的理论研究

可持续发展概念的提出源于人类对自然生态问题的逐步认识，人们开始认识到自然生态作为人类生存和发展的载体，自然资源环境的破坏和资源的短缺会给人类的生存和发展带来影响。可持续发展的核心思想是经济发展与保护资源和保护生态环境协调一致，让子孙后代能够享受充分的资源和良好的资源环

---

① 江和平、张海潮：《中国体育产业发展报告（2008—2010）》，社会科学文献出版社2010年版，第372—373页。

境。可持续发展是20世纪80年代提出的一个新的发展观。它的提出是应时代的变迁、社会经济发展的需要而产生的。"可持续发展"概念是1987年由布伦特兰夫人担任主席的世界环境与发展委员会最早提出来的。但其理念可追溯至20世纪60年代的《寂静的春天》、"太空飞船理论"和罗马俱乐部等。1989年5月举行的第15届联合国环境署理事会期间，经过反复磋商，通过了《关于可持续发展的声明》。

朝鲜族民俗体育文化产业可持续发展是基于民俗体育文化可持续发展和文化产业可持续发展之上所提出来的。民俗体育文化可持续发展，就是要将民俗体育文化资源进行保护和传承。使民俗体育文化自然资源可以得到有效合理的开发，从而把对生态环境的损害降到最低，建立一个自然资源良性循环的环境；另外对人文资源进行修整和保护，让其可持续利用。文化产业可持续发展的影子开始只是在2001年的《世界文化多样性宣言》提出"文化多样性与生物性一样重要"中看到文化也和生物一样存在可持续发展的问题。而时任文化部部长孙家正在2003年的文化部长峰会上指出，现代化进程的加快发展，各国传统文化不同程度的损毁和加速消失，像许多物种灭绝影响自然生态环境一样影响着文化生态平衡，而且还将束缚人类的创造能力，制约经济的可持续发展及社会的全面进步。传统文化的保护和发展，既是对各民族文化之根的追溯，也是为现在与未来的文化发展提供丰富的资源。因此，在现代化进程中保护本土文化，倡导文化多样性，增强对本民族文化的认同感、归属感，促进文化资源和文化生态环境保护的两性互动，防止盲目的、急功近利的、破坏性的开发。这是中国第一次提出文化可持续发展的问题。① 朝鲜族民俗体育文化产业可持续发展包含着民俗体育文化可持续发展和文化产业可持续发展的内涵，所以朝鲜族民俗体育文化产业要肩负起对朝鲜族民俗体育文化的保护与传承的责任，同时不断地提高对朝鲜族民俗体育文化的认同感和归属感。

---

① 胡惠林主编：《我国文化产业发展战略理论文献研究综述》，上海人民出版社2010年版，第222页。

一、民俗体育文化资源开发与保护视角

民俗体育文化资源是一个民族在历史的发展过程中，经历了岁月的敲打所形成的，代表一个民族精神底蕴。这种特殊的文化资源具有强大的吸引力，会增加人们对它了解的好奇心。这就要求朝鲜族民俗体育文化资源在可持续发展的过程中，要注重开发与保护，王亚荣、张璞在《少数民族地区文化产业特色推进发展》中提到"少数民族特色文化资源基础可以构建民族特色的文化产业发展体系，但文化产业发展及形成产业体系是民族文化资源创造活动的经营运作产业化，因此，这一过程涉及应该以何种观念和模式驱动少数民族地区文化资源产业化运作，兼顾文化的精神价值和经济价值，使少数民族文化产业持续健康发展。"[①] 民俗体育文化资源是民俗体育文化可持续发展的基础，没有民俗体育文化资源也就没有民俗体育文化产业可持续发展的可能性。同时在开发和利用中应注意经济效益和社会效益并重。朝鲜族民俗体育文化产业内涵，应把朝鲜族民俗体育文化的精神附加在文化商品上，进而在市场环境下流通，创造出应有的经济价值和传播本民族的文化特性。这种经济价值必须在社会中起到应有的社会效应，它不仅带有一定的经济价值，更重要的是它包含着一种文化的传播。一种文化没有得到社会的认可，那这种文化也就失去其存在的意义。也就是说，一个文化产品在社会中没有明确体现出一个民族生活理念和思想价值，那任凭它所产出再大的经济效益也会被社会所淘汰。我们生活在一个蒸蒸日上的社会主义国家，一切经济价值都要建立在社会效益基础之上。而一个商品要只体现其文化价值，而没有经济价值也不会得到很好的流通。商品最大的特点是能产生多少利润，从而进行生产销售——再生产再销售的产业链条，所以在朝鲜族民俗体育产业发展过程中，必须正确处理朝鲜族民俗体育文化产业的经济效益与社会效益的关系，始终把社会效益放在首位，经济效益服从社会效益，绝不能为追求经济效益而损害社会效益。

---

① 王雅荣等：《少数民族地区文化产业特色推进发展》，《技术经济与管理研究》2011 年第 9 期。

民俗体育文化在面对可持续发展，进行产业化开发时，现代文化和传统文化碰撞的问题就会出现。李德建在《动力与方向：民族乡村文化产业发展中生产力因素的文化分析》中提道："民族地区乡村文化产业发展，并不是现代生产方式的文化逻辑对地方文化的简单取代，相反无论是在资源的选择，还是在资源的配置，或是在技术变革的每一个环节，都明显的镌刻了地方性文化因素的痕迹。如果没有在民族地区乡村文化内部完成对以现代生产方式的理解和应用的准备，就很难有产业化生产方式的理解和应用准备。"[①] 朝鲜族民俗体育文化在可持续发展的产业开发中，要保持对原生态传统文化资源的保留和传承，在这个基础上去摸索现代文化的特点，在两者之间找到一个合适的切入点，使两者能得到很好的交融，从而在产业化的运作下得到"双赢"的效果——既能产生良好的经济效益，也能使朝鲜族文化得到很好的传播。如果现代体育文化要强制性地渗透到民俗体育文化当中去，那不仅会损害传统文化的原有特性，同时也会大大的削弱其经济价值。朝鲜族民俗体育文化最大的吸引力就是其特有的民族特性，如果将其改变和取代，那它的文化价值也会随之消失。

二、文化体制、机制研究视角

体制问题一直是我国各行各业都要面对的问题。朝鲜族民俗体育文化产业可持续发展也要面对体制问题所带来的困扰。李世举在《提升民族地区文化产业的竞争力》中提道："制约民族地区文化产业发展的最大瓶颈依然是体制弊端。而体制的核心则在于如何保证公平的文化产业发展与竞争环境。民族地区文化管理体制改革难度要大于其他地区，其进展一直比较缓慢。改革的难度不仅在于社会经济发展水平滞后，文化单位改革的动力不足；也在于少数民族地

[①]　李德建：《动力与方向：民族乡村文化产业发展中生产力因素的文化分析》，《黑龙江民族丛刊》2011 年第 4 期。

区文化体制改革面临着保护少数民族文化与文化产业化矛盾。"①

延边州政府虽然出台了一些相关扶持民族文化产业发展的文件，但是还没有制定出一些有效的相关规章制度，这就对朝鲜族民俗体育文化产业的健康发展带来了一定的弊端。在产业运作的过程中如果只依靠政府的投资，民俗体育文化产业将很难发展壮大，毕竟少数民族地区政府的资金有限。应该更多的利用社会资金的流通，形成多元化发展模式，进而形成一种良性的市场竞争环境，在这种良好的竞争机制下，朝鲜族民俗体育文化产业可持续发展才会得到实现。

黄南珊、袁北星指出深度深化文化体制改革必须在四个环节上取得实质性的突破：一是改善文化宏观管理；二是重塑文化市场主体；三是完善文化市场体系；四是加快转变政府职能。四个环节的实质包括两个方面：其一是微观性的文化市场主体；其二是宏观性的文化管理体制。

而胡惠林认为，文化的传承与文化产业的发展，必须走文化体制的理论创新这条路，从而为文化体制改革提供合法性依据和政策选择的合理性基础。他认为文化产业体制改革涉及的面很广泛，包括文化领域的市场、生产、组织、流通、结构、权力等。我国主要的社会矛盾是人民日益增长的美好生活需要和不平衡不充分的发展之间的矛盾。文化产业也面临着这一问题，对于政府机制将如何推动文化生产力的发展。胡惠林指出："当我国开始进入全面建设社会主义市场经济体制发展阶段的时候，现存的文化生产关系就不能反映和满足先进的文化生产力发展所提出来的对于重建文化生产关系的要求。文化生产关系成为先进的文化生产力发展的体制性障碍和结构性矛盾。"

三、产业结构调整研究视角

朝鲜族民俗体育文化产业的产业结构调整与社会、环境、资源的可持续发展有着紧密的关系。朝鲜族民俗体育文化要想更好的延续的和发展，必须适应

---

① 李世举：《提升民族地区文化产业的竞争力》，《新闻爱好者》2011年第9期。

现代社会的发展。传统的文化发展模式已经不能满足时代发展的需求，朝鲜族民俗体育文化产业进行产业结构的调整对朝鲜族民俗体育文化产业可持续发展具有重大意义。文飞红认为优化产业结构是文化产业可持续发展的条件之一。她从我国传统体育文化产品与新兴文化产品比重；劳动密集型产品与智力密集型产品比重；优质化文化产品与创新型文化产品比重；公有制文化企业与民营、外资文化企业发展情况进行了比较研究。从研究结果可以看出"一大一小"的现象已经在产业结构发展中出现，这表现出我国文化产业结构严重的不均衡。

朝鲜族民俗体育文化产业结构也存在着相同的问题，由于民俗体育文化与其他文化相比有着其独特的特性，在产业结构调整的过程中应注重民族个性的体现，这样在产业可持续发展的过程中才能找到方向。

吴佩芬认为："文化的民族个性越突出、越鲜明、越浓烈，其产品在市场竞争中胜出的几率就越大，文化实现产业化的途径也就越通畅、越广阔，文化产业的运行就越平稳、健康和可持续。"[①]这说明现代社会对文化产品的物质实用价值重要性关注度在降低，更加注重文化产品所带来的文化意义。

文化产品的象征功能是朝鲜族民俗体育文化产业结构调整的重要内容，树立良好的民族品牌形象对优化产业结构有着重要的意义。现代文化的竞争其实就是"品牌"的竞争，而产业又是品牌存在和发展的基础。所以朝鲜族民俗体育文化产业机构调整可以施行统一的民族品牌，通过兼并、重组、收购等形式使资源得到整合，整个行业联成一体捆绑经营，最后进行跨行业整合。如朝鲜族民俗体育文化与旅游相结合。朝鲜族民俗体育文化产业结构调整过程中要适当与传媒等高新技术产业相结合，在信息全球化的今天，传统的宣传模式已经被社会所淘汰，通过结构调整积极地与数字传媒等新兴产业相联系，生产出适合老、中、青各年龄段的文化产品，同时通过创意的发展，提供新型的经济增长方式，对拉动民族地区区域经济的发展有着良好的作用。

---

① 　吴佩芬：《我国文化产业发展与意识形态安全研究》，《思想战线》2011 年第 5 期。

第四节　朝鲜族民俗体育文化产业可持续发展的内容构成

一、文化资源

朝鲜族民俗体育文化资源是一切朝鲜族民俗体育文化活动开展的源泉。因此，朝鲜族民俗体育文化产业可持续发展应在民俗体育文化产业发展过程中要保持一个不变或增加的民俗体育文化资源存储量，从而维持可持续发展的文化基础。在面对一些传统文化在传统的发展模式下不断的消失或者蜕变的时候，可持续发展战略的意义就显得尤为重要。朝鲜族民俗体育文化可持续发展也面临着同样的问题，只有在产业化的发展模式下，朝鲜族民俗体育文化才会得到良好的传承和发展。联合国教科文组织在《保护世界文化和自然遗产公约》中最早提出了对文化资源的保护，防止文化资源在社会和经济发展条件下的损害和破坏。指出了保护民间创作和文化传统的第一责任人应该是各国的政府。政府应尽到保护本国民族文化的责任，尤其我国是一个多民族文化的国家，在面对各国少数民族传统文化的发展过程中，如果国家不实施相关的保护政策和措施，一些边缘的少数民族传统文化将面临消失。

少数民族传统文化是各国民族代代相传下来的原始文化，传统的发展模式已经不能适应现代社会的要求，在"老文化"与"新文化"碰撞的过程中难免会出现一些矛盾的现象，这就需要政府进行行之有效的调控，在不改变传统文化本质内涵的同时，又能使之融合到现代社会的发展模式。朝鲜族民俗体育文化主要存在于吉林省延边朝鲜族自治州，由于地域上的关系，在吸收国内外先进文化上存在一些弊端，这就为朝鲜族民俗体育文化发展和交流带来了空间上的障碍。

为此，国家在 2009 年颁布了中国沿边区域规划纲要——《中国图们江区域合作开发规划纲要——以长吉图为开发开放先导区》(以下简称《规划纲要》)。从一眼可望中俄朝三国的边境开放城市珲春，到快速发展的东北区域中心城市长春，面积达 7.3 万平方千米、覆盖 1090 万人口的区域经济带正在中国东北地区形成。而且吉林省两大人口超百万的核心城市长春和吉林纳入图们江规划范围，形成以珲春为"窗口"，以延吉、龙井、图们等地为"前沿"，以吉林、长春为"腹地"，实现"窗口""前沿""腹地"有机联结，立足图们江、面向东北亚、服务大东北的战略布局。《规划纲要》的提出对延边地区的发展起到了重要带动作用，促进边境地区城市规模的扩大、产业带动能力提升、发展空间的扩大，有效支撑国际性区域合作开发。朝鲜族民俗体育文化产业在这样良好的政策背景下，应该抓住机遇，在保存自身特色的同时，积极与国内外先进文化产业交流学习，形成一个属于自身独具特点的文化产业可持续发展态势，从而在复杂多变的现代文化市场占有一片天地，使朝鲜族民俗体育文化能够良性的可持续发展。

延边地区蕴藏着大量的原始民俗体育文化资源，文化资源为朝鲜族民俗体育文化产业可持续发展奠定了雄厚的文化物质基础。延边地区的朝鲜族文化资源、历史文化资源和自然文化资源，大多处于原始状态，还没有进行有效的产业化开发。延边地区与俄罗斯、朝鲜、韩国、日本相邻，形成了区域文化的多元化特点，体现出了明显的独特性。朝鲜族民俗体育文化产业可持续发展将对朝鲜族民俗体育文化的发展带来积极的效应，资源的可持续利用、文化的传承和发展将得到很好的保护。朝鲜族民俗体育文化资源的可持续利用要包括保护和开发不可再生的朝鲜族民俗体育文化资源及挖掘和开发非物质文化遗产资源。在保护和开发不可再生的朝鲜族民俗体育文化资源方面，应采用以合理的开发来促进有效的保护，也就是采取保护与开发的产业发展模式。在挖掘和开发非物质文化遗产资源方面，应加入更多的创意素材，使朝鲜族民俗体育文化更容易被现代社会所接受，进而得到良好的发展。

二、文化产品

朝鲜族民俗体育文化产品是朝鲜族民俗体育文化产业存在和发展的载体。

文化产品是文化产业化后的表现方式，它既有一定的文化价值，又有一定的经济价值。但是现在有很多文化产业在利益的驱使下，过分地追求文化产品的经济价值，使文化产品身上的文化内涵不断地被削弱，有的甚至是消失，这样就失去了文化产业发展的意义。朝鲜族民俗体育文化产业发展要避开这样的发展模式，在朝鲜族民俗体育文化产品上要实施文化价值和经济价值并重的硬性指标。通过朝鲜族民俗体育文化产品独特的文化内涵来体现它应有的经济价值，这样才会对社会产生良好的效应。

由于信息社会的到来，了解各地区文化的方式变得简单起来，这就造成了现在大多数的文化产品都出现相近似或者雷同的现象。这种现象的出现会对本民族文化的安全带来影响，一种文化很容易被另一种文化所侵蚀，从而体现不出应有的特色。朝鲜族民俗体育文化产品就要注意这一现象的危害性，在发展和产出的过程中要加大创意的投入，使朝鲜民俗体育文化产品区别于其他文化产品，使朝鲜族民俗体育文化得到更好的保护。

三、文化市场

市场是产业形式存在的根源。朝鲜族民俗体育文化资源是朝鲜族民俗体育文化产业发展的前提，但是并不是所有的朝鲜族民俗体育文化资源都可以获得资本存在，进行产业化经营。发展朝鲜族民俗体育文化产业要从资源禀赋和市场潜力两个方面对朝鲜族民俗体育文化资源进行评估，市场就是这个评判者。也就是说朝鲜族民俗体育文化产业的可持续发展要以健全的文化市场为导向、要靠健全的文化产业市场来调节、要以健全的文化产业为动力。[①] 延边地区民俗体育文化产业市场虽然相对薄弱，但是其潜力无限，优越的地域优势，使其发展空间无法估量。延边地区民俗体育文化产业市场的提高和改善要注意以下两点特性。

---

① 陈敬贵、王仲明：《市场创新与文化产业发展研究》，《经济观察》2011 年第 9 期。

首先，市场结构要多元化。民俗体育文化产业市场不同于民俗体育文化市场。传统意义上的民俗体育文化市场主要是指简单的观赏和身体活动的文化消费场所，而民俗体育文化产业市场主要是指通过经济现象满足文化消费需求，包括民俗体育文化产品市场、民俗体育文化服务市场、民俗体育文化要素等方面。涉及市场理念、市场结构、市场机制等方面，在内涵上极大地扩展了传统的民俗体育文化市场。民俗体育文化产业市场是现代民俗体育市场体系的重要组成部分，也是连接民俗体育文化产业和民俗体育文化消费的基本纽带，有利于实现民俗体育文化资源"低消耗"的向民俗体育文化资本转型。

其次，文化产品所包含的双重性。民俗体育文化产品包含着无形消费和有形消费两种消费方式，即精神消费和商品消费。其产业市场同时存在着服务市场和产品市场两个层面，这其实也是文化产业市场区别于其他产业市场的最基本特征，民俗体育文化产业市场也是如此。

朝鲜族民俗体育文化产业市场在发展中也要不断地寻求创新，要想实现朝鲜族民俗体育文化跨越式发展，必须立足于市场创新，才可能充分认识朝鲜族民俗体育文化产业特性和经营核心，从而制定出特色和效益并存的经营管理策略和产业政策，实现朝鲜族民俗体育文化资源向文化资本的效益性和创造性转变。

四、文化体制

文化是一种生产力，是综合国力的重要组成部分。当今世界，文化与经济、政治相互交融，在综合国力竞争中的地位和作用越来越突出、越来越重要。因此，大力发展社会主义文化，建设社会主义精神文明，是我们全面建设小康社会必须完成的重任。要完成这一重任，改革文化体制势在必行。

长期以来，制约文化发展的一个重要因素，就是把公益性文化事业和经营性文化产业相混淆，政府统包统揽。应该由政府主导的公益性文化事业长期投入不足，应该由市场主导的经营性文化产业长期依赖政府，束缚了文化事业和文化产业发展。

2002 年 11 月，党的十六大报告厘清了两者之间的关系，首次提出"积极发展文化事业和文化产业""根据社会主义精神文明建设的特点和规律，适应社会主义市场经济发展的要求，推进文化体制改革"。

2003 年 6 月，包括深圳在内的 9 个地区和 35 个文化单位成为文化体制改革试点。试点地区和单位积极培育市场主体、深化内部改革、转变政府职能、建立市场体系。

2005 年年底，中共中央、国务院下发《关于深化文化体制改革的若干意见》。2006 年 3 月，中央召开全国文化体制改革工作会议，新确定了全国 89 个地区和 170 个单位作为文化体制改革试点。文化体制改革在稳步推进的基础上，走上全面推开的新里程。

2006 年 9 月，中共中央办公厅、国务院办公厅印发《国家"十一五"时期文化发展规划纲要》，对"十一五"时期文化发展的指导思想、方针原则、目标任务作出全面阐述，对进一步加快文化建设、推动文化体制改革作出部署。

2007 年 11 月，党的十七大从中国特色社会主义事业"四位一体"总体布局的战略高度，提出兴起社会主义文化建设新高潮、推动社会主义文化大发展大繁荣的战略任务。

随后，我国文化产业规模迅速壮大，文化及相关产业的增加值占国内生产总值的比重不断提高。据国家统计局的报告，2008 年，我国文化产业增加值达到 7630 亿元，比 2004 年增加了 4190 亿元；文化产业增加值相当于同期 GDP 的 2.43%，比 2004 年提高了近 0.3 个百分点。

2009 年 7 月，我国第一部文化产业专项规划——《文化产业振兴规划》由国务院常务会议审议通过。这是继钢铁、汽车、纺织等十大产业振兴规划后出台的又一重要产业振兴规划，标志着文化产业已上升为国家战略性产业。

朝鲜族民俗体育文化产业要在国家文化体制改革的浪潮中发展，应找到适应自己的方向，清楚的将朝鲜族民俗体育文化的产业性和公益性划分开来，明确朝鲜族民俗体育文化产业的属性和范畴，使产业在发展的道路上不受到体制性障碍的约束。

五、文化产业结构

朝鲜族民俗体育文化产业可持续发展的实现，需要文化产业的结构进行相关的调整。2009年9月，国务院印发的《文化产业振兴规划》对优化产业结构做出了目标评价："重点行业和项目对文化的拉动作用明显增强，文化创意、影视制作、出版发行、印刷复制、广告、演艺娱乐、文化会展、数字内容和动漫等产业得到较快发展，以资本为纽带推进文化企业兼并重组取得重要进展，力争形成一批跨地区跨行业经营、有较强市场竞争力、产值超百亿的骨干文化企业和企业集团。"从政策上说明调整文化产业结构是促进文化产业又好又快发展的必然要求。发展文化产业是满足人民精神文化需求、加快经济发展方式转变的重要途径，是提高国家文化软实力、增强中华文化竞争力的重要举措。

大力推进文化产业结构调整，对于提高文化产业发展质量和效益，促进文化产业又好又快发展具有决定性意义。

一是调整文化产业规模结构，提高集约化经营程度，将加快文化产业从单纯依赖数量、规模扩张的粗放型增长方式向更多依靠质量、效益提高的集约型发展方式转变，形成一批实力雄厚、具有较强竞争力和影响力的大型文化企业和企业集团。

二是充分利用先进技术和现代生产方式，提升文化产业技术结构，将促进传统文化生产和传播模式改造，推进产业升级，延伸产业链，拓展新型文化产品和服务，提高文化产业整体技术水平和竞争实力。

三是优化文化产业组织结构，支持"专、精、特、新"中小文化企业发展，将形成富有活力的优势企业群体和协作配套体系，提高产业整体效益。

四是适应文化市场需求结构变化，调整文化产业行业结构、产品结构、价格结构，将形成新的经济增长点和消费热点，不断为文化产业发展开辟新的空间。

五是优化文化产业区域结构，促进文化经济资源在全国合理配置，将形成东中西部优势互补、良性互动的文化产业发展格局。

朝鲜族民俗体育文化产业应打破条块分割与行业壁垒，优化产业组织结构，调整区域产业布局。做大做强一批有实力、有活力的国有和民营文化企业，建立一批多媒体经营、跨地区发展、具有国际竞争力的大型文化产业集团，提高产业集中度和集约化经营水平，带动民俗体育文化产业升级。进一步完善现代文化流通体制，发展现代文化流通组织形式，加强文化产品和要素市场建设，打破条块分割、地区封锁、城乡分离的市场格局，培育全国性或区域性的大型现代文化流通组织和文化物流中心。建立民俗体育文化产业法律体系，加强文化市场监管，建立依法经营、违法必究、公平交易、诚实守信的市场秩序，营造公开、公平、公正的文化产业市场竞争环境。

朝鲜族民俗体育文化产业结构调整应以创意为源头，以内容为核心，以技术为手段，成为经济和文化高度融合的统一体，既有意识形态属性、又有经济产业属性，既能创造社会效益、又能创造经济效益，既是延边区域经济发展的新引擎、又是加快转变经济发展方式的重要战略支点，能够引领支持延边区域经济发展由过度依赖资源的硬驱动向主要依靠技术和管理创新的软驱动转化，由产业链延伸向价值链提升转化，由适应市场需求向创造引导供给需求转化，由要素的一次性简单利用向多次性综合利用转化，由单一效益目标向多重效益目标转化。依托延边朝鲜族自治州特色文化资源，加强战略谋划、总体策划，加强品牌培育、市场开发，大力发展具有示范带动效应的民俗体育文化产业项目，加快培育一批特色鲜明的民俗体育文化产业集群，推进整体文化产业结构优化、科学发展，充分发挥民俗体育文化产业的独特优势和作用，为实现文化跨越式发展、助推延边地区经济发展方式转变做出新贡献。

第五节　朝鲜族民俗体育文化产业可持续发展对策

一、朝鲜族民俗体育文化产业可持续发展的实施现状

朝鲜族民俗体育文化产业可持续发展主要以文化自然资源旅游开发为主。安图素有长白山第一县之称，地处吉林省东部，延边朝鲜族自治州的西南部，南部与朝鲜民主主义人民共和国接壤，北处"东北亚旅游圈"的中心地带和"东北亚经济合作圈"的腹地。2007 年前，安图县是一个旅游建设项目投资总额不足亿元、名不见经传的旅游小县；2010 年后，安图县旅游建设项目投资总额猛增至 41.4 亿元，成为一个声名鹊起的中国旅游强县。3 年间，安图县旅游建设实现完美转身，一个名副其实的长白山旅游休闲目的地正在吉林大地崛起。

安图得天独厚的旅游资源令人羡慕——全县有大小河流 88 条，总长 1800 多千米，年径流量 40 多亿立方米，水能理论蕴藏量 28.6 万千瓦；森林覆盖率达 85.1%；有 53 眼长白山优质天然矿泉，日总流量达 15.27 万立方米；探明的黄金储量达 28 吨，是全国年产黄金万两县之一；此外，安图还是全国生态示范区、全国水利经济先进县、全国绿色中药材出口基地县，是中国矿泉水之乡、中国蜜蜂之乡和长白山大型天然矿泉水基地，是吉林省中药材良种繁育基地县、吉林省中药材科技示范区；有 2.6 万年历史的"安图人"遗址、满族先祖发祥地文化、朝鲜族民俗文化、抗战迹地文化和文人墨客留下的诗词文化以及石门山石碑、五虎山城、宝马古城等文物古迹。

然而，在 2007 年前，安图虽然抱着一个巨大的旅游资源聚宝盆，但旅游效应并没有被充分释放出来，如同藏在深闺人未识的女子。2007 年以来，安图县委、县政府审时度势，做出了建设"以长白山文化为底蕴的生态经济强县"的决策，发出了举全县之力，聚全民之智，创建中国旅游强县的动员令，号召全县上下为发展旅游业而战，为打造旅游强县而奋斗。从此，沉寂的安图大地

被唤醒，旅游业发展掀开了崭新一页。

从 2007 年开始，推进旅游资源优势向经济优势转变的发展战略，得到了安图县委、县政府的高度重视，他们把发展旅游业作为全县的支柱产业来培育，将创建中国旅游强县列入"十一五""十二五""十三五"发展规划，努力把安图县打造成旅游休闲度假目的地。创建中国旅游强县，安图靠什么？时任安图县委书记的孙景远自信地说："安图有旅游品牌优势、有旅游资源优势、亦有旅游基础优势，这是安图创建中国旅游强县的最大资本。"时任安图县县长的崔光德认为，安图处在长吉图开发开放先导区轴心点上，有对接长吉腹地的地理区位、生态资源、产业接续等叠加优势，发展旅游业"顺风顺水"，具备打造具有长白山特色的旅游休闲度假目的地的条件。

按照旅游业发展大战略，安图县坚持把旅游业视为县域经济的领航产业和"富民强县"的先导产业来抓，把发展旅游业摆上更加突出的位置。在发展重点上，安图把旅游项目建设作为突破口，大力开发与长白山自然风光互为补充的生态、民俗、文化和休闲度假旅游产品，完善旅游服务设施，打造精品旅游线路，创建特色旅游品牌。在发展布局上，安图确立了以"两镇、两湖、一线、四区"为主的发展格局。"两镇"即明月镇和松江镇，明月镇定位于建设山水园林旅游度假城，松江镇建设以商贸流通为特色的生态旅游城；"两湖"即明月湖和雪山湖；"一线"即在明长旅游公路沿线建设"长白山文化风情线"；四区即明月休闲养生度假旅游功能区，万宝民俗、生态娱乐度假旅游功能区，两江水上娱乐观光度假旅游功能区，松江（二道）旅游服务及佛教文化度假旅游功能区。朝鲜族民俗体育文化也将在各个旅游区域得到良好的发展。

在旅游发展战略的助推下，安图旅游业得到了长足发展，2008 年，安图旅游业综合指标评定跃居吉林省县级前列。创建中国旅游强县，离不开大项目的强力支撑。为了谋划、包装、发展大的旅游项目，安图县请来了北京达沃斯、上海奇创、北京华夏旅游中国行知网、东北师范大学、东北亚旅游研究中心、延边大学的专家，做旅游产业规划，并进行项目策划。随后，《安图旅游总体发展规划》《雪山湖旅游区规划》《红旗村控制性详细规划》《和平旅游度假区规划》《长白山历史文化园旅游控制性详细规划》《长白山文化养生谷规划设计》等成果跃然纸上，其策划理念、市场价值都走在了全省同级县市的前列，为安图旅游业又好又快发展提供了科学依据。有了好的旅游发展规划，安图坚持依托长白山旅游"主景打牌"，县内"多点开花"的做法，结合生态、冰雪、民俗、文化、边境等优质旅游资源，大搞招商引资工作，一批超亿元大项目蜂拥而至、纷纷上马。

随着安图创建中国旅游强县工作的深入推进，安图借势发力，走出去参加宁波旅游贸易投资洽谈会、栾川旅游交易会、中国北方旅游交易会、东北亚旅游贸易投资博览会等，通过宣传推介，达到了招商引资的目的。通过举办长白山海沟黄金文化旅游节、福满采挖山参文化旅游节、"中国朝鲜族第一村"民俗旅游节、吉林安图首届斗牛节等旅游节庆活动，吸引了众多企业家和游客前来观光，形成了强大的磁场效应，提高了安图的知名度，打开了安图通向外界的窗口，把一个全新的中国旅游休闲度假城市推向世人的怀抱。如今，人们再看安图旅游业，无不惊讶于它的"变脸"：景区景点、娱乐场所、旅游饭店星罗棋布，交通四通八达，旅游硬件服务设施日渐完善。再看，"一张导游图、一个宣传光盘、一台民族戏、一桌民族风味餐、一场民俗展、一套地域文化丛书"的"六个一"工程建设开展得如火如荼，充分展现了安图旅游特色。再看，形成的一大批旅游品牌更是名声在外，和平滑雪场获批国家3A级景区，成为安图冬季旅游的拳头产品；万宝红旗朝鲜族民俗村被誉为"中国朝鲜族第一村"，被评定为国家3A级景区；福满生态沟继获批国家级首批农业旅游示范点后，又获得了国家3A级景区称号；峡谷浮石林在国家3A级景区的基础上，长白山文化博览城已晋升为国家3A级景区。再看，旅游服务网络日益健全，旅游产品花样繁多，开发出长白山浮石画、木雕、松花砚、金石工艺品等十余个系列一百多个品种的旅游纪念品。当时负责主抓全县旅游业的安图县纪检委书记王铁说道："安图县加快旅游业发展，重要的一环是抓好旅游战略节点城镇的建设，而明月镇就是安图县重要的旅游战略节点城镇"。

为此，近年来，安图县委、县政府决定大手笔开发建设县城明月镇，把城区建设成具有鲜明特色的山水园林生态城。安图县在明月镇投资超过5亿元，完成30多条巷路的砼路面铺装、城区自来水配水管网改造等一系列工程，已建设项目超过50个，已建和在建建筑面积达40多万平方米，绿化面积达200多公顷，使明月镇成为人们旅游的好地方。

今日的安图，城市旅游形象更加靓丽，城区绿化覆盖率达到37%，环境噪声达标区覆盖率达到93%，垃圾无害化处理达到80%以上，县城空气污染指数小于100，街区面貌焕然一新。一个"城在林中坐，水在城中流，楼在园中立，人在景中行"的新安图，正在向世人展示着无穷的魅力。

三年创建路，年年上台阶。数字可证：2007年，安图旅游接待人数比2006年增加21%，旅游收入增加19.2%；2008年，旅游接待人数比2007年增加26.7%，旅游收入比2007年增加29%；2009年，旅游接待人数比2008年增加22.6%，旅游收入比2008年增加113.8%。而2009年，也成为安图旅游发展史上含金量最重的年份，安图获得中国旅游强县称号。如今，中国旅游强县——安图，继续书写着打造旅游休闲度假目的地的新篇章。

在"十二五"期间，安图旅游业取得了长足的发展，总体发展态势良好，基本形成了较为完备的旅游产业体系，成就主要体现在以下四大方面：1. 旅游接待人数持续增长，旅游收入大幅提升。在"十二五"期间，安图旅游接待人数和旅游收入保持了较高的增长率。统计表明，安图旅游接待人数从2009年的116.53万人次增加到2014年的230.6万人次，2014年接待过夜游客为190万人次，接待国内游客181万人次，接待海外游客49.6万人次。旅游收入由2009年的10.07亿上升到2014年的29.9亿元，同比增长25%。2. 旅游景区得到有效开发，旅游商品形成地方特色。在旅游资源开发方面，目前，安图已有A级景区14家，其中，5A级旅游景区1家；4A级景区5家；3A级旅游景区6家；2A级旅游景区1家；1A景区1家。此外，有6项国家非物质文化遗产，13处文物保护单位，1个特色村寨，还有许多丰富的资源处于待开发状态。在旅游商品开发方面，安图已形成人参、鹿茸、灵芝、松子、核桃、蜂蜜、黑木耳等农副产品为主的土特产品类旅游商品，已开发出松花砚、长白山浮石画、木雕、金石工艺品等独具安图特色的旅游工艺品。3.旅游接待设施日益完善，综合接待能力显著提升。经过"十二五"的建设，安图县旅游接待设施建设取得显著进步，"食、住、行、游、购、娱"等要素日趋完善，综合接待能力显著提升。统计表明，安图县现有星级宾馆10家，住宿业服务质量达标单位120家；旅行社7家，导游员数量超过百余以上；全国工农业旅游示范点各1家；共有乡村旅游经营单位6家（其中4A级乡村等级单位2家；3A级乡村等级单位2家，2A级乡村等级单位2家）；农家乐旅游接待户30余家；大型旅游诚信购店16家；星级厕所15家。4.旅游公共设施得到进一步加强，整体旅游形象显著提升。经过"十二五"的建设，安图的旅游公共设施得到进一步加强。在交通建设方面，截至2013年底，安图县境内现有公路总里程1185公里。其中：国道130.2公里、省道127.5公里、乡道322.6公里、村道413.1公里，专用道191.3公里。铁路方面，主要有长春至图们铁路、东边道铁路。吉—图—珲高铁工程正在进行施工，计划于2015年竣工。在信息建设方面，安图大力加强旅游宣传。此外，安图获得了"中国旅游强县""吉林省旅游标准化示范县"等一系列荣誉称号，"长白第一县"的旅游形象得到显著提升。

为进一步落实《国务院关于加快发展旅游业的意见》（2009）《国民旅游休闲纲要》（2013—2020）《国务院关于促进旅游业发展的若干意见》（2014）《安图县旅游产业发展总体规划》（2015—2030）和吉林省与延边州旅游产业发展大会精神，加快推进安图旅游产业转型升级，扩大就业，改善民生，提高生活质量，促进文化繁荣，培育和践行社会主义核心价值观，努力把旅游业培育成为安图县国民经济战略性支柱产业和人民群众更加满意的现代服务业，特制定安图县"十三五"旅游产业发展规划。1.接待人数与旅游收入。在2020年，接待国内旅游者突破260万人次，年均递增8%左右，接待海外旅游者60万人次，年均递增5%左右；旅游社会总收入突破40亿元左右，年均递增8%左右。2.旅游景区景点。全县A级景区数量达到20个以上。其中5A级2个，4A级6个，3A级景区10个，特色旅游产业园区3个，旅游风情小镇3个，农业旅游示范点30家。3.旅游住宿。构建以集星级酒店、主题酒店、经济型酒店、社会旅馆、汽车旅馆、度假酒店、农家庄园等为一体的多元化的住宿接待体系。其中，五星级酒店 3 家；四星级酒店 5 家；主题酒店 8 家；经济型品牌酒店 10 家；汽车旅馆和自驾车营地 20 个左右。4. 旅行社。在安图辖区内实行扶优扶强，努力提高旅行社的整体实力，旅行社数量 10 家以上，专业导游人员 150 人以上。5. 乡村旅游。通过旅游扶贫，建设 10 家旅游专业村，20 家特色农园农庄，30 家乡村旅游示范点，乡村综合接待能力大大提升。6. 旅游公共服务及其他。建立一级旅游集散服务中心处（明月镇），二级游客旅游集散服务中心 2 处（松江镇和二道白河镇），一批三级游客咨询服务点；大型旅游诚信购店 20 家；40 处以上生态停车场，300 公里以上慢行绿道，星级厕所 40 家。1 套完善的旅游公共信息服务平台，1 套高效的旅游安全救援系统。①

通过安图县发展的例子，可以看出以朝鲜族民族特色为主的旅游项目正在蓬勃的发展，朝鲜族民俗体育文化产业的影子也随处可见，在各个旅游区都体现着自己的价值，同时也很好地宣传了朝鲜族民俗体育文化，为朝鲜族民俗体育文化产业可持续发展创造了良好的平台。

二、朝鲜族民俗体育文化产业可持续发展对策

（一）科技创新

科学技术是第一生产力。人类社会发展的文明史本身就是一部科学技术进步史，在一定的社会文化背景下，科技的进步改变了人们的观念、生活方式和生产方式，同样对朝鲜族民俗体育文化产业可持续发展也有着巨大的促进力，是朝鲜族民俗体育文化产业发展壮大的动力源泉。

朝鲜族民俗体育文化产业要想展现其资源优势、实现集约化经营关键所在

---

① 安图县人民政府网：《安图县"十三五"旅游发展总体规划》，2018 年 5 月 29 日，见 http://www.antu.gov.cn/zw_13178/jcxxgk/ghjh/201805/t20180529_97738.html。

就是科技进步。它可以优化产业结构、推动产业发展，开发具有高科技含量的朝鲜族民俗体育文化产品和服务，促进其观念和战略的发展。

科技进步推动朝鲜族民俗体育文化产业产生一系列变革。高新技术和朝鲜族民俗体育文化产业相结合，会让朝鲜族民俗体育文化产品更能适应当今社会市场化的需求，对产品质量的提升能带来积极的作用。

创新是一个民族进步的灵魂，是一个国家兴旺发达的不竭动力。1997年，世界经济合作与发展组织推出了《国家创新体系》专题报告。国家科技创新体系主要由创新为主体，由创新基础设施、创新资源、创新环境、外界互动等要素组成，《国家中长期科学和技术发展规划纲要（2006—2020年)》中指出：国家科技创新体系是以政府为主导、充分发挥市场配置资源的基础性作用、各类科技创新主体紧密联系和有效互动的社会系统，我国基本形成了政府、企业、科研院所及高校、技术创新支撑服务体系四角相倚的创新体系，我国科技体制改革紧紧围绕促进科技与经济结合，以加强科技创新、促进科技成果转化和产业化为目标，以调整结构、转换机制为重点，取得了重要突破和实质性进展。

朝鲜族民俗体育文化产业要充分运用科技创新相关理念，促进区域内民俗体育文化资源优化配置，利用科学技术进行合理配置和高效利用为重点，围绕区域和地方经济与社会发展需求，建设朝鲜族特色和优势的区域创新体系，全面提高延边州地区科技能力。加强延边州地区科技规划工作，发挥中央财政配置资源的引导作用，统筹延边州地区科技资源和民俗文化资源，形成合理的区域科技发展布局。大力推动延边州自主创新能力和产业技术的提升与跨越，形成具有国内外竞争优势的产业；应用多种科学技术手段，保护和治理生态环境和民俗文化环境，合理开发优势资源，发展区域特色产业即朝鲜族民俗体育文化产业，形成区域创新和新经济增长。发挥高等院校、科研机构和国家高新技术产业开发区在区域科技创新中的引领作用和区域知识扩散中的辐射作用；积极推进科技创新型试点工作在朝鲜族民俗体育文化产业中的运用，例如积极开发和开放具有朝鲜族民族特色的城市或者乡村，利用科技创新使朝鲜族民俗体育文化产业在相应地点得到快速发展。从而强化区域中心城市对区域创新活动的带动作用和对区域科技资源的凝聚作用。

（二）促进消费

恩格尔通过调查研究发现：在家庭消费支出中，实物收入的弹性大于 0 而小于 1，它随收入增加而减少；衣服、住宅和燃料的收入弹性等于 1，他们不随收入的增减而变化；文化消费的收入弹性大于 1，它随收入的增加不断增加。① 这就是著名的恩格尔系数经济指标。经济环境的好坏，直接影响着一个地区消费水平，而消费水平的能力对文化产业的发展有至关重要的影响。随着我国经济逐年稳步的增长，民族边疆欠发达地区的经济发展速度也被带动起来。

2011 年延边州支出实现 1876236 万元，完成调整计划后的 110.7%，增长 24.1%。从主要项目来看（表 5—1），一般公共服务支出 205694 万元，完成计划的 110.2%，增长 4.1%；公共安全支出 103234 万元，完成计划的 100.6%，增长 13.1%；教育支出 292089 万元，完成计划的 111.2%，增长 40.1%（为完成上级任务加大教育支出力度）；科学技术支出 12154 万元，完成计划的 102.3%，增长 46.9%（专项增加 2502 万元）；文化体育与传媒支出 49753 万元，完成计划的 105.8%，增长 31.9%；社会保障和就业支出 261302 万元，完成计划的 109.4%，增长 7.4%；医疗卫生支出 115684 万元，完成计划的 110.5%，增长 22.8%；节能环保支出 155254 万元，完成计划的 103.1%，增长 76.2%（天保工程专项增加 4.1 亿元）；城乡社区事务支出 124659 万元，完成计划的 120.1%，增长 31.9%；农林水事务支出 214015 万元，完成计划的 116.7%，增长 12.2%；交通运输支出 90095 万元，完成计划的 115.2%，增长 1.2 倍（专项增加 4.6 亿元）。

---

① 钟海平：《发展与困惑：西部文明进程中的民族传统体育产业研究》，民族出版社 2010 年版，第 31 页。

表5—1　2011年延边州主要项目支出汇总

支出项目	支出金额（万元）	完成计划（%）	增长（%）
公共服务	205694	110.2	4.1
公共安全	103234	100.6	13.1
教育	292089	111.2	40.1
科学技术	12154	102.3	46.9
文化体育传媒	49753	105.8	31.9
社会保障就业	261302	109.4	7.4
医疗卫生	115684	110.5	22.8
节能环保	155254	103.1	76.2
城乡社区事务	124659	120.1	31.9
农林水事	214051	116.7	12.2
交通运输	90095	115.2	12.0

从这些数据可以看出延边地区的经济环境也在稳步的向前发展，这就给朝鲜族民俗体育文化产业可持续发展带来了坚实的经济基础。在这样良好的经济环境下，人们对物质产品的需求将随着收入的增多而下降，更加注重的是对精神产品的消费。朝鲜族民俗体育文化产业应加大对民俗体育文化产品的创意研发，生产出更多的能被消费者普遍接受的文化产品，从而促进消费者的消费水平不断地提高，使人们在精神文化需求方面得到满足。

（三）政府调控

由于朝鲜族民俗体育文化产业的特殊性质其发展过程总是必须由政府进行宏观调控和微观控制。朝鲜族民俗体育文化产业在发展过程中将会遇到传统与现代、盲目与跟风、接受与抛弃等矛盾的出现。如果不加以协调和控制，朝鲜族民俗体育文化产业将不可能得到良性的发展。政府应该在这些细节上充当决定人和领路人的角色。

首先，在朝鲜族民俗体育传统文化和现代文化碰撞的过程中，政府应利用相关政策积极保护好民俗传统文化的原始性，使现代文化不会轻易地改变其价值，同时利用政策在不破坏原始文化的前提下找到和现代文化的交融的切入点，使两种文化能更好地结合，这样既保护了传统民俗体育文化，又使现代文化的发展增添了新的元素。

其次，在朝鲜族民俗体育文化产业发展方向上，难免会因为产业性质的特殊性而找不到发展的路线，这时很容易刻意去模仿其他文化产业的发展模式，这就失去了朝鲜族民俗体育文化产业应有的价值，政府在这一过程中要通过调控市场环境，帮助朝鲜族民俗体育文化产业在市场机制下形成独特的产业模式从而健康稳定的发展。然而市场机制本身就带有不可避免的盲目性和滞后性，这是因为市场调节手段的有限性主要是由朝鲜族民俗体育文化产品供求矛盾的特殊性所决定的。往往精神产品的需求弹性很大，需求的方式也很多，朝鲜族民俗体育文化产品作为精神产品的范畴也会体现出需求的层次性、多样化和不确定性的特点。政府应根据这些需求特点，调整朝鲜族民俗体育文化产业的产业结构，使其在一个正确的道路上可持续发展。

最后，在朝鲜族民俗体育文化产业可持续发展的过程中，面对各种新文化和新产业模式，在接受和抛弃的选择中应得到政府正确的指引。往往在文化产业上由于对经济利益的追求，很难评判出哪一个是社会发展需要的和有一定社会效益的。政府在国家宏观发展的角度会对各行各业有一个系统的评价，从而使社会和谐发展。

（四）带动战略

"十一五"期间，我国为促进文化大发展和创造新的经济增长点，明确提出和实施"重大文化产业项目带动战略"（以下简称"带动战略"）。

"带动战略"的提出和实施基于特殊的历史背景，是解决文化领域面临的突出问题的现实需要。具体体现在：一是国内文化市场开发较晚，市场开放时间较短，不论是国有文化企业还是民营文化企业普遍规模较小，实力不强；二是国际市场开放形成倒逼机制，中国加入世界贸易组织后部分文化业务领域境外文化产品对国内文化产品构成明显的竞争优势；三是政府文化产业管理经验不足，文化经济政策在支持民族文化产业兴起方面缺乏战略性的规划设计、制度安排和预知性能力；四是文化领域技术创新日新月异，而基于传统管理内容设置的管理机构对新兴文化市场管理滞后、体制创新明显不足。①

2009 年，国务院颁布的《文化产业振兴规划》在重点任务中需要完成的八个任务档，其中就有实施重大项目带动战略："以文化企业为主体，加大政策扶持力度，充分调动社会各方面的力量，加快建设一批具有重大示范效应和产业拉动作用的重大文化产业项目。"朝鲜族民俗体育文化产业可持续发展要想实施"带动战略"，必须与旅游相结合。因为吸引力是旅游资源的核心所在，而朝鲜族民俗体育文化所带来的吸引力正好能与旅游资源的需求相吻合，这样将会产生良性的互动发展，两者都会从中受益，一举两得。朝鲜族民俗体育文化产业和旅游结合实现"带动战略"的最好方式就是建立文化产业园区和基地。因为通过对文化产业园区和基地的扶持，形成文化产业集聚效应，带动了社会对文化基础设施的投资，在拉动地方经济的快速发展的同时，提升了城市的文化品质和广大消费者的文化品位。

旅游是文化产业园区和基地发展的必经之路。反之文化产业园区和基地的建设对旅游资源和民俗体育文化资源整合有着不可替代的作用。通过文化产业园旅游方式所带来的效应不仅仅是经济层面的，更重要的是能把朝鲜族民俗体育文化更好地展现出来，让人们更直观的了解朝鲜族民俗体育文化，从而间接地带动朝鲜族民俗体育文化产业的发展。以文化产业园区和基地为"龙头"，支持和加快发展具有地域和民族特色的文化产业群。从而培育骨干文化企业带动其他产业一同发展，形成以点带面的"带动"发展模式，进而逐渐使朝鲜族民俗文化产业成为拉动延边地方经济的支柱性产业。

---

① 张晓明等：《2001 年中国文化产业发展报告》，社会科学文献出版社 2011 年版，第 64 页。

第六节 朝鲜族特色民俗体育旅游资源开发研究

一、长白山体育旅游资源开发利用模式

（一）重视"跨境旅游"和"冰雪旅游"

长白山是世界级的旅游胜地，它的旅游对象不应该只局限在国内游客，应该积极的增加国际客源。利用长白山的国际声誉，通过在线旅游宣传模式为主，其他宣传为辅，扩大长白山在世界的影响力，拉动国外客源；也可以有选择地对国外进行宣传，如对喜欢民族风情的欧美发达国家主要宣传长白山特有的民俗体育旅游；对喜欢冰雪的俄、日、韩等亚洲国家宣传独具优势的冰雪运动；对喜欢探险刺激的美洲国家宣传风格独特的户外探险游等。通过这些方式吸引世界各地的人们前往长白山体验体育旅游所带来的新奇和快乐。通过对国外体育旅游游客的拉动会对长白山整体旅游业的发展起到良好的效果，使效益、形象、资源利用等方面得到提升，促进长白山整体资源的开发，从而使优势资源互补，优化产业布局。

长白山的冬季的美景被国内外专家称之为"东方的阿尔卑斯"。这里冬季要持续4—5个月，并且雪量充裕，雪质优越，非常适合开展各种冬季项目。长白山现拥有亚洲最大、中国唯一的开放式的天然滑雪场——中国长白山国际天然滑雪公园。滑雪公园从海拔2500米的高山苔原带到海拔1700米的岳桦林带，垂直距离800米，坡长达8千米。已设立极限滑雪高级道、极限滑雪中级一道、中级二道以及两个旅游滑雪区，同时还配备雪圈、雪地摩托、雪爬犁等多种雪上项目以及游客休息服务区等服务设施，可以满足极限专业选手及游客玩雪、赏雪等活动。所以可以利用国际天然滑雪公园作为"航标"，带动其他冰雪资源协同发展。让长白山的冰雪概念和独特的冰雪景观成为长白山、中国图们江区域乃至东北地区具有轰动效应的新亮点。

（二）发展"自然生态体育休闲游"

长白山的自然风光旅游的方式，现在还是主要以观光为主的传统旅游方式。它是旅游发展的初级阶段所采用的方式。这种方式给资源和环境的保护带来了极大的困难，加之缺乏严格规范引导，许多散客随便丢弃垃圾、无情践踏植物，生态系统遭到破坏，使资源不堪重负。

面对现今国家提倡和谐和可持续发展的思想，旅游业也应该坚持可持续发展的原则，走旅游与保护并重之路，以构建旅游资源循环利用的理想。生态旅游是一种公认的能够将环境保护和旅游开发有效结合的最佳旅游形式。它追求旅游目的地的可持续性，这种可持续能力是"环境效益、体验质量、社会效益和经济效益的总体平衡"，在这种模式下，旅游者欣赏的是非同寻常的自然美景，同时还能获得丰富的生态知识。① 自然生态体育游不仅能使旅游者欣赏美景和获得知识，而且还能让旅游者近距离的体验大自然的生命力。通过探险、户外运动、科考等形式的生态体育游，让人们全方位的感受大自然的力量，实现人与自然的和谐统一。在这个过程中会让人忘记城市的喧嚣和生活的压力，随之带来的却是一种心神的宁静，是非常适合"高压"人群选择的一种体育旅游方式。长白山体育旅游应该抓住这个时代契机，广泛开展自然生态体育游，为长白山体育旅游开创新的方向。

（三）长白山体育旅游资源开发利用应注意的问题

1. 加强预防灾害的能力

体育旅游的主要特点是它的参与性，人们在进行长白山户外旅游体验大自然的同时应该把自身安全问题放在首位。长白山是典型的火山地貌类型，是经过三次火山喷发而形成的。不能确定地震将在何时发生，还有雷击、暴雨、浓雾、狂风、严寒等自然灾害，这些灾害都不同程度地造成过人员伤亡。所以在长白山体育旅游资源开发利用时，应该把预防自然灾害的基础设施建设放在首

---

① 钟贤巍、辛本禄：《长白山旅游模式扩展及其原因分析》，《社会科学战线》2005 年第 5 期。

位，如建设夜间指示牌、应急木屋（存放药品和灯具）、通信信号接收设施、紧急救援处等。同时在出游时对游客进行自我生存知识的教育，最大限度地保证出游者的人身安全。要把以人为本的思想贯彻到整个行业的发展当中去，既是为了保护旅游者，也是为了体现长白山旅游业的运营理念，从而让体育旅游者放心的选择长白山作为旅游目的地，还能从无形当中提高长白山的旅游吸引力。

2. 完善"政府规制"的效用

所谓政府规制是指政府机构依据一定的政策、法规及规则，对构成特定经济行为的经济主体的活动进行规范和制约的行为。① 长白山整体旅游资源没有得到很好的开发，主要就是因为没有实施好政府规制。资源随意开发、土地滥用、市场混乱、产业模式不合理等这些都是存在的问题。但令人可喜的是长白山归属区域的延边州政府在 2009 年贯彻实施《规划纲要》动员大会上明确了延边旅游业作为先导产业，要实现率先发展、率先突破，延边州将积极抓住国务院批复《规划纲要》这一历史机遇，以"旅游立州"为目标，加快旅游产品升级改造，完善旅游政策法规的全面效用。有了政府积极支持，长白山旅游部门更应该和政府相关部门协力制定符合长白山旅游业发展的政策法规，让长白山体育旅游乃至整体旅游业健康、和谐、可持续的发展，让旅游资源能得到合理的开发，让生态环境平衡发展。

3. 民俗体育旅游资源的前景与对策研究

延边州是中国最大的朝鲜族聚集区，拥有丰富的民俗资源。从民俗角度来看，民俗体育是指一个民族在本身居住的地方，共同建造、继承和延续下来的一种体育文化。② 体育文化又是民族文化的一部分，它的形成和发展直接受自身民族文化的影响。而一种民族文化的形成是长时间积累沉淀的过程。它不仅体现一个民族的思维方式和生活方式，更重要它能成为一个民族的象征。中

---

① 李建钢、王新平：《我国体育旅游发展中的政府规制问题研究》，《山东体育学院学报》2010年第 5 期。

② 巴兆祥：《中国民俗旅游学》，福建人民出版社 1999 年版，第 200 页。

国少数民族文化是中华民族文化形成过程中的重要组成部分，并且存在一定的自身特点，也可以看成中国少数民族文化是从一个复合体到独立的文化体系演变，它既突出了中华民族文化的多样性，又蕴含着特有的内涵。

中国朝鲜族文化作为中国少数民族文化大家庭中的一分子，具有一定特殊性。这种特性是其他少数民族少有的，即文化的"二重性"。在中国朝鲜族文化形成的这个艰难而又漫长的历史过程中体育文化起到不可忽视的作用。新中国成立前，为了凝聚各个民族的力量和信心，"九一八"事变以后，游击区的体育活动在中国共产党的领导下较为蓬勃地开展，其朝鲜族民族传统体育项目受到抗日游击根据地人民政府特别重视，使民族传统体育发展为大众化，并服务于武装斗争。① 新中国成立后，民族体育受到了国家的重视和关怀，把它作为保障民族团结、建立民族平等、促进全民族共同繁荣发展的基础。国务院在 2005 年颁发的《关于加强保护文化遗产的通知》中指出："保护文化遗产，保护民族文化的传承，是连接民族情感的纽带，是增进民族团结和维护国家统一及社会稳定的文化基础"。国家体育总局也在《2001—2010 年体育改革和发展纲要》中提出："进一步做好发挥少数民族地区的优势，开发民族体育资源，做好民族传统体育项目的挖掘、整理和推广工作。少数民族地区要把发展民族传统体育与增进民族团结联系起来"。

中国朝鲜族传统体育在此形式下得到了迅速发展，为中国朝鲜族文化的形成增加了亮丽的异彩。同时中国朝鲜族体育文化作为中国朝鲜族文化形式中的重要成员，理所当然的具备这样的二重性。但是由于中国朝鲜族传统体育长时间处于经济欠发达的偏远地区和乡村，其表现出了一定封闭性和单一性。对其特有的体育文化发展产生了一定的影响。所以中国朝鲜族传统体育要想发展必须从封闭型向开放型转变；从自发性向有组织、有体制、有目标方向发展；逐步从民间娱乐型，向科学化、社会化、产业化方向转变。

---

① 金青云、金京春：《我国朝鲜族体育发展研究》，《体育文化导刊》2009 年第 11 期。

体育旅游作为现在的朝阳产业，它本身的开放性、经济性、社会性、时代性不仅能对中国朝鲜族传统体育进行保护，还能对中国朝鲜族传统体育进行传承。中国朝鲜族传统体育这个独具特色的民俗资源正是延边区域体育旅游资源中一块珍宝，具有广阔的发展前景。因为民族传统体育资源相对于其他体育资源具有无可比拟的特色经济优势，所以尽快将其产业化可以对资源整合、优化布局、市场发展有着积极的推动作用。

二、延边地区体育消费行为研究

21世纪的休闲体育正在汹涌澎湃而来，潜移默化地改变着我们的生活方式。当今世界，全球一体化的趋势愈来愈强，社会变革的步伐愈来愈快，休闲作为一个新的社会文化现象，广泛地影响人们的生活方式、行为方式和消费方式。同时，随着物质文化、社会的发展，体育娱乐性消费正在逐步成为我国居民生活方式的重要组成部分。其中，值得关注的增长现象是体育活动参与的消费行为。消费行为不仅正在改变大众体育消费观念的结构，也逐渐从物质享受转向精神享受发展。

本文采用"体育传播媒介""体育观赏""体育观众需求满足""体育观赏满意度""体育再消费意识"等调查问卷，以2013年延边地区体育消费者为抽样框，按分层整群随机抽样的方法，考虑性别、年龄、教育程度、月收入等方面的平衡，共发放700份问卷，去除缺失信息问卷85份，共得到有效问卷615份，并对所获得的统计数据进行因子分析、相关分析、结构模型检验、路径分析等，对"体育传播媒介""体育观赏"与"体育再消费意识"的关系进行了统计分析，并验证结构模型。

（一）各变量之间的相关结果分析

根据理论假设，本研究首先将"体育传播媒介""体育观赏"作为自变量；把"体育观众需求满足"与"体育观赏满意度"作为中介变量；"体育再消费意识"

作为因变量，对它们之间的关系进行相关分析（表5—2、表5—3）。

　　结果显示，体育传播媒介与体育观众需求满足之间存在显著的正相关关系（=.145—.584，p＜0.05）。其中，电视体育传播与逃避需求满足之间存在非常显著的正相关关系（=.584，p＜0.001）；但是，体育传播媒介与体育再消费意识下属因子之间却不存在相关关系。体育观众需求满足与体育再消费意识之间同样不存在相关关系。表明，近几年随着体育传播媒介的发展迅速，体育观众对体育的需求满足也逐渐在提高，但还未达到直接影响或支配观众再消费的意识状态。

　　体育观赏与体育观赏满意度之间存在显著的正负相关关系（=—.126—.485）。其中，观赏费用与观赏费用满意度之间存在显著负相关关系。表明，体育观众的观赏费用越高，观众的观赏满意度越低；观赏一致性与比赛状况满意度之间存在非常显著的正相关关系（=.485，p＜0.001）。表明，体育观众的加油助威等一致性直接提升观众对比赛的兴奋及满意；体育观赏与体育再消费意识之间却存在显著的正相关关系（=.122—.412，p＜0.05）。说明，体育观众随着比赛的观赏程度的提高，直接影响到体育观众的再消费意识；体育观赏满意度与体育再消费意识之间存在非常显著的相关关系（=.236—.415，p＜0.001）。其中，服务球迷满意度与体育再消费意志之间存在非常显著的相关关系（=.415，p＜0.001）。表明，体育观众对比赛观赏满意度的提高，越来越刺激人们的再次惠顾及再消费意识，尤其是球迷的服务程度，直接影响观众的再消费意识。

表5—2　各变量的平均、标准差、相关关系

	变量	Y1	Y2	Y3	Y4	Y5	Y6	Y7	Y8	Y9	Y10	Y11
体育观众需求满足	Y1.认知需求满足	–										
	Y2.情感需求满足	.353***	–									
	Y3.综合需求满足	.326***	.368***	–								
	Y4.逃避需求满足	.134***	.009	.120*	–							

续表

	变量	Y1	Y2	Y3	Y4	Y5	Y6	Y7	Y8	Y9	Y10	Y11
体育观赏满意度	Y5. 观赏费用满意度	−.013	.045	.143*	.102	–						
	Y6. 球队竞技状况满意度	.041	.044	.012	−.033	.259***	–					
	Y7. 比赛状况满意度	.117*	.198**	.220**	−.022	.251***	.361***	–				
	Y8. 服务球迷满意度	−.065	.007	.060	−.003	.437***	.372***	.292***	–			
	Y9. 观赏方便满意度	−.024	.079	.110	.053	.306***	.212***	.199**	.337***	–		
体育再消费意识	Y10. 体育再消费可能性	.079	.042	.051	.043	.409***	.324***	.398***	.401***	.236***	–	
	Y11. 体育再消费意志	−.002	.020	.066	.077	.344***	.259***	.282***	.415***	.312***	.664***	–
体育传播媒介	X1. 电视体育传播	.011	.072	−.047	.584***	.103	.059	−.007	.031	.006	.008	.008
	X2. 广播体育传播	−.034	.074	−.046	.204***	−.024	−.034	−.107	−.007	−.028	−.003	−.048
	X3. 报纸体育传播	.090	−.075	−.002	.150**	.019	.071	.060	.021	.022	.084	.000
	X4. 杂志体育传播	.175**	.037	.213***	.173**	.082	.009	.026	−.043	.106	.021	.059
	X5. 网络体育传播	.316***	.145*	.024	.280**	.065	−.052	−.073	−.024	.047	.048	.028
体育观赏	X6. 观赏费用	.051	.084	−.018	.043	−.126*	−.082	−.052	−.068	−.082	−.048	−.050
	X7. 观赏一致性	.154**	.189**	.121*	−.062	.026	.173*	.485***	.134*	−.031	.244***	.122*
体育观赏	X8. 观赏娱乐性	.093	.054	.111	.139*	.133*	.100	.306***	.111	.066	.239***	.284***
	X9. 比赛魅力	.098	.026	.060	.102	.141*	.110	.333***	.086	.071	.412***	.247***
	X10. 观赏方便性	.052	.082	.130*	.095	.020	−.110	.053	−.107	.054	.104	.050
	平均	3.622	2.814	3.405	3.074	3.070	3.346	3.952	2.920	3.460	3.639	3.388
	标准差	1.132	1.101	1.160	.835	.814	.747	.588	.943	.706	.671	.737

*p < .05；**p < .01；***p < .001

表5—3　各变量的平均、标准差、相关关系

变量		X1	X2	X3	X4	X5	X6	X7	X8	X9	X10
体育传播媒介	X1.电视体育传播	–									
	X2.广播体育传播	.543***	–								
	X3.报纸体育传播	.465***	.328***	–							
	X4.杂志体育传播	.358***	.178**	.222***	–						
	X5.网络体育传播	.376***	.195***	.219***	.362***	–					
体育观赏	X6.观赏费用	0.111	.158**	0.055	0.046	.126*	–				
	X7.观赏一致性	.117*	0.002	0.098	0.058	0.073	0.105	–			
	X8.观赏娱乐性	.206**	.125*	.175**	.171**	0.095	0.093	.435***	–		
	X9.比赛魅力	.144*	.122*	.181**	0.08	0.025	0.026	.402***	.473***	–	
	X10.观赏方便性	0.071	0.037	0.021	0.068	.164**	.177**	—0.019	.116*	0.05	——
平均		2.141	1.824	2.224	2.957	2.896	2.811	3.628	3.435	3.5	3.682
标准差		0.947	0.791	1.004	1.124	1.131	0.932	0.911	0.8	0.813	0.891

*p＜.05；**p＜.01；***p＜.001

（二）初始结构模型的拟合度检验及路径分析

1.初始结构模型的拟合度检验

为了进一步验证体育传播媒介、体育观赏与体育再消费意识关系的结构模型，运用 LISREL 法对路径系数进行参数估计，得到最初模型。GFI、AGFI 和 RMSEA 属于绝对拟合指数。卡方值与自由度比值 X^2/df 消除了自由度的影响，一般认为越接近于 1 越好，小于 5 都是可以接受的。RMSEA 是近似误差均方根，通常 RMSEA 值低于 0.1，表示模型好的拟合，低于 0.05 表示非常好的拟合，尽管该指数受到样本容量的影响，但它对错误模型比较敏感，且惩罚了复杂模型，被视为较理想的绝对拟合指数。GFI（拟合优度指数）一般情况

下若样本数超过 200 以上时，拟合指数 0.9 以上是好的模型；0.95 以上最佳模型；一般 0.8 以上是可以接受的。AGFI（调整后的拟合优度指数）的取值范围是 [0，1]，一般认为数值在 0.9 以上，说明模型是好的拟合。[1]

NFI、NNFI、CFI 属于相对拟合指数，其取值范围是 [0，1]。Bentler 和 Bonett（1980）分别提出了多少有点随意的 0.9 标准，认为相对拟合指数超过 0.9 模型可以接受。但也有研究显示，NFI 受样本容量的系统影响，在样本量少的时候，会低估拟合程度。因此，有些专家在新近拟合指数研究中推荐使用的相对拟合指数是 NNFI 和 CFI。[2]

表 5—4 所示，模型的拟合指数分别是：$X^2/$=3.02，P=.000，GFI=0.85、AGFI=0.81、RMR=0.09、NFI=0.67、CFI=0.74。根据以上模型拟合标准，除 /、GFI、AGFI、RMR 等的拟合指数接受或符合以外，P、NFI、CFI 等均未达到好模型的拟合标准。因此，根据拟合度的标准，判定初始结构模型均不符合要求。

表 5—4　初始结构模型的拟合度

拟合指数	X^2	df	P	Q	GFI	AGFI	RMR	NFI	CFI
拟合度	549.21	182	.000	3.02	0.85	0.81	0.09	0.67	0.74

2. 初始结构模型的路径分析

本研究根据"尝试建立体育传播媒介、体育观赏与体育再消费意识关系的结构模型"的假设理论，即验证体育传播媒介、体育观赏、体育观众需求满足、体育观赏满意度、体育再消费意识的关系，建立变量之间的结构模型。且为了进一步探索各变量的路径关系，并构建了路径图（图 5—1）。

路径分析结果，观赏费用满意度、球队竞技状态满意度、比赛状况满意度、服务球迷满意度、观赏方便满意度等构成的"体育观赏满意度"与体育再

---

① 金青云：《休闲体育参加者的休闲动机与主观幸福感的关系》，《体育学刊》2011 年第 5 期。

② 侯杰泰、温忠麟等：《结构方程模型及其应用》，教育科学出版社 2004 年版，第 45 页。

消费意识有直接的因果关系以外，其他路径均未出现显著的因果关系（表5—5）。即研究假设2："尝试建立体育传播媒介、体育观赏与体育再消费意识关系的结构模型"的初始模型不成立。

表5—5　初始结构模型的 γ 与 β 的路径分析一览

结构系数	结构路径	标准化系数（Estimate）	T 值（C.R.）
γ 11	体育传播媒介→体育观众需求满足	.16	1.39
γ 31	体育传播媒介→体育再消费意识	−.22	−1.74
γ 22	体育观赏→体育再消费意识	2.14	1.42
γ 32	体育观赏→体育观赏满意度	2.62	1.41
β 31	体育观众需求满足→体育再消费意识	−.05	−.52
β 32	体育观赏满意度→体育再消费意识	.94	7.10***

*p＜.05；**p＜.01；***p＜.001

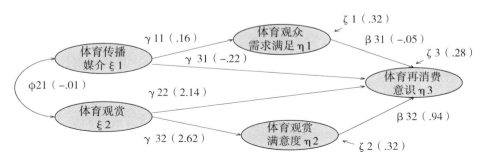

图5—1　初始结构模型路径图

（三）修订后的结构模型拟合度检验及路径分析

1. 修订后的结构模型拟合度检验

基于以上的分析结果，可以判定本研究中所设定的初始模型是不符合要求的。为了使模型有效的关系更加清晰，利用 LISREL8.53 软件对初始模型进行多次拟合和修订。结果发现，自变量"体育传播媒介"中的题项 X1（电视体育传播）、X3（报纸体育传播）；自变量"体育观赏"中的 X6（观赏费用）、

X10（观赏方便性）；中介变量"体育观众需求满足"中的 Y4（逃避需求满足）、Y7（比赛状况满意度）等题项的路径系数均超过了 LISREL 所提供的修订指数 10 和标准残差值 ±2.5。因而删除了该 6 个题项，并进行结构模型的拟合度检验。检验结果，X^2=112.59（初始 X^2=549.21）、GFI=0.95（初始 GFI=0.85）、AGFI（初始 AGFI=0.81）、RMR=0.05（初始 RMR=0.09）、NFI=0.88（初始 NFI=0.67）。与初始模型相比，均达到了好的拟合。认为修订后的模型是一个好的模型。

表 5—6　修订的结构模型的拟合度

拟合指数	X^2	df	P	Q	GFI	AGFI	RMR	NFI	CFI
拟合度	112.59	70	.000	1.70	0.95	0.93	0.05	0.88	0.95

2.修订后结构模型的路径分析

为了进一步探索体育传播媒介、体育观赏、体育观众需求满足、体育观赏满意度、体育再消费意识等变量之间的路径关系，构建了以下路径图（图 5—2、表 5—7）。

检验结果显示（图 5—2），自变量中，体育传播媒介中的杂志体育传播（λ=1.45）与体育观赏中的比赛魅力（λ=1.57）的影响力最大；中介变量中，体育观众需求满足中情感需求满足（λ=1.14）与体育观赏满意度中的服务球迷（λ=1.15）的影响力最大。检验结果显示（表 6—7），对于体育再消费意识的相对影响力是体育观赏满意度（β=.80）最大，其次是体育观赏因素（γ=.26）、体育传播媒介（γ=-.15）、体育观众需求满意度（β=00）等顺序。即体育观赏对体育观赏满意度、体育观赏满意度对体育再消费意识均存在直接的预测作用。说明，随着体育观众对比赛观赏性的不断提高，人们的观赏满意度也随之不断提高，尤其是随着体育观赏满意度的提高，人们越来越渴望得到体育再消费的可能性和再一次光临比赛现场的意向；相反体育传播媒介对体育再消费意识存在负影响。说明，仅仅依靠体育传播媒介来促进体育再消费意识是不现实的，毕竟体育传播媒介与现场感受比赛气氛具有很大的差距。但是体育传播媒介可通过观众的需求满足来推动体育再消费意识,即间接影响体育再消费意识。

总之,虽然体育传播媒介与体育观众需求满足、体育观众需求满足与体育再消费意识之间不存在显著性的关系,但仍存在间接的预测作用。而体育观赏与体育观赏满意度、体育观赏满意度与体育再消费意识之间存在显著的关系(p < .001)。目前对于延边地区体育消费者而言,决定体育再消费意识的首要因素是体育观赏满意度,之后是体育观赏因素。即"尝试建立体育传播媒介、体育观赏与体育再消费意识关系的结构模型"假设成立。

表 5—7 结构模型的 γ 与 β 的路径分析一览

结构系数	结构路径	标准化系数 (Estimate)	T 值 (C.R.)
$\gamma 11$	体育传播媒介→体育观众需求满足	.03	1.42
$\gamma 31$	体育传播媒介→体育再消费意识	−.15	−2.90*
$\gamma 22$	体育观赏→体育再消费意识	.26	.26
$\gamma 32$	体育观赏→体育观赏满意度	.43	2.15*
$\beta 31$	体育观众需求满足→体育再消费意识	.00	−.08
$\beta 32$	体育观赏满意度→体育再消费意识	.80	6.54***

*p < .05;**p < .01;***p < .001

(四)研究的局限性

本研究中,抽样对象仅仅局限于延边地区体育消费者为主,研究结论的普适性问题还不足以做出理论的结论。今后,还有待于在不同的调查对象、不同的区域、不同的项目等进行重复验证。在结构模型的设计中,体育传播媒介、体育观赏、体育观众需求满足、体育观赏满意度等变量并不能完全反映体育再消费意识。另外,在方法上还须尝试结构方程的验证,对一些潜变量做分析,可能会对理论的构建更具有说服力。

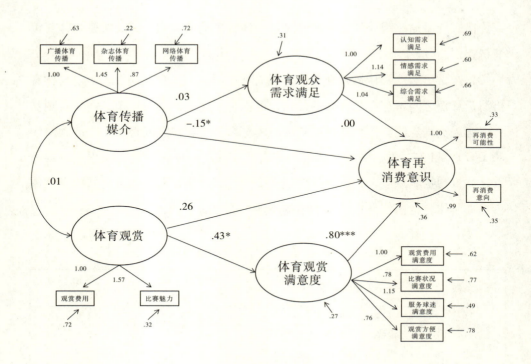

图5—2 最终结构模型路径图

三、延边地区环海兰湖体育休闲圈发展策略研究

海兰湖风景区作为延边州优秀的风景旅游区，它具有得天独厚的区位优势，海兰湖位于吉林省延边州的延吉、龙井、图们三市交界处，风景区离延吉市约12公里，距离龙井市约26公里，而距离图们市有18公里。总面积130平方公里，山地面积120平方公里，水面面积5.78平方公里。海兰湖这一独特的地域优势，使海兰湖能够充分利用图们江区域的政策、区位、交通等有利因素，再结合本景区的"一带、四区、九品、十八景"等主要景观，充分利用海兰湖高尔夫度假村、海兰湖滑雪场、海兰江漂流，繁茂的山地森林资源，朝鲜族民俗园等特色资源，大力开展高尔夫、冬季滑雪、海兰江漂流、景区游船、健身登山、娱乐垂钓，还可进行网球、篮球、乒乓球、足球、排球，自行

车等多种休闲体育活动。

相比这种资源优势，相关部门的执行力却不高。政府发布的一些优惠政策制度并没有得到有力的实施，政府各级部门各自为政，缺少总体意识，体育休闲开发形式缺乏个性和严格的管理，而"环海兰湖体育休闲圈"是一个融运动、健身、放松与出行于一体的，能够促进体育旅游业推广的策划，是为了充分利用图们江区域的地域特色和体育、文化资源、天然资源、运输条件等优势，并根据目前经济、社会和文化发展现状建议制定的，此构想可以使海兰湖充分利用《规划纲要》的优惠政策，发挥海兰湖地区的特色资源优势，形成环绕海兰湖风景区的体育休闲产业圈，争取做到在州内屹立，服务全省，扩大到东北亚。使图们江区域以及海兰湖地区的体育休闲业得到更好、更快的发展，使其满足图们江区域群众参与体育健身休闲活动的需要，迎合人们逐渐增加的在运动观赏等精神层面需求，不断为促进延边州经济而努力整合、开发延边体育产业，为促进集体运动服务，创造厚实的大众运动背景。

（一）延边地区环海兰湖体育休闲圈的区位特征

1. 地理位置

海兰湖风景区的地理位置在河龙村和龙河村范围内，处于延吉、龙井和图们三市的城市交界处。地理坐标为东经 128 度 54 分—129 度 48 分，北纬 42 度 21 分—43 度 24 分。总面积 52.78 平方公里。景区内山地面积 4 平方公里，水域面积 3.45 平方公里。

2. 区位条件

延边州的主要城市延吉市，是整个自治州的中心，科学前沿、教育圣地、交通枢纽、经济发达、政治发展、文化教育良好。属于联合国开发计划中提出的图们江地区发展大"金三角"之一。整个城市面积占 1350 平方公里，人口有 554492 人，有朝鲜族、汉族、满族等 16 个民族的人民聚集在此，其中朝鲜族人数占总人口的 57.58%。延吉市聚集了大量有着鲜明民族特色的旅游资源，可以说是国内最具有朝鲜族特色的地方之一。走出延吉市，西边 180 公里处就是誉满全球的长白山，东南方 110 公里就是中国、朝鲜、俄罗斯三个国家的接壤处防川，北方 300 公里处是淡泊宁静的镜泊湖。龙井市面积 2591 平方公里，海拔由一百余米到一千三百余米不等。龙井市有充裕的自然资源，天然次生林是林子的主要部分。有林地面积 166885 平方公里，森林覆盖率为 68%。在各式各样的龙井特产中，包含了一百余科一千多种野生自然经济植物，其中珍奇可入药的植物就有近两百种，比如各种参类、枸杞、白芷等，可食用的植物有食用菌如松茸、慈姑、红松、马齿苋、红景天等，动物有野生貉、东北棕熊、豹猫、水獭等，生产的麝香、熊胆、红花、林蛙油等都是珍稀的中药种类。还有许多飞行动物、地面爬行动物、海陆两栖动物几百余种。龙井市具有富饶的旅游资源，加上地理上的鲜明优势，以及完整保留的朝鲜民族风俗特色，吸引着几乎所有年龄段的游客。作为中国重要的东北内陆口岸城市的图们市，坐落于延边朝鲜族自治州的东部，一直以来都有着"祖国东大门"的称号。图们江以东就是朝鲜，东边毗邻的是珲春，在西南方紧挨龙井市，而向北与汪清县交界。与省行政中心长春市相距 380 公里。图们市整体面积 1164.55 平方公里，市内生活着汉族、朝鲜族、满族、回族、苗族等 11 个民族，其中以朝鲜族为主占 57%。

3. 风景特色

海兰湖风景区以丛松绿柏、碧湖绿水、风景如画著称。站在平原上向北望，连绵的群山如万马奔腾，似巨龙腾飞，掩映于苍天之下，有一种苍凉古朴之美；站在高岗上向远处眺望，百里之外人烟绝迹，层林尽染，间或映出的湖水明亮如镜。置身于此，方能真正地体会到"野旷天低树，江清月近人"。置身于鸟语花香之中，夹杂着湖水、绿树、泥土芳香的山风轻拂你的面庞，一时间仿佛来到世界之边缘。景区的美不只在于山、水、林，更有由山、水、林孕育出的种类繁多的动植物。春季鸟鸣、兽嚎取代了冬季的沉静，这时就连树木、青草发芽都仿佛带着声音，一切是那么的热闹，漫步其中心情格外的轻快。

海兰湖风景区不仅有丰富的自然资源，也有着充足的人文资源。在海兰湖，科学家不仅能够找到旧石器时代晚期人类的足迹，同时海兰湖还为证明金谷晚期遗址文化等提供了依据，也是我国明代著名的女真人一族曾生活居住的地方和清朝的发源地。并且，其保存的日本侵华战争、中国人民解放战争等革命文物，不仅吸引大量游人，而且让游客感受到强烈的爱国主义精神，让游客在底蕴丰富的民族文化精神里得到无穷的心理支撑力量，由此迸发出强烈的爱国情感。

4. 社会经济

到 2010 年止，延吉市、图们市和龙井市等三个城市的人口达到八十余万人，约占自治州人口总数的 37.1%；其中有城市户口的居民有六十三余万人，是整个自治州人数的 44.4%；而财政收入在十一亿元左右，约占全州总财政收入的 40.4%；GDP 将近 149.8 亿元，约占全州 GDP 的 48.7%；至于固定资产投资的数目则达到了 115.9 亿元，约占自治州总固定资本投资数目总数的 40.7%。作为延边州首府，延吉市是一座凝集了科学、教育、交通、经济、政治、文化的重要城市。而龙井市作为我国北方一个比较重要的边境城市，是中国境内朝鲜族民俗文化气息最浓厚的、焦点最集中的朝鲜族民俗文化基地之一。延吉市的总面积达到 2591 平方千米，人口总数为二十四余万人，而朝鲜族就占了其中的大部分有 65.5%。截至 2007 年，龙井市实现了财政收入达到 1.8 个亿，GDP 达到 18.9 亿元，人均 GDP 达到 7825 元的目标。截至 2007 年，图们市全年实现全口径财政收入 14994 万元，比去年同期增长了 27.0%；其中地方财政收入 9088 万元，增长了 34.1%。财政支出 45892 万元，比去年同期增长了 33.2%。

(二) 延边地区环海兰湖体育休闲圈的开发条件与市场前景分析

伴随着"十九大"精神的深入贯彻落实，休闲时代已悄悄地来到了我们的身边，人们对假期休闲娱乐的要求越来越高。《中国图们江区域合作开发规划纲要——以长吉图为开发开放先导区》（即《规划纲要》）在 2009 年由国务院批准发布，延边州作为开发图们江区域的首要位置，不仅是"长吉图"计划的开发要地，更承担了落实"纲要"的主要义务和任务，随着《规划纲要》不断地贯彻落实，对延边朝鲜族自治州的经济建设方面来说肯定是千载难逢的好机遇。体育休闲资源是建设体育休闲行业的物质基础，对体育休闲业的开发具有决定性的意义。体育休闲资源的魅力所在就是吸引人们前往某地进行休闲度假，这就要求开发时注意资源的吸引功能。提升体育休闲资源的吸引力要涉及环境和人文资源条件、出行条件、基本保障设施条件、发展空间条件、政治政策条件等。在我们国家经济发展、社会进步的同时，人民的生活水平、环境、质量也提升了一大截，人们看待生活的观念发生了强烈的变化，消费观念也不断地更新。旅行出游、休闲放松、健身强身、室外活动已经变成人类生命活动中难以缺少的部分。大多数人对"休闲"一词不再陌生，愈来愈看重休闲的内容与方式。休闲是人生的一种高境界和高追求，更能评判一个地区的生产力水平是否达到标准。

本文在对延边地区环海兰湖体育休闲圈的开发条件与市场前景进行分析时会采用 SWOT 的分析方法。SWOT 分析法，就是人们所说的态势分析法，于 20 世纪 80 年代初由旧金山大学（The University of San Francisco）管理学学者推广的，作为一种颇有效果的发展战略分析方法，已经在旅游规划和旅游发展战略研究中随处可见。其中 SWOT 这四个英文字母分别代表：优势（Strengths）、劣势（Weaknesses）、机会（Opportunities）、威胁（Threats）。意即经过调查把与研究对象紧密关联的主要内部优势、劣势、机遇和威胁等详细说明出来，然后按矩阵的方式列举出来，再应用系统分析这一思想，将多种因素进行匹配并且剖析，最终得出可信的结论，运用结论通常可以做一些决定。在研究中从延边地区环海兰湖体育休闲圈的开发条件与市场前景分析的优势、劣势、机遇、威胁这四个方面入手，争取对该地区的研究做到详尽和真实。

1. 优势分析

（1）自然资源优势

海兰湖体育休闲风景区的体育休闲资源不仅有"月亮岛风景区、九龙山庄风景区、小河龙码头景区、高尔夫度假村风景区"等四大资源，还有海兰湖著名的九龙山、象鼻山等及许多新开发的景点。可供划船、登山等的休闲爱好者尽情地享受休闲带给他们的快乐。地貌上：海兰湖体育休闲风景区周围山脉延绵高耸，海拔较高，峰峦重叠，中部为布尔哈通河、海兰江河谷平原。形成无缺的山谷间丘陵地形。其四周群山，南侧是巍峨高山，海拔 1437 米，峭壁悬崖，气势雄伟，风景宜人。景区是集森林、悬崖、草甸、山泉为一体的综合性景区，春天有漫山遍野的山杏花、金达莱，秋天有山核桃、山梨、红松塔子、蘑菇以及野猪、狍子、野兔、野鸡等，有充裕的动植物资源，空气清爽怡人，阳光温暖明媚。它的南侧翻过石井山与朝鲜接壤，北侧就是和帽儿山相连的千佛指山山脉——九龙山，九龙山对面的海兰江与图们江末端交汇。体育休闲爱好者在享受了登山带给他们健康的同时也享受了大自然所赐予他们的无限美景。

在水景上海兰湖也别具特色，海兰江：发源于和龙市富兴镇甑峰山东北谷，辽金称曷懒水，明称合兰河，满语称"海兰毕拉"，意为"榆树河"。它可以供漂流爱好者享受他们在喧嚣的城市中所体会不到的那种刺激的情怀。

海兰湖：海兰湖是人为在 2002 年打造的观赏性湖泊，湖水绵延 13.5 公里，湖面面积大概有 27.8 平方公里。有着晶莹的湖水，周围众山耸立，树林围绕湖泊。秋天的夜晚在广阔的海兰湖岸赏月，一直被视为一种无与伦比的精神享受。海兰湖可以为游船欣赏放松心情提供良好的场所，更可以为海兰湖举办划船比赛，提供良好的契机。

小河龙水库：延边小河龙水库处在河龙村、海兰河与布尔哈通河汇合口处，距延吉市城区 10 公里。坝址处地理位置为东经 129 度 39 分，北纬 42 度 54 分，海拔高度为 165 米。工程坝址以上受水面积 2927 平方公里，是海兰江全流域面积（2934 平方公里）的 99.8%，河道平均降比为 3.2%，河长 146 千米。流域上游和下游为山区，森林茂盛、植被良好，小河龙水库库区就在下游区。此水库是垂钓爱好者的福音，在享受垂钓给我们带来欣喜的同时也可以在活动过后享受一顿丰盛的水库鱼宴。

（2）人文资源优势

海兰湖地区还有着丰富的人文景观资源，神秘的九龙山庄、依松林而建的松庭，都为体育休闲观光者登山、游湖、玩球过后的休息提供了良好的场所。海兰湖风景区位于延吉和龙井两市之间，其延吉段北侧与高尔夫球场接壤，可进行高尔夫球比赛，南侧是巍峨高山，峭壁悬崖，气势宏伟，风景怡人。龙井段有已建成的九龙山庄、网球馆、风俗民情别墅群；建筑总面积约 30000 平方公里，南侧翻过石井山与朝鲜接壤，它的北侧就是九龙山，九龙山对面的海兰江与图们江末端交汇。在观赏完美景，身心也得到充分放松后，海兰湖这里的许多名胜古迹也会给体育休闲爱好者提供休闲参观的好机会，这里有寻找旧石器时代晚期人类遗迹希望地、唐代（公元 698 年）渤海时期的经济文化繁荣地、明朝时代女真一族居住地、这里也是我国大清王朝的发源地、著名的抗日根据地、战迹地和教育基地等我们可以在欣赏圣景的同时，一路体味休闲给我们带来的欢愉。

由于延边朝鲜族人民自古以来以农耕产业为主，因而延边朝鲜族民族传统体育风格独特、形式多样、具有农耕民族文化特色。朝鲜族作为多才多艺的民族，无论是耄耋的老年人，还是单纯无邪的小孩，一般都喜欢唱歌跳舞，每逢假期和重大节日，都可以看到朝鲜族人民兴高采烈、欢腾跳跃的场面。而朝鲜族的曲调舞蹈有着厚实的原始底蕴和坚实的群众基底，朝鲜族被誉为"歌舞的民族"。朝鲜族又喜欢体育活动，排球、跳板、秋千、摔跤比赛等皆是民族风俗的休闲运动。每逢秋季丰收时节，各种民间竞技便开始了，摔跤是男人的专利，冠军通常奖励一个头带红花、身系红缎的大黄牛；秋千和跳板通常是妇女们的专利，身着彩衣的妇女们在秋千中衣袂飘飘，风姿绰约，使得荡秋千除了是一项体育休闲活动，还是难得的美的享受。

（3）基础设施优势

公路方面，海兰湖景区的对外联系主要是延吉—图们的二级公路和延吉—和龙的林区山路。作为风景区重要服务基地的延吉市，交通发达。2008 年竣工了吉林省最长的一条高速公路——吉林至延吉高速公路，历经 5 年建设、全长 284.7 公里、总投资 95 亿元。延边州最后一条通县高速公路——汪延高速公路已通车。铁路方面，延吉至长春的路线也依旧在建设中。长春至延吉铁路，可直接与北京、吉林、牡丹江市相连，并与朝鲜南阳相通。还有和朝鲜南阳对开的国际货运列车，客运站存在着四条大巴主要抵达线路、六条卡车主要抵达线路，属于国家编制的出发路线有三条，铁路每年通过量高达五百万吨，能够直接抵达中国北方的许多地区，朝鲜咸镜北道的首府清津、不冻港罗津，俄联邦的符拉迪沃斯托克等多个地方。航空方面，延吉机场已开辟了至北京、大连等 10 条国内航线，年运输能力为 120 万人次。目前有至日本、韩国等地的准时飞行。水运方面，水运上开通了大坝—九龙山庄、别墅区小岛—大坝两条航线，共 19 公里，包括大型容纳一百五十人左右的游船 2 艘，中型七十人左右 2 艘，游艇 4 艘，3 个码头。海兰湖内部也有比较便利的交通条件，九龙山庄—龙井，国三级新建沥青公路，66 公里；码头—服务区，国四级新建沥青公路，3 公里；九龙山庄—生态园，国四级新建沥青公路，2 公里；生态园—码头，国四级新建沥青公路，6 公里。未来在保持原有道路路线的基础上，充分利用延吉市的便捷交通网络，将风景区至延吉的二级旅游公路按一级旅游公路标准建设。

（4）政策优势

海兰湖的发展与国家政策的实施有着密不可分的关系，2001 年 3 月 8 日，延边搭上了中国"西部大开发"这趟快车。从政策层面，延边区域享受集西部大开发、民族区域自治、图们江区域开发等多项优惠政策于一身，这将为朝鲜族体育的发展带来新的机遇和挑战。

2009 年 8 月，国务院正式批复《中国图们江区域合作开发规划纲要——以长吉图为先导区》（以下简称《规划纲要》），标志着长吉图成为迄今唯一一个国家批准实施的边境开发开放区域。《规划纲要》的发布，极大地加快了区域间资源整合的进程。随着市场调节和国家宏观调控经济的不断完善，空间上和区域间的合理布局变得愈来愈重要。延边朝鲜族自治州作为图们江区域开发开放的中心区域，《规划纲要》的提出有利于优化延边州空间布局、加快产业发展步伐、加强基础设施建设和生态环境建设、大力推进延边州参与图们江国际区域合作。这些政策都为延边地区体育产业在布局、产业形式、基础设施、生态环境和跨境旅游的发展指明了方向。延边地区海兰湖风景区规划属于延边朝鲜族自治州观光产业"十一五规划纲要"的一个主要打造项目，总投资

21152.6 万元，属于延边地区观光推广领域构造里大力制作的延边地区中央民族风俗和城市地区观光合作部分，也是延吉、龙井、图们一体化的着力点。这个规划的实施，对加快延吉、龙井、图们一体化观光合作有很大作用，并对促进延边地区观光旅游业的崛起提供更深入的效益与影响。发展海兰湖地区应采用"走出去，引进来"的发展策略，加快发展海兰湖的步伐，积极建立海兰湖的体育休闲产业圈，优化该地区的休闲项目体系，大力培养休闲专业型人才，最终争取将其发展为延边州的支柱产业，为延边地区的繁荣富强贡献力量。

（5）市场环境优势

延边朝鲜族自治州是中、俄、朝三个国家的聚集处，是"长吉图"发展实验区的核心位置，这里是朝鲜族人民的聚居地，独特的地理位置使自治州无形中吸收了大量的韩国文化和理念，使人们对娱乐和参与体育锻炼的感受有着本质上的领会和剖析。人们更喜欢在闲暇的时间里通过体育锻炼来体验大自然给自身带来的感受，更愿意到大自然中寻找自我满足感，并对新奇、刺激、时尚前卫的活动充满着兴趣。体育休闲游不仅能满足他们需求，还能更全面的填补人们的娱乐消遣时间。这就使体育休闲游的发展形成了一个良好的市场环境和氛围，对于市场的分析可以从国内和国外两个区域来介绍，首先来看一下国内市场，分为三级客源市场。

国内一级客源市场，以延边州范围内和长白山风景地区为重点市场。延边州范围内和长白山风景地区是一体化地区的重点实际游客来源地。延边州的每个地区都具备了自然独特的地理上有利的形式和游客来源的长处，贸易和人群之间相处较多，相距较短、通信快速、出行用度对比是比较廉价的，主要是以休闲出行、休憩娱乐、看望他人为主；到长白山旅游的旅人基本都是工资丰厚、空余光阴足够，游玩的心愿热切，强身健体娱乐的想法也更加强烈，是主要的一级客源市场。把吉林省附近区域的都会当作主体，比如新京、江城、四平街、扶余等许多地区是国内二级客源市场。伴随铁道、道路互联的持续推广，尤其是珲乌高等级公路的建成，该区域到延龙图只需 2—5 小时，从城市喧嚣的生活中解脱出来，享受一下来自延边特色的异域风情，可成为稳定客源市场。国内三级客源市场，以我国国内某些省的某些区域为主体，主要是哈尔滨、沈阳、大连、牡丹江等东北区域以及京津区域。该区域人民的生活质量略好，对体育休闲消费不太有所顾忌，对刺激延边的体育产业消费有着很好的作用，同时和一体化地区有显著的地理上的不同，是我国的三级客源市场。港澳台地区同样是中华文明的主体，对于国内旅游产业来说是重点游客来源地，所以，有着强大的空间开拓后劲。

国外客源市场可以分为两级：国外一级旅游市场，韩国、俄罗斯、日本等。韩国是世界贸易飞速发展的地区，并且也是亚太区域近年来崛起的游客来源地。并且，不同寻常的位置和充裕的观光商品，使日本和俄罗斯逐渐变成延边地区国外游客来源的重要部分。而且这些国家国内的体育休闲情怀比较浓重，在体味旅游带来的赏心悦目的同时，还能体会延边地区体育休闲活动带来的乐趣，既放松了身心，又在休闲活动当中收获了健康。而东南亚地区的国家、西欧地区的国家、北美地区的国家和大洋洲地区的国家是重要的国外二级客源市场。长白山地区对这些地区的游客的吸引力很大。这些开拓空间能够成为中间发展的主体，加大长白山地区与周边观光白热化的地区的沟通联系，统一并且制造相同的观光途径，共同拥有本文提到的旅游空间。

（6）东北亚区域经济与海兰湖地区发展具有联动效应的优势

随着经济全球化进程的加快，东部大部分区域已成了亚洲区域的主体，并且正处于贸易往来迅猛发展的阶段，地区的合作将进一步加强。位于"延龙图"交界处的海兰湖风景区处于东北亚经济圈的核心，它的开发与建设成为历史的必然，同时，其体育休闲资源的知名度也将会进一步扩大，吸引更多的东北亚地区的体育休闲爱好者。同时，海兰湖风景区所处的"延龙图"正好处在东北区域围绕日本边缘海贸易地区的西边区域，是中国、俄罗斯、朝鲜三国交界的区域。除此之外，"延龙图"独一无二的地理优势对外贸易大有好处。由此可见，延龙图区域是吉林省等地越过图们江与世界进行经济贸易的枢纽与窗口，是我国本土商品进入俄罗斯、朝鲜等地的主要出口地，它的发展对东北区域的经济、产品加工输出、国内居民出国观光等方面有显见的好处。延龙图区域大约处在珲春—乌兰浩特的东部。延龙图区域所在的自然地域区域，表明了"延龙图"区域将逐步发展自己的贸易重点区域群。因此，延龙图区域经济中心与海兰湖地区的体育休闲业的发展具有良好的联动效应。

2. 弱势分析

（1）区域经济发展速度还不够快，周边农村居民生活质量较差，用于休闲消费的支出较少

延边地区经济在党和国家的政策的指引下得到了飞速的发展，但与国家的一二线城市比较还是有一定差距的，构成休闲的两个比较重要的因素，一是闲暇时间，二是经济基础。只有在二者都具备的情况下，才能够产生休闲消费的支出。海兰湖风景区位于延吉市郊区位置，周围大部分被村庄环绕，制约着海兰湖区域发展的进度。

（2）体育旅游休闲专业管理型精英匮乏

精英短缺是当下限制体育休闲旅游业崛起的一种客观因素。现在体育休闲行业惯例中存在着许多亟待解决的问题，如综合开发、利用资源、如何保护体育休闲、体育休闲市场供与求之间的关系和管理；体育休闲旅游产品的制作、经营与推广问题；对于体育休闲旅游业的消费观念和消费对象的定位问题等，这些都关系到体育休闲旅游业的崛起。海兰湖景区的发展就需要专业管理型人才来经营，当今在就业的休闲旅游相关人员大多体育知识贫乏，体育意识淡薄，缺乏对体育活动的操作、企划才能。这些外在因素在制约体育休闲旅游业的崛起方面上都有一定影响，不能有效的管理经营海兰湖景区。

（3）开发程度、管理水平不高、服务质量差、固定资产投资不足等问题

缺乏相应的人才培养机制使体育休闲从业人员团体素质低下、经验贫乏，一系列体育休闲服务体系还有经营不好、管理不善、服务质量差等问题，正所谓顾客是上帝，令人不满意的服务后果就是失去顾客，失去发展的空间。资金短缺的因素，在许多方面限制了体育休闲产业的进一步发展，比如，产品的研发、推广、员工培训上岗和基础设施的发展。硬件设施落后远难以迎合运动休闲开发的需要，影响着体育休闲业的发展。体育休闲业推广的强度太小。近年

来，海兰湖景区因为缺乏体育休闲营销资金造成推广力度不够，加上推广部分内容简单、方式老旧、缺少宣传的路径，方法不足，推广内容进行不顺利不连贯，缺乏长期的宣传，导致广告的影响小，收效甚微。

3. 机遇分析

（1）长吉图先导区开发开放的带动作用

吉林省将打造长（长春）吉（吉林）图（图们）开放发展实验区，实验区包括吉林省中东部的长春、吉林和图们江地区，按交通要道周围分布，整体面积约三万平方公里，人口总数达到了 770 万人。吉林省设想未来花费 5—10 年时间，发展长吉图区域贸易整体化，达到延龙图区域贸易整体化，把珲春作为开发的先导，延吉、龙井和图们等地区作为开端、长春和吉林地区作为前置动力、以东北吸引地作为整体构造的支柱，来造就我国东北对外贸易往来的新型窗口，建立大陆对外开放实验区、新兴旅游休闲风景区和生态经济区。正在编制以长吉图为重点区域的图们江地区协同发展策划，争取得到国务院的批准。国家高度重视图们江地区的经济开发，成立了国家级边境贸易合作区，给予本区开发开放、吸引外资一系列优惠政策，积极加快我国中西部区域的经济崛起，减少和我国沿海发达区域的差异，给吉林省带来了新的更大的发展机遇。

（2）延龙图一体化重要决策的辐射效应

2006 年，延边州委、州政府做出了延（延吉）龙（龙井）图（图们）整体化的重要决策，修建延龙图部分的贸易、社会进步的整体化，就是根本装备兴办整体化、资本处理整体化、社会贸易开发整体化、建筑渠道修筑整体化还有建造单干分布整体化，为促进延龙图部分贸易格局的整体平衡不断努力。延龙图部分的整体化有了较好的势头：发行了《延吉龙井图们城市空间规划纲要》；一体化领导体系更新有了很大的进步。因此，随着长吉图开放带动先导区和延龙图一体化进程的不断推进，将为海兰湖风景区建设发展带来巨大的契机。

（3）全面建设小康社会，给体育休闲旅游产业的崛起带来了重要的契机

在全面建设发展小康社会的过程中，我国经济飞速发展，在将来的较长时

间内仍会平稳匀速地上升，在奔向小康社会、构建和谐社会的美好憧憬下，人们整体的生活水平和质量会显著提高。据可靠资料，中国的人均消费金额每年都会增加10.8%，在即将到来的下一轮消费高峰面前，居民的消费方式将从实物消费转换到实物消费和服务消费相结合的方式，休闲旅游产业逐步变为在消费旺盛势头下的主要获益产业之一。我国人口基数大，人均收入水平的逐步提高，往往会促使人们增加消费，再加上不同收入的居民消费水平都在不断提高，将为我国体育休闲产业的发展创造市场和发展空间。剖析观光行业的推广顺序，人均收入在一千到两千美元之间，将带动内地旅游行业的迅猛发展，因为人均收入在一千到两千美元的时候，逐渐形成体育休闲度假旅游市场；到了人均收入三千美元时，就会掀起一股到周围其他国家旅游的风潮；继续上升到五千美元时居民的旅游地点就会走出亚洲走向世界。我国人均收入早在2003年就冲破了一千美元的关卡，随后国内的旅游业飞速发展，开始形成体育休闲度假旅游市场，"十一五"的实施更使得我国人均收入保持增长，由此给运动休闲观光业的崛起制造了不错的市场空间背景。目前延边地区运动休闲旅游业崛起迅速，正处在上升的良好阶段，冰雪旅游、跨境旅游等多种独具特色的旅游形式吸引着大量游客。

（4）旅游业的快速发展和国家政策的支持为海兰湖地区体育休闲产业的建设具有积极的促进作用

国际观光旅游业这几年来崛起飞快，一跃变成国际上首屈一指的大产业。伴随着国际贸易往来的深入开展加上居民格局的变化，观光游览早就变成了潮流，渐渐成为居民生活的一部分，伴随人们外出旅游的频率越来越高，旅游业在未来一定会有长久的良好发展，因而海兰湖地区的建设发展大背景十分乐观。同时，当前国家高度重视旅游业，相关政策对旅游业发展打下了不错的基础。我国领导人鲜明地指出必须深入发展以旅游业为主体的第三服务业，让观光旅游业作为新兴的经济增长点，第十个五年计划期间，我国即将深入发行更多的惠民政策并且加大资金援助，基本设备修建和自然环境保护将成为投资主体并因此获利。体育休闲产业作为我国新崛起的朝阳产业，也应抓住海兰湖发展的这个大好机会，逐步完善产业布局，逐步提高产业服务质量，并可以与高校联合培养更多更加全面的体育休闲产业人才。

（5）体育休闲旅游是旅游业未来的新亮点

体育休闲不但增加了原始观光的吸引力，同时有健身、娱乐、休闲等效果。体育休闲的广泛推广不仅使消费者的需求得到满足，也增加消费人群的层次。尤其是传统的节假日，人们开始渴望多种形式的体育与休闲娱乐融为一体的多种休闲模式。约翰·托夫勒曾在《第四次浪潮》中指出：服务业的革命将会是人类社会迎来的第三次经济浪潮，信息技术革命是第四次经济浪潮，而娱乐和旅游业的发展则是第五次经济浪潮。世界旅游组织显示，在全球观光旅游的人群中，把休闲娱乐、身体康复作为首要目标的游客占主体。由此可见，体育休闲旅游业是一项朝阳产业。

4.威胁分析

（1）周边城市的竞争威胁

首先，体育休闲旅游资源优势明显。如，长白山著名风景旅游区、珲春三国交界处——防川旅游区和龙仙景台国家风景名胜区、敦化六顶山风景旅游区等著名的风景旅游胜地，这些资源优势对海兰湖的冲击还是较大的。但海兰湖同样有自己独特的优势所在。因而，通过分析尽早将劣势变为优势，积极发展与完善自身的优势，逐步接近或赶超其他的休闲产业地带，形成独具一格的海兰湖特色旅游风景地域，扩大本地区的知名度。

其次，和其他省旅游行业的竞争也比较激烈。如黑龙江的冰雪体育旅游，哈尔滨国际冰雪节也是我国有史以来首个进行冰雪活动的节日；辽宁的海洋旅游产业，辽宁抚顺海洋世界，大连老虎滩海洋公园，而且辽宁省还承办了中国首届城市湿地旅游文化节等重要的项目。这些都无形当中给海兰湖的发展带了压力，但我们也看到许多机遇和挑战，迎难而上，丰富自身发展，立足长远，形成独具一格的地域特色，相信海兰湖地区未来前景可观。

（2）体育休闲产品自身脆弱性

参加体育休闲活动的旅游项目，能够满足人们的好奇心理、情绪，强身健体。一方面，需要主体的一种缺失状态。当主体产生了某一缺失就必然产生去获得这种需要的欲望。旅游者体育消费需求总是处于常变常新的状态之中，这就要求体育旅游产品不断地更新换代以满足人们日益增长的体育需求。另一方面，随着社会的进步与经济、科技和体育产业的发展，一些传统的体育休闲项目将会被高科技、高品位和具有时代特色的新兴体育旅游产品所替代。

（3）政府主导的负面影响

政府对体育休闲产业的主导是体育休闲产业发展应该应对的一把双刃剑，如何进行好权利的分配是关键。政府对体育休闲产业的主导所产生的良性影响可以促使政府对体育旅游整体方向上把握、对行业的整顿、营造特定的休闲旅游风气、增强行业间的综合竞争力等几个方面。而如果没有分配好权利所产生不利影响也是后患无穷的。章尚正教授指出了五点消极作用：第一，在某种程度上，压抑了旅游市场的发育，阻碍了旅游经济的发展；第二，资源配置的政府化，易形成某些官员热衷于跑上级部门，要项目、要资金、要优惠、要返税，而不是关注市场；第三，政府直接参与微观层面的生产经营活动，容易产生一些普遍负效应；第四，政府调控能力有限，"主导"的结果有可能是结构性矛盾更加突出；第五，在旅游发展规划编制中，政府主导型推行不当，就容易造成非科学行为。对政府主导利弊的分析不难看出，如何在政府权力分配中寻找发展的契合点将是体育休闲产业发展的一个现实的问题，也将是区域体育休闲旅游发展所要处理的难题。

（三）环海兰湖体育休闲圈的资源分布特征与开发模式研究

1. 环海兰湖体育休闲圈的体育休闲资源分布特征

（1）海兰湖风景区的范围

海兰湖风景区位于延吉、龙井、图们市的北侧和海兰江高尔夫球场相接，南山峭壁悬崖。该风景区分两大片，即：延吉市小营镇小河龙村和龙井市东盛涌村，总面积4.0平方千米，水面面积3.45平方千米。各景区边界周围划出150—300米区域，用作风景区周边保护控制区域，总体面积为52.78平方千米。核心景区范围包括西侧的小河龙码头，东至九龙山庄的生态园，北侧与海兰江高尔夫球场相连，南侧与龙河村沿江路相通，面积为 7.45 平方千米。在风景区范围内，除重点景区外皆属于周边保护地带范围，面积为 45.33 平方千米。在此范围内，要求严格按照国家《环境保护法》《森林法》和《风景名胜区管理条例》进行环境保护和生态保护。在保护的过程中我们还应恢复公路两侧山体的森林植被和防护林体系，严禁炸山采石，严禁沿路建筑、设摊，以及严禁对现有水系的污染和对现有植被的景观性破坏，切实做好水土保持工作，控制沙化现象，保证风景区生态环境的良性发展和视觉景观的完整性。

（2）海兰湖体育休闲资源内部结构及空间组合形态与特征

风景资源内部结构是各种景观元素的组合特征、总体形态特征，是体育旅游资源吸引人的重要影响因素，它直接控制着体育旅游资源质量的高低。海兰湖风景区体育休闲资源较丰富，一级风景区景点以自然景观为主，3 个景点。二级风景区景点的数目为 4 个，既有自然景观资源也有人文景观资源。三级风景区景点的数量为 7 个。从景观元素的组合上看，其集合性、层次性、连通度和连接度较好，风景区陆路观赏带以九龙山庄的延边朝鲜族的少数民族风情景区为主要吸引源和中心热点，其次是别墅群等风景资源。水路可以沿途观赏海兰江沿线风光到海兰湖的全景。两条旅游线最终汇合至一点，基本反映出了海兰湖风景区的景观全貌。

（3）海兰湖体育休闲资源布局结构

海兰湖风景区规划以"圆形放射圈层"结构形式布局，并采用点线结合的方法解决风景区对外和对内的快速交通。"圆形放射圈层"结构实际上是各类用地在地域上的空间拓展形式，可以确保不同性质功能的开发建设项目与通过开发适宜分析所得的相应地块相符，从而以规划控制手段有效防止对自然环境和生态环境人为破坏。核心圈层以贯穿风景区的道路为依托开发旅游地域，中间东部圈层形成广阔的生态保护腹地，西部结合生态环境的整治形成生态复本区域，从而形成"一带、四区、九品、十八景"的风景区整体框架。一带，水路（海兰江航线）与公路一起构造风景区的观赏地带，把全部景区联系结合成一个有机的个体，人们在游湖观赏时，可以享受划船、漂流等享受大自然带给人们的乐趣。四区，九龙山庄别墅区、月亮岛风景区、小河龙观光码头区、高尔夫度假区，我们体味登山带给我们的大汗淋漓后的那种超脱世俗，体会森林探险给我们带来的神秘莫测，在高尔夫度假村还能体会一下高瞻远瞩的感觉。九品，即九种旅游产品：生态观光旅游、科普文化普及、养生健身、冰雪运动、民族风情、洗尽铅华、度假休闲、农业旅游、特殊旅游，参与各种冰雪类项目，滑冰，滑雪，体味民俗，返璞归真。十八景，千山万壑、鸟瞰兰江、蓝天碧水、飞鸟放歌、曲径通幽、船港恋情、烟波浩渺、金达吐艳、兰湖九曲、扬舟唱晚、绿岛伊人、一松豪气、飞花点翠、九龙琼楼、绿色田园、茅茨土阶、烟波一线、傲雪凌霜等。

（4）海兰湖体育休闲资源功能分区

根据海兰湖风景区的景观资源分布、自然地理条件和开发现状，在立足于全面保护生态的基础上进行合理适度的开发利用，在四大景区基础上详细界定四大功能分区。游览区，即风景区里集自然美景与人文景观为一体的重点观光地区。其核心为海兰湖岸、海兰湖、九龙山、一松亭、金达莱山谷、小河龙水库等，并辅以航运文化为特色的海兰江沿江览胜区贯穿其中，成为为陆路游览线有效补充的水路联系动脉。山林游憩区，利用九龙山的陡峭山势，可进行攀岩、探险、山地自行车等运动，林木葱郁、苍翠欲滴，在局部构成完整闭合的登山步道，使之成为吸引休闲游客的山林游憩区。生态保护区，海兰湖岸的湿地、森林、灌丛和草本是重要的自然生态系统和自然资源，具有蓄水防洪、调节气候、蓄积水分、净涤水质、保持生物系统的多样性等诸多生态功能，是鸟类主要的栖息地和繁殖地，是重点保护的自然资源。服务接待区，除景区内呈点状的必要的服务设施，在观光码头区、月亮岛区、九龙山庄和高尔夫度假村景区设置相对集中且富有特色的服务接待区。与景区紧密结合，向游客提供与之配套的游憩场所和娱乐设施。

2. 环海兰湖体育休闲圈的体育休闲资源开发模式

旅游资源开发就是把开发旅游产业作为引导，把空间发展的需要作为方向，把旅游资源作为重点，通过完善与提升旅游资源对旅游者的吸引力作为发展要点，井井有条地运用合理的方法，将旅游资源变成可以被旅游业运用的旅游吸金的经济贸易项目。然而怎样在建设投入的过程中进一步开发体育旅游资源的潜力？怎样整合优势体育旅游资源？就需要一个媒介来融合。产业化作为全球经济快速发展下一种最行之有效的方式，它既可以体现单个体经济价值的最大化，又能符合区域资源一体化的要求，正好符合了区域体育旅游资源开发的整体要求。所以加快区域体育旅游向产业化转换十分有必要。

（1）区域体育旅游产业化的理念

随着社会的发展，人们对于产业这个词的理解比较模糊，没有明确的定位，而停留在大众心中产业的理念通常是：在宏观经济领域（经济）和微观经济（经济）领域之间，是随社会生产力逐步发展而导致社会任务分配的体现，是一个具有诸如部门、行业等多层次的经济系统。经济学家对产业这个理念的理解就是进行同种物资制造和类似的服务的贸易集体。其中同种物资制造和类似服务的意义是指具有明确竞争关系和替代关系的商品服务或者生产技术、工艺相近的经济性质和物质生产相同的服务业。而产业活动则是一切有投入活动和产出活动的行为与事物。至于产业的模式，就是商品在市场经济条件下，遵守一定的市场规则，在系统和一定规律条件下进行的生产和销售的形态。并且对同类商品群具有整合的作用，从而更有效的创造出经济效益的表现形式。体育产业涵盖了制造或供给相关体育类服务商品的商家、行业、部门等。不仅覆盖了生产，并且包括一系列体育旅游服务，是体育产业不可或缺的成分。对于发展中的中国来说，体育旅游是指旅游爱好者为了方便体育与旅游结合为一体，而通过体育活动来进行一系列旅游活动的旅游方式。是一项新兴的产业，也是新的旅游产品，是体育和旅游相结合的休闲娱乐方式，坚持把握市场需求的道路，重视效益这一核心，在产业龙头的带领下，维持科技进步的理念。努力使体育旅游产业向一体化、区域化、科学化、企业化和社会化迈进，形成一条龙服务体系。

(2) 我国在发展体育旅游产业的优势

作为一个幅员辽阔、有着五千多年悠久历史和多民族的国家，我国拥有多种多样的体育形式，体育文化的内涵深厚，渗透到生活的许多方面。且中国从古至今，其旅游的类型已有很多种。而且由于面积辽阔，经纬度跨度大，以至于各个地区的地形地貌、气候温度都有很大的不同。在不同的地区适宜开展不同类型的体育旅游活动，东南沿海地区适宜开展水上项目，如潜水、漂流等；东北地区适合进行雪上运动，如滑雪、溜冰等；在西北地区的沙漠地带可以开展沙漠探险活动。湖泊处可以泛舟游览，大山处可以攀爬登高。并且我国有一些独特的自然景观如云南石林、宜兴溶洞等，增添了我国体育旅游文化的魅力。基本上在我国大部分地区都存在着自己独有的体育类民俗休闲活动，如龙舟竞赛、赛马节、那达慕大会等，独具魅力。体育旅游带来的巨大市场，加上体育产业本身的优势条件和广泛的涉及范围，我国发展体育旅游产业具有相当大的优势。

(3) 具有民族特色和地域特色的体育旅游产业开发模式

在当代民族文化建设和文化产业发展中，具有民族特色和地域特色的体育旅游是其中一种历史悠久、内容丰富、形式多样、开发价值巨大的地域性文化产业。国内其他地区体育旅游形成较早，虽然自然资源开发的多，某些地区正展示出体育旅游产品成熟与兴盛的势头，但许多体育旅游地存在旅游资源逐渐枯竭、旅游产品衰退、主题趋于类似的现象。因此在开发建设延边地区环海兰湖体育休闲圈时，面临同类行业的竞争，还需要有自己独特的优势。如，充分利用明显的民族风俗文化和优越的地理位置，海兰湖位于延吉、龙井、图们三市交界处，具有得天独厚的区位优势，把自然山水作为重点游览资源，湖边山美水美，自然条件优良，是一个观光、旅游、放松的胜地。然而在市场竞争白热化的今天，一些国内大城市如辽宁大连、沈阳、黑龙江哈尔滨和国家如朝鲜、日本、韩国、蒙古、俄罗斯等，都拥有自己的发展良好的体育旅游产业。延边环海兰湖地区分布了广泛的体育旅游资源，如若借用开发度假区这一模式的旅游形式增加新的旅游文化主题与兴奋点，开辟新的经济增长点，使景区的项目生机勃勃、充满活力，我国的少数民族体育资源的发展就将向综合化、产业化、可持续化迈进。

在世界多数体育旅游发达的地区，度假旅游已经成了主流，是带动旅游产业发展的重要方式。度假旅游的定义是为了达到娱乐、健身的目标，在空余时间在某一地区停留较长一段时间进行放松和娱乐的旅游方式。作为度假旅游的重要形式之一的旅游度假区，与一般的观光旅游相比，度假旅游要长期停留在一个地方，对当地生态环境、住宿条件、餐饮条件、服务设施和基本设施要求一般都比观光旅游高，所以度假区运营商应该更要展现出细心的关怀和高端的服务。在度假旅游过程中，旅游者可以享受当地民俗、文化、艺术的无穷魅力，从中得到身心愉悦的效果。因此对体育旅游资源的开发利用，必须结合生态环境、经济发展和旅游资源的情况。在这三个方面，海兰湖都占有优势。

度假区分为旅游、水疗和养生度假区等，大部分为旅游度假区。我国的国家旅游度假区需要达到国际上规定的度假旅游水平，才能够接待来自海外的游客。由于有明确的地域界限和较高的评选标准，国家旅游度假区的数量较少仅有十二个，但在国家度假区中没有一个以体育旅游为主。而省级旅游度假区中有以体育旅游为主的度假区，省级度假区的数量较多，因为标准较低且由各地方政府选择评选。省级旅游度假区更有自己独特的特色和吸引力，其中的体育旅游大多是水上运动和滑雪等，我省有北大湖体育旅游度假区这一优势，能够带动体育旅游的发展。纵观我国的体育旅游度假区的发展，近年来综合性体育旅游度假区的建设正在起步，如乌鲁木齐市国际休闲度假与冰雪体育旅游地和密山市当壁镇国际重要湿地综合型旅游度假区。体育旅游度假区正处在热切发展的阶段，海兰湖体育休闲圈发展度假区必大有前途。

（4）发展中应注意的问题

作为体育与旅游业新兴交叉产业模式，体育旅游产业的理论体系更加复杂多样，其发展涉及体育学、旅游学、生态学、地理学、经济学、民族学、社会学、历史学等多种学科，因此体育旅游业基本理论包含了多学科理论，较为典型的就是点—轴理论、可持续发展理论和地域分异规律理论。在经济发展的过程中，社会经济发展要素大部分集中在一个"点"上，通过线状形态的基本设施连接起来成为"轴"状。"点"主要指各级中心城市及其居民点，是城市人口和各种职业集中的地区，是区域内社会经济发展的重要对象。"轴"主要是通过交通设施、通信设备和能源通道等串起来的基础设施线网点。"点—轴"发展就是"点—轴渐进扩散式"发展，在国家范围内确定一条或多条有利于社会经济发展条件形成的线状基础设施轴线网点，对轴线网点的多处选择重点进行发展。当"点—轴"理论用于体育旅游度假区发展布局时，"点"就是中心接待服务区或重点游览地，"轴"就是他们之间的交通连接通道。在不断的发展过程中，随着旅游增长点的开发，点与点之间建设连接线，旅游交通沿线一些低级的景点和设施逐渐发展，形成以点带线，以线带面的局面，进而带动度假区的发展。

所以，延边地区环海兰湖体育旅游可以把"点—轴"模式作为促进区域联动的牵引力，把民族风俗村或著名的自然风景区作为"点"，将其中特色风格的民族传统体育资源作为吸引力，连接区域间的其他体育旅游资源，形成"点—轴"的发展模式，在整体区域上形成度假区以点带线、以线带面的模式。同时充分利用《规划纲要》所带来的政策优势，在"点—轴"的区域间建立由政府或正规企业所设的管理规划部门，计划和保障好点与点之间线（交通）的完整和畅通，使体育旅游业的布局更加合理。

可持续发展理论规范了人类与环境的关系，首先，从发展权利的角度，强调人类追求绿色健康和拥有社会生产成果的生活权利。人类应该坚持亲近自然，与大自然和谐共处，而不应该是凭借着人类自己手中的技术手段，用耗竭自然资源、破坏自然生态、环境污染等方式来追求人类社会经济发展权利的实现。其次，从发展机会的角度，强调当代人在创造社会财富、追求经济发展和生活消费的时候，应该要做到给自己创造机会和留给后代人的机会平等，不能剥夺后代人发展与消费的机会。可持续发展理论的产生，就充分说明人类对自然环境的保护和优先经济发展之间的认识上发生了根本性变化。体育旅游产业的发展对自然生态环境也产生一定的负面影响，因此必须要可持续发展。体育旅游发展的资源基础是自然资源、生态环境和民俗文化。它的主要部分具有可再生性的特点，因此只有适当开发发展、"三生"各要素之间有机地结合起来、对生态环境和自然资源有效保护，才能实现体育旅游业的可持续发展。

（四）延边地区环海兰湖民俗体育休闲资源开发前景与未来展望

作为中国最大的朝鲜族聚集区，延边州拥有大量珍贵的民俗资源，一个民族在居住的地方，共同建造、继承和延续下来的一种体育文化被称为民俗体育。我国是各民族共同组成的统一的多民族国家，悠久灿烂的中华文明少不了少数民族文化这重要的一笔财富，少数民族文化具有民族性、多样性、时代性。体育文化是体育运动精神文化、制度的总体。民族文化对体育文化的影响特别大，长期的积淀使得体育文化有了鲜明的民族特色，成了该民族在世界的一种代表和象征。体育是一种颇具超越意识的文化，在体育竞赛中，不断充斥着超越的情况，打败对手，打破纪录，超越自己。每一次体育锻炼对于锻炼者来说都是一次提升自我的机会。不仅在身体上，更是心理上：体育运动对人的心理有很大的影响，体育运动具有胜负性，经常进行体育锻炼，有益于心理健康，使锻炼者淡泊胜负得失，有平和的心态来为人处世，尤其是高雅的高尔夫球运动，能够培养优雅的举止、气质及良好的身体与心理素质，有利于在社会竞争中维持平常心。体育锻炼在道德素质的建立过程中也起了很大的辅助作用：有良好心态的人的道德水准都比较高，对于全民的道德素养提升都有好处。

体育活动是连接各民族的纽带，它传承了共同的中华情怀和精神品质，代表了一个民族的勇气，坚强和毅力。"爱国商人"霍英东曾将40多亿港元捐赠用于祖国文化、教育、体育事业以及家乡的建设，其中8亿直接捐赠于体育项目。霍英东解释道，将资金赠给用于体育项目的发展，不只是因为他热爱运动，更是因为体育运动对国家、民族都有重要的作用。而少数民族传统体育活动是少数民族智慧的结晶，对提高社会生产力、促进民族地区之间经济贸易往来交流有利，还能促进各民族之间的感情，加强民族间的凝聚力。少数民族的传统体育活动大多数是集体活动，如舞狮、赛龙舟、搭人山等，参加的人数多，需要参与者的协调配合，对培养民族精神有积极作用。并且少数民族传统体育活动有时间地点的限制，大多是在节日庆祝的时候开展，有大量的生产活动、社交活动，有很强的历史性，在某一特定地区，该地的传统体育活动得以传承，沿袭了古老的风俗风情，很好地继承了传统民俗，使得少数民族文化增添了不少生机和活力。每个民族的体育活动都是璀璨中华文化中不可缺少的一部分，一笔宝贵的非物质文化遗产，对民族的生产和发展都有感召力，对民族生存有不可或缺的影响力。而人们在进行体育活动的时候，提高了劳动技能和体力，增强劳动者自身的身体素质，运用到生产生活上有利于提高劳动生产效率。也促使民族团结。

1. 延边地区环海兰湖民俗体育休闲资源产业化

少数民族体育活动是一种内涵丰富、多姿多彩、具有开发价值的文化资源，为体育文化产业的发展提供了丰富的资源，体育文化是文化软实力，当它与商业营销相结合，与科技手段融合，将带来经济的快速发展、产生巨大的经济效益。2010年国务院办公厅下发《关于加快发展体育产业的指导意见》，其中明确指出了民俗体育文化产业化的发展必将为"十二五"体育产业规划的实现作出贡献。延边地区环海兰湖民俗体育休闲资源产业化需要把地区的地理优势与民俗风情结合在一起，从而利用产业化带来的经济效益带动整个地区的发展，调整产业结构，完善资源配置，促进经济一体化的实现。

要使环海兰湖地区的民俗体育旅游有长久的生命力和恒久的竞争力，首先要明确发展目标。树立战略目标，对民俗体育项目进行科学分化，精细提炼，大胆创新，在环海兰湖地区形成产业联盟，建立起民俗体育旅游产业发展市场体系，充分利用好自身少数民族的资源，借助周边联盟在市场、技术、资金、人才等方面的帮助，与省内省外甚至国外的体育旅游产业互动，搭建沟通的桥梁，以达到合作共赢的目的。在经济全球化、一体化、信息化的今天，利用网络等快捷方便的方式与其他地区的体育旅游产业分享经验和成果，汲取知识。

创建独具特色的产业模式，开发自己独有的体育旅游产品，进一步形成环海兰湖的区域民俗体育文化，迅速实现产业化的目标，使得民俗体育产业快速发展起来，为延边地区环海兰湖民俗体育休闲圈向世界发展打下坚实的基础。

为了区别于其他地区的旅游发展，树立良好的形象，取得有利的竞争地位，就需要确定目标市场，确立适合环海兰湖地区旅游发展的市场定位：中国朝鲜族传统民俗体育与旅游结合，把握民俗体育的有利资源吸引外来游客，拓展发展空间，挖掘、整理、搜集、丰富体育民俗文化，创新赋予民俗体育时代性和民族性，同时对一些极具特色的传统项目大力发展，并进行适当的改造，以满足不同年龄人群的需求。对休假长住的游客价格优惠，对旅行社引进客源给予奖励和政策优惠，积极引入客源。对于工薪阶层在价钱上也要有一定的优惠，以增加更多人前来旅游。

2. 环海兰湖民俗体育休闲资源产业化发展模式

（1）充分利用互联网等媒介进行宣传活动

众所周知，旅游景区的形象、文化内涵及知名度直接关系到景区的经济效益，其中主要的一部分就是互联网宣传。旅游业对网络知识和信息技术的要求越来越高，旅游者对旅游网络化，信息化的需求日益普遍。作为旅游行业的三大支柱，航空公司、酒店、旅行社都通过互联网加大宣传力度，中间代理商则利用网站等各种方式来扩展自己的业务规模，因此扩大服务性网络信息的覆盖面，提高信息服务质量迫在眉睫。在信息全球化的时代，互联网是人们之间交流传递信息的重要途径，可以利用微博、微信、论坛等电子平台广泛传播发布旅游地的风景动态、人文地理及旅游地的各种特色产品，利用电子信息让更多的人知道、了解、欣赏、向往该旅游地，并且坐在家中就能够清楚地了解到出行路线、旅游景点，还能够进行网上订票服务，方便快捷带动了其他相关产业的发展，旅游者也能清晰地看到价格，公开公正透明地了解信息。其次，旅游事业的蓬勃发展也离不开新闻的推广。人民生活水平提高了，渴望精神和心灵上的放松而选择旅游。因此他们迫切需要报刊、广播、电视等新闻媒体提供有关旅游业的信息，得到旅游的指导。这就要求旅游开发者加大新闻媒体的宣传力度。如若报刊、广播、电视与信息网络四种媒体宣传并用，产生宣传促销的综合效应，必将有很好的效果。

（2）积极承办大型体育赛事

承办体育赛事是提高旅游地形象和推动经济发展的有效途径，不但是各民族人民欢聚的盛会，更是展示举办地整体风貌和实力的一种有效途径，可以在提供休闲娱乐活动的同时，吸引众多的旅游者，比如奥林匹克运动会（简称"奥运会"），即国际奥林匹克委员会主办的世界性综合运动会，每四年举办一次，通常来说经济的第一受益者就是旅游业，在举办奥林匹克运动会期间，承办地与商业社会的结合点大幅增加，运动会带来了大量的消费和经济效益。在 2000 年悉尼承办奥运会时，客流达到一百多万。根据澳大利亚内部资料，同年游客量上升了11%，在 9 月份游客量上升了 15%，11 万游客中有一半以上是因为奥运会的影响才来的。与此同时，举办大型赛事也塑造了旅游地良好的形象，促进举办地的基础设施建设，如广州市为准备全运会花了 120 亿元人民币，造了大桥、高速公路、机场等，并投资五十亿元用于环境的绿化。另外也加速了经济的发展，增加了额外的税收，赛前赛后大型赛事的宣传也必将提高旅游地的知名度，1992 年巴塞罗那奥运会之前，巴塞罗那的旅游业非常疲软。而举办奥运会之后，巴塞罗那入境游客增加了 4.25%，几年后，巴塞罗那的入境旅游人数翻了五倍，一跃成为世界第三大旅游胜地。而各国政府和各种国内外体育组织组织的其他赛事为旅游业带来实质性的增长，促使体育旅游的产业化和社会化的功劳也很大。

（3）推荐"农业旅游"

农业旅游是指农事与游览融合的旅游形式。是提供给那些不了解、不熟悉农村，渴望到郊外观光、旅游、度假的城市居民来体验生活的旅游形式，其市场主要是城市居民。利用农村的自然风光作为旅游资源，提供必要的生活设施农业旅游的开发，在充实内心的同时，做到了生态经济与效益的完美结合。日本在 2003 年就兴起了组织社区居民去农村体验农民生活，沐浴大自然气息的"务农旅游"。参加者要和当地的农民一同下田劳动，插秧松土种蔬菜，选择在沿海地区进行务农旅游的游客，可以体验撒网捕鱼的乐趣。对于久居钢筋水泥建筑的城市居民来说，这满足了他们对宁静、清新环境的向往和回归大自然的愿望。

对于旅游开发者来说，利用农业和农村空间发展旅游农业，既扩大了旅游空间，又有助于开拓农业范围，促进了土地、资金、劳动力资源等因素的合理分配，使土地、劳动的生产率上升；带动餐饮行业、产品运输等的发展，开发出了农业生产的潜在价值。而对于农业发展来说，则有利于改善生态环境。农业旅游为吸引游客，必须美化田园和道路及周围环境，保持农村自然景观，改善环境质量，促进了城乡一体化的发展。对于旅游者本身来说，某些娇生惯养的小孩可以得到良好的人文教育，对未来的发展有一定的帮助。

3. 环海兰湖民俗体育休闲业发展时需要注意的问题

（1）保护传统体育文化

目前，在中国现代城市文化快速发展渗透到农村的时候，中国珍贵的体育民俗文化展现出前所未有的动荡局面：人民群众对文化没有保护意识、政府文化方面的法律尚未完整、学者对文化理论的探究落后等问题威胁着民俗文化。因此许多民俗体育面临着被同化和大众文化的侵袭，处在危亡之中。我国的乡土气息逐渐转化成城市气息，通信等技术的飞速发展加速了城市、农村的交流，民俗文化的地方性逐步减弱表现在对特色文化的无节制开发，单纯为了经济效益发展，没有保护意识，无视其在人文方面的价值。要解决这类矛盾，最好是以民俗学的角度研究限制我国民俗体育文化发展的原因，加速出台相应的法律法规、确保民俗文化的法律地位、巩固金字塔型政府主导机制、健全管理机制、加快理论探究和推广力度等，以启迪人们对我国独特体育文化的保护意识，来保护和发展民俗体育。

（2）体育项目易丧失民俗风情

当传统体育项目走上了竞技体育的道路时，意味着它将容易丧失原有的民族传统体育风情，为了迎合大众的消费观念，旅游开发者会纵容体育项目的改变，以获得更可观的经济收益，这样的做法不仅丢失了原汁原味的民风民情，也是对旅游者不负责的体现。因此相关部门应从本质上解释和区分传统体育和竞技体育。来提升整体形象，提高人文资源的吸引力。

4.延边地区环海兰湖民俗体育文化发展战略

随着现代化进程的加快，人们在生活水平提高的同时，越来越看重精神层面对文化的追求，文化不仅对社会的发展有着巨大的促进作用，在人们认识世界、改造世界的过程中也有不可磨灭的作用，在个人成长经历中，能够使精神世界更加丰富多彩，坚持自己的信念，塑造健全的人格，文化是一个民族生存与发展的思想指导和精神根基，对维系社会稳定起到了重要作用。而体育文化是组成文化的重要部分，民族传统体育也属于传统文化的范畴，作为中国传统文化的一个分支，在实现中国特色社会主义伟大目标上应该担当重要角色，通过体育竞技方式传播和谐思想，并且尽力解决社会中的矛盾，促进整个社会的和谐。并且体育产业作为一个古老而又年轻的产业门类，在国民经济中十分重要，在调整经济构造、促进消费增长、提高就业率方面大有裨益。

（1）延边地区环海兰湖民俗体育文化的可持续发展战略

文化产业的可持续发展与自然生态的可持续发展一样重要，人民群众精神生活需求多样化和高端化、多元化的客观要求，文化产品和优质的服务，这将促进文化产业的强劲可持续发展。创新的关键是文化产业，中国文化必须走可持续发展道路以创造公共文化消费产品。文化只有通过开发创新才能维持顽强的生命力。对产品和资源进行产业化，能够促进延边地区环海兰湖民俗体育文化的可持续发展。

（2）积极进行国际贸易战略

积极参与国际文化贸易的竞争，一个地区乃至国家的对外贸易，不仅具有经济价值，而且具有传播地区和国家意识形态和价值观，树立国际良好形象的价值和作用。所以在开发产品和服务上要表现出环海兰湖区域特有的民俗体育文化，这样不仅是宣传和展示环海兰湖区域特有的民俗体育文化，同时也是在信息上保持概念的清晰，维护环海兰湖区域民俗体育文化的安全。实行灵活宽松的外贸政策，建立和完善文化产业对外贸易机制和法律体系，把握网络的作用，扩大文化影响力。

四、中国朝鲜族民俗体育旅游产业化

从产业经济学视角看，少数民族体育文化是我国体育产业发展和民族地区经济发展的一种内涵丰富、运动形态多姿多彩、产业开发价值深厚的独具特色的地域文化资源。[1] 延边州区域民俗体育旅游产业化，就是要将区域的地缘优势和独特的民俗风情有机结合，从而利用其在市场中特有的经济效益来带动区域间整体经济的发展，优化资源配置，促进延边州地区经济一体化的进程。在此过程中要把区域民俗体育旅游产业发展目标和市场定位的问题放在首要考虑的位置。

目标：要在延边州地区构建起民俗体育旅游产业发展市场体系，并形成区域间的产业联盟，以更好进行跨区、省、国家的资源整合与互动，延边州地区在利用好自身的中国朝鲜族传统体育资源的同时，要善于借助周边发达地区和国家在市场、资金、技术、人才等方面的优势，共建双赢的产业体系构架。利用世界经济趋势一体化和信息资源共享的大环境，开发和创造自己独具风格的旅游产品，形成区域民俗体育产业文化，从而使区域内民俗体育产业健康持续的发展，并为延边区域体育旅游整体形象面向世界打下良好的基础。

市场定位：中国朝鲜族民族传统体育与旅游相结合，其实就是资源与市场的结合。并且这种资源又是最具特色和吸引力的。所以应抓住民俗体育资源的这一特性来吸引国内外游客，扩展延边区域体育旅游发展的空间。由于延边朝鲜族自治州区域处于边疆地区，在价位上应该定为中低价格，这样不仅能使地缘周边工薪阶层消费人群的满意，也能使周边邻国的旅游消费人群接受。这样能通过价格上的优势这一客观原因间接地提升延边区域体旅游资源的吸引力。待整个产业化模式基本稳定和具有一定体育旅游市场占有率时，可以依据社会经济的发展状况来提升价位。

---

[1]　饶远：《中国少数民族体育文化通论》，人民出版社 2009 年版，第 224 页。

五、民俗体育旅游产业化发展模式

(一) 农村生态游为基础

延边州区域主要以农业生产为主,乡村文化比较浓郁,虽然有些民俗村落位于区域偏远地区,但随着《规划纲要》的颁布,延边州区域的基础交通设施将得到完善,使旅游者的出行非常便捷。以农村生态游为延边州区域民俗体育旅游的基础,是想让旅游者能体验到最原始、最全面的民族传统体育,从而更深刻理解一个少数民族的文化氛围,并且还能把人文资源和自然资源有机地结合,在体验民俗风情的同时还能领略自然风光的美丽。延边州地区现有比较著名的民族生态村是安图红旗村,它是安图至长白山旅游途中唯一的纯朝鲜族居住村,被环保部授予"第一批国家级生态村"的称号。

欧美发达国家的乡村旅游主要有两种形式。一种是休闲观光式的度假方式。他们住在农民的家里,吃着农民自产自制的新鲜食品,观赏农庄周围的自然风景和农舍等,通过农家的生活来增强对自我的认识。另一种是参与各种农业劳动的度假方式,称为"务农旅游"。在美国西部专门用于旅游地牧场上,旅游者可以拿到牛仔通常的工资,以资助自己的旅游费用。其他国家都是无报酬的劳动。① 延边州区域的体育民俗生态农家游也可以借鉴欧美一些成熟的发展模式。在小范围的民俗村形成度假村的模式,成为度假区的一个小点。游客通过在度假村过夜,举办篝火晚会或其他节目,展现当地的歌舞和传统体育项目,让游客更深刻地体验当地的民俗文化和体育文化。也可以让游客参与到村落举办的一些传统民俗体育项目比赛中,通过对体育比赛的参与来增强健康、增进友谊,满足参加体育旅游的根本需求。还可以将农务劳作作为教育下一代的一种方式,让我们很多独生子女们体验劳动,让他们参与到简单的农务工作中体验一下农民和生活艰辛的一面。

通过民俗体育生态游的特色来开发能代表延边区域体育旅游的标志性旅游

---

① 张涛:《中国少数民族传统体育文化生态学研究》,中央民族大学出版社2008年版,第84页。

产品，并进行市场包装和营销。使产业化格局协调发展，提升区域间整体旅游资源的形象。当然，由于体育旅游法规还不够健全，为避免对旅游市场环境的影响，在开发新产品的过程中要应加大对知识产权的保护。

（二）以"在线旅游"宣传方式为主

随着信息全球化的发展，互联网成了人和人、国家与国家以及各领域之间交流和了解最便捷的一种方式。"在线旅游"就是以互联网为平台对旅游业进行宣传和包装，还可以对旅游产品进行销售和预订票务等一种新型旅游产业经营方式。相对传统的旅游宣传和票务销售模式，具有涉及面广、获取信息快等优势。旅游者能了解到自己出游目的地的路线、时间、景区现状等，还可以对票务和宾馆进行预订。无形当中就带动了电子商务行业的发展。2010年中国在线旅游产业规模达到390亿元，占整个旅游业的比重为3.3%。出现这种繁荣的景象主要是整个旅游行业和互联网的结合越来越紧密。旅游行业三大支柱——航空公司、酒店、旅行社都在利用互联网的模式加大直销力度，中间代理商则通过自建网站、平台等各种方式以期更好地获得用户和扩展自己的业务规模。这一切都为在线旅游行业飞速发展创造了条件。当然在线旅游行业的性质是属于旅游产业当中一个发展比较快的新型行业。所以民俗体育旅游可以利用发展已经成型的"在线旅游"，在宣传、营销上下功夫，把特色旅游产品放到互联网上，对票务和宾馆可以实行网上预订，能使旅游者对区域间体育旅游路线和消费价格及时掌握，随时更新民俗村体育旅游的状况，从而以最快的速度和便捷的方式把朝鲜族民俗体育旅游的亮点推向世界。使延边区域体育旅游的整体形象得到最大化的宣传。

（三）积极申办各大体育赛事

大型体育赛事不仅是各民族人民欢聚的盛会，也是体现举办地整体风貌的一种方式。通过大型赛事可以拉动地方经济，吸引更多的旅游者，同时促进基础设施建设。奥运会是全世界最大的体育盛会，拿北京奥运会为例：北京奥运申请成功后，北京市建成了第一个"白金五星"饭店——中国大饭店，像这样级别的饭店全国只有 3 家，星级饭店达到 806 个，居于全国首位；建立了 26 个奥运文化广场，不仅美化城市，还是宣传民族文化的窗口；奥运期间开设了 43 条公交线，其中至少有 19 条是 24 小时运行的；来旅游的人数同比增长了 8%。最重要的是通过奥运会，人们会对北京和中华民族有了一个全方位的了解。还有奥运会曾让旅游业十分疲软的巴塞罗那成为整个欧洲的第三大度假旅游胜地，让美国的盐湖城成为会展旅游的一个新热点，让澳大利亚政府将 80 多亿澳元的旅游收入尽收囊中……

延边州地区应利用独具的地缘优势和民俗特点申请像"全国少数民族运动会"、区域间体育交流会等重大体育赛事。2007 年在广州举办的第八届全国少数民族传统体育运动会，成为民族运动会历史上规模最大、项目最多、水平最高的一次盛会。少数民族传统体育运动会不仅充分展示了全国少数民族体育文化事业发展的辉煌成果，也体现了全国各民族团结进步、共同繁荣发展的时代特征。延边州区域应借鉴广州全国少数民族传统体育运动会的成功经验，以朝鲜族民族传统体育文化为基础，积极申请举办全国少数民族传统体育运动会。从而促进区域间体育旅游产业及其他行业的发展。

六、民俗体育旅游发展需要注意的问题

(一) 民族文化的"大同"还是"异同"

旅游可以把世界各地不同民族的人们聚到一个地方，利用体育旅游促进不同文化之间的融合。但是在这种不同文化的融合过程中将出现两种对立的现象：全球文化的大同或异同。在当今快速发展的社会中，物质生活现象更新较快，人们更希望体现的是一种个性，一种区别于他人的形象。民俗文化也是一样。如果各国间的所有文化都是一样的或是相近的，民俗文化也就失去了它存在的价值。并且人们出游的目的就是要领略不同的风土人情和自然风光，如果一个地方人文资源被同化了，其自然资源的吸引力也会大打折扣。而体育旅游

具有促进不同文化共存的潜力，它可以通过传统体育活动使人们在精神上和身体上得到交流，人们在交流的过程中不断交换彼此的想法，为了达到一种共识，人们不得不去适应彼此的思维方式和民族文化，所以在这个过程中就容易出现文化的"大同"。如何在开展体育旅游过程中保证文化的"异同"也是延边区域民俗体育旅游发展所要解决的棘手问题。

（二）传统体育原生性与竞技性的矛盾

中国朝鲜族传统体育项目——秋千于1982年正式被纳入全国少数民族运动会项目，这标志着秋千这项朝鲜族传统体育项目迈向了竞技体育的道路，也渐渐褪去了它原有的那种民族淳朴的影子。体育旅游者到民族特色的目的地，为的就是欣赏和体验最原始和最真实的民族传统体育风情。但是延边区域有关政府部门并没有从本质上说明和划清传统体育与竞技传统体育的区分界限。如果因为"金牌效应"而改变民族传统体育项目的形式，将是对旅游者的一种极大的欺骗，更是对一个民族文化的不尊重，同时也会损害整个体育旅游的形象，降低其人文资源的吸引力，从而滞后体育旅游业的发展。

（三）民俗体育旅游产业中体育文化产业的重要性

随着知识经济社会的到来和市场经济的不断发展，人们越来越重视在精神文化生活上的需求。这是因为一种文化不仅能让人们感受到世界的多彩，并且能展示和传承一个民族的精神，能让人们知道除了物质生活，还有一种力量能成为自己的信念。体育文化是一个民族文化中的一个部分，它体现了一个民族的凝聚力和拼搏精神，是民族文化中最重要的部分之一。然而民俗体育文化不仅表现出一个民族的团结和顽强，还有这一个民族的历史、习俗和特点。所以说民俗体育文化是一种民族文化中不可或缺的一部分，它的传承和发展对民族文化的延续起着至关重要的作用。在体育产业形成之后，尽快完善体育文化产业的发展，使体育文化系统、安全地发展，将对体育产业化的发展和民俗体育文化的传承起到举足轻重的作用。

"体育产业是一个古老而又年轻的产业门类，民族体育文化产业更是历史转折发展所带来的文化经济发展的契机。从哲学的角度看，民族体育文化产业就是具有强大的生命力和迅猛发展势头的新事物。"而民俗体育旅游产业又是体育产业中的一个新的产业模式，并且在形式和文化上的吸引功能很大程度上影响着体育旅游产业的发展。所以如何发展好体育文化产业将对整个体育产业的完善和民俗体育旅游产业的发展至关重要。

国家也在战略上认识到了文化产业的重要性，2009 年 7 月 22 日在政策上颁布的我国第一部文化产业专项规划——《文化产业振兴规划》由国务院常务会议审议通过。这是继钢铁、汽车、纺织等十大产业振兴规划后出台的又一个重要的产业振兴规划，标志着文化产业已经上升为国家的战略性产业。延边州区域在着力发展民俗体育旅游产业的同时，也应重点完善体育文化产业的发展。因为体育文化产业不仅使时间和空间作为阻碍体育文化传播的自然力量失去意义，而且使零时空跨越成为现代体育文化传播重要战略资源性力量。因此，这就决定了发展体育文化产业并不是一般的满足经济文化发展的需要，而是对一种新的战略资源的掌握，是对一种战略市场的争夺，是一种对新的民俗体育文化存在的主导权的争夺。延边州区域有着特有的民俗体育文化，而民俗体育文化又是体育文化产业创新和发展的源泉。所以说延边州区域体育文化产业的形成既是顺应时代的发展也是体育文化形态发展的必然趋势。如何让世界了解图们江区域民俗体育文化？如何传承好民俗体育文化？这些问题的解决也就是体育文化产业形成的意义所在，也是加快民俗体育旅游产业化发展的推进剂。

七、推动朝鲜族民俗体育文化"走出去"

延边州区域体育旅游吸引着国内国外的旅游者前来，同时他们也带来了不同地区的体育文化，而在了解到其他不同区域的体育文化之后，外来旅游者很难把延边州区域的民俗体育文化理解性地带走和传达出去，这不仅是一个损失，也将滞后延边州区域体育旅游的发展。并且这一现象不仅在体育旅游上出现，在我国其他行业文化领域中也都存在。所以国家在《文化产业振兴规划》中重点强调推动中华文化走出去。重点是扶持体现民族特色的文化产品和服务的出口，同时明确提出要抓好国际营销网络的建设，鼓励我们的文化企业到境外设立研发生产基地，生产和开发适合当地文化消费特点的文化产品，真正使中华文化走出去，扩大影响力。延边州区域民俗体育旅游产业要和体育文化产业机密联系起来，因为民俗体育文化产品所具有的经济属性和意识形态性，使得一个地区乃至国家的对外贸易，不仅具有经济价值，而且具有传播地区和国家意识形态和价值观，树立国际良好形象的价值。所以在开发产品和服务上要表现出延边州区域特有的民俗体育文化，这样不仅是宣传和展示延边州区域特有的民俗体育文化，同时也是在维护延边州区域民俗体育文化的安全。

信息化社会的到来，对地区与地区之间的了解和沟通变得更加便捷，但是同时也存在着对区域间理解的偏差，尤其是在文化上的模糊，有时一念之差可能将对一个区域整体的民族文化的理解产生误区。所以对延边州区域民俗体育旅游中的体育文化进行产业化发展，将对延边州区域的民俗体育文化完整、科学、高效的传向世界提供平台，同时得到一个安全的保障。

八、完善朝鲜族民族体育文化产业的可持续发展

文化产业可持续发展的思想比自然生态的可持续发展要晚得多。直到2001年的《世界文化多样性宣言》才提出"文化多样性与生物多样性一样重要"，才使得人们想到文化也和生物一样存在可持续发展的问题。这是因为大多数人认为文化资源是取之不尽、用之不竭的，其实这是错误的想法。时任文化部部长孙家正在2003年的文化部长峰会上指出，随着现代化进程的加快发展，各国传统文化不同程度的损毁和加速消失，这会像许多物种灭绝影响自然生态环境一样影响着文化生态的平衡，而且还将束缚人类的创造力，制约经济可持续

发展及社会的全面进步。传统文化的保护和发展，既是对各民族文化之根的追溯，也为现在与未来的文化发展提供了丰富的资源。① 所以，延边州区域民俗体育旅游所展现的民俗体育文化的传承和发展就显得尤为重要，延边州区域朝鲜族民俗体育文化的可持续发展，会对延边州区域体育旅游业的发展和未来走向起着决定性的作用，这就要求延边州区域的文化部门和旅游部门积极合作，同时响应国家发展政策。

文化和旅游部在《促进文化与旅游结合发展的指导意见》中指出："利用非物质文化遗产资源优势，开发文化旅游产品。坚持保护为主、合理利用原则，既要保留非物质文化遗产的原生态和本真性，又要通过旅游开发向外界宣传推广。对传统技艺类非物质文化遗产，通过生产性保护方式，加以合理利用，为旅游业和文化产业发展注入新鲜元素。对传统表演艺术类非物质文化遗产，一方面注重原真形态的展示，另一方面通过编排，成为具有地方民族特色和市场效益的文化旅游节目。依托文化生态保护实验区中独具特色的文化生态资源，积极发展文化观光游、文化体验游、文化休闲游等多种形式的旅游活动。"②

延边州区域民俗体育旅游产业也应走多样化的发展模式，在利用好本区域的优势资源和民俗文化本真性的前提下，积极开展全新的旅游模式，推动延边州区域体育旅游业实现转型升级和走内涵式的发展道路，把体育旅游业培育成延边州区域经济的战略性支柱产业和人民群众更加满意的现代服务业。

文化资源以文化产业为源泉，而文化产业又能保护和延续文化资源的发展。延边州区域有着丰富的民俗体育文化资源，对产品和文化体制尽快进行体育文化产业化，将会进一步完善延边州区域民俗体育文化的可持续发展，同时也会促进延边州区域民俗体育旅游产业的可持续发展。

---

① 胡惠林：《我国文化产业发展战略理论文献研究综述》，上海人民出版社 2010 年版，第 227 页。
② 文化部、国家旅游局：《文化部、国家旅游局关于促进文化与旅游结合发展的指导意见》，2009 年 8 月 30 日。

第七节　朝鲜族民俗体育文化产业"走出去"战略构想

"走出去"战略是党中央、国务院根据经济全球化新形势和国民经济发展的内在需要做出的重大决策，是发展开放型经济、全面提高对外开放水平的重大举措，是实现我国经济与社会长远发展、促进与世界各国共同发展的有效途径。然而我国在加入 WTO 以后各行各业都面临着外来的竞争，所以"走出去"不仅仅是经济"走出去"，文化也要"走出去"。

一、文化层面

朝鲜族民俗体育文化资源是我国朝鲜族民俗体育文化产业发展的动力源泉。延边州地区有着丰富的朝鲜族民俗资源，如何进行传播？如何进行开发？如何成为世界文化大家庭中的一分子？这些问题都是需要解决的，只有使朝鲜族民俗体育文化"走出去"才会对以上问题有个满意的答案。只有"走出去"才会更广泛的传播文化价值；只有"走出去"才会更全面和深度的开发文化资源；只有"走出去"才会让世界知道朝鲜族民俗文化存在的价值。朝鲜族民俗体育文化在"走出去"的过程中会面对世界各种文化的碰撞与交融，如何形成自己独特的文化，这就需要在创新文化方面寻找突破口。在信息全球化的今天，各种文化很容易受到另一种文化的干扰，甚至会出现文化和文化之间同化的过程，这种现象势必会造成一种文化的消失，而这种结果是全世界文化保护者都不愿意看到的。创新本民族的文化产品及传播方式就显得尤为重要。通过创新不仅会在世界文化大家庭中标新立异，同时也会增加人们对于这种文化的好奇心，从而使这种文化得到更好的传播。

朝鲜族民俗体育文化产业就要把握创新这一命脉，积极地"走出去"，拓展对文化的交流，在与外来文化交流和学习的过程中，要体现出朝鲜族民俗体育文化应有的文化价值，对外来文化发展好的方面积极地引荐，使朝鲜族民俗体育文化产业的发展更好地融入世界文化市场氛围。在交流的过程中也要制定好文化产业"走出去"的相关政策和法律体系，这样会使文化的安全和文化产业的权益得到更好的保护。

二、政策层面

2013 年 9 月和 10 月由中国国家主席习近平分别提出建设"新丝绸之路经济带"和"21 世纪海上丝绸之路"的合作倡议。"一带一路"（The Beltand Road，缩写 B&R）是"丝绸之路经济带"和"21 世纪海上丝绸之路"的简称。它将充分依靠中国与有关国家既有的行之有效的区域合作平台，"一带一路"旨在借用古代丝绸之路的历史符号，高举和平发展的旗帜，积极与沿线国家的经济合作伙伴关系，共同打造政治互信、经济融合、文化包容的利益共同体、命运共同体和责任共同体。①

2015 年 3 月 28 日，国家发展改革委、外交部、商务部联合发布了《推动共建丝绸之路经济带动 21 世纪海上丝绸之路的愿景与行动》。②

朝鲜族民俗体育文化产业要积极分析和利用好国家对"走出去"战略的相关策略和政策，在"走出去"的同时，首先，要建立好相关的政策规划，更好地认清国际文化贸易平台的运行机制，积极地参与国际文化贸易的竞争，制定并实施更加灵活、宽松、自由的文化外贸政策；其次，建立和完善文化产业对外贸易的法律体系，使民俗特色文化在对外交流和竞争的过程中能得到法律上的保护；最后，宏观调控文化产业的产业布局和发展方向，我国文化产业在对外竞争和交流中，要体现出应该有的规律和方式，做到形成有序不乱的贸易大

---

① 人民网：《正确认识"一带一路"》，2018 年 2 月 26 日。见 http://theory.people.com.cn/n1/2018/0226/c40531-29834263.html。

② 中华人民共和国中央人民政府网：《经国务院授权三部委联合发布推动共建"一带一路"的愿景和行动》，2015 年 3 月 28 日。见 http://www.gov.cn/xinwen/2015-03-28/conten_2839723.html。

环境，在国际竞争中通过有序的运作提高经济效益和文化效益，这样的"走出去"战略在文化产业中才会得到良好的实施。

三、产业层面

中国朝鲜族民俗体育文化产业要想"走出去"，文化产品是决定性的因素。在世界文化市场竞争的大舞台上，我们面对"走出去"的文化产业不仅要在政策上有一个保护，也要形成强大的文化产业链条作为其有力的经济后盾。民俗文化的特点具有一定的区域性和集群性，所以朝鲜族民俗体育文化产业应在延边州区域建立起集群效应的产业园区，从中培育良好的骨干企业，以产业园区作为发展平台，提高朝鲜族民俗体育文化在国际文化产业市场的竞争力。在良好的竞争平台基础上树立自己独特的品牌，现在文化产品市场品牌效应的优势越来越突出，一个良好的品牌形象会增加消费者对文化产品的认同感和信任，会形成一批相对固定的文化消费群，这样不仅会让文化产业可持续发展，也会把文化产品的内涵间接的得到传播。朝鲜族民俗体育文化产业在分析国内外市场的前提下，制定适合本身发展的文化产业规划，尽快建立属于自己的文化产业品牌，从而使朝鲜族民俗体育文化产业"走出去"得以实现。

四、中国特色朝鲜族民俗体育文化产业"走出去"战略的 SWOT 分析

（一）优势因素（Strengths）

1. 地理区域优势

便利的交通是文化产业较快发展的首要条件。中国朝鲜族主要的聚居区延边朝鲜族自治州具有优越的地理位置。这里地处中、俄、朝三国交界，靠近日本海。东与俄罗斯滨海边疆区接壤；南隔图们江与朝鲜咸镜北道隔江相望；西邻吉林市、白山市；北接黑龙江省牡丹江市。全州有 5 个边境县市，642 个边

境村屯。更是依靠长白山丰富的自然风景资源和延边州首府延吉市自身巨大的都市休闲需求，带动了旅游业的长足发展，为朝鲜族民俗体育文化产业"走出去"提供了地理上的便利条件。

2. 民族优势

朝鲜族自古以来就是一个具有优良传统的民族，是由迁入的民族逐渐过渡为我国的少数民族，在继承和发扬本民族优良传统的同时，既吸收汉民族和其他少数民族的优秀民族特性，又借鉴先进国家的民族风俗，形成具有独特风格的民族文化。民族体育文化作为一种凝集成员共同情感和民族共同心理的特殊文化，无论是在社会集体意识的强化方面，还是群体凝聚力的增强方面，都发挥着非常重要的作用。如，秋千、跳板、摔跤等民俗传统体育项目，多与朝鲜族传统节日结合在一起开展，使得族内人际关系得以密切，增强了民族内聚力。

3. 文化资源优势

朝鲜族民俗体育文化资源是我国朝鲜族民俗体育文化产业发展的动力源泉。延边地区作为朝鲜族主要的聚居区有着丰富的朝鲜族民俗资源。朝鲜族民俗体育作为朝鲜族民俗的一部分，让那些由于日本帝国主义侵略所导致的千百万妻离子散、远离故土的朝鲜族移民，逢农闲期的传统节日时，以民俗体育运动来丰富节日氛围、增强在异国他乡里的民族凝聚力。[1] 所以，其民俗体育文化资源显示出了独特的融合性。

（二）劣势因素（Weaknesses）

1. 民俗体育文化意识淡化，缺乏"走出去"战略思维

近年来，随着人们生活水平的不断提高，朝鲜族居民受外来文化的影响也越来越大，生活方式也随之不断改变，传统的农耕生活被城市生活所取代。科技的发展，互联网技术的普及，形成了对民俗体育文化的冲击，再加上网球、

---

① 金青云主编：《中国朝鲜族体育发展战略研究》，北京体育大学出版社 2010 年版。

高尔夫等西方体育项目的推广与普及程度已经超过了摔跤、秋千和跳板等少数民族民俗体育项目，更为朝鲜族居民所喜爱。民俗体育项目是民俗节日的重要活动之一，由于对本民族民俗节日的重视程度降低，民俗节日里很少能看见过去的传统民俗项目，使朝鲜族对本民族传统民俗项目的了解逐渐淡化，民俗体育文化意识逐渐流失。实施民俗体育文化产业"走出去"战略需要强有力的民俗体育文化作支撑，缺少了这种民俗体育文化意识，很难做到真正的"走出去"。

2. 遵循传统推广模式，缺乏行之有效的运行机制

虽然，朝鲜族有着丰富而独特的民俗体育文化资源，但对民俗体育文化的传播和推广，始终采用传统的自由推广模式，没有形成一个良性的循环机制，导致很多优秀的文化资源在传播过程中逐渐流失或被淡化。学校是朝鲜族学生学习生活的主要场所，也是向青少年推广民俗体育项目的最佳场所。目前，朝鲜族学校的体育课程中也很难看到如摔跤、跳板、秋千等朝鲜族传统体育项目的开展，取而代之的是足球、篮球、排球等体育项目，学校运动会上也很难看到民族传统体育项目，即使偶尔开展，参加人数也是寥寥无几。

3. 劳动力资源匮乏，相关人才稀少

劳动力和人才是文化产业发展的基础。朝鲜族是个勤劳的民族，本应有丰富的劳动力资源。近年来，受外出打工收入高的影响，很多朝鲜族居民选择远赴韩国、日本或经济较发达的沿海城市务工，使得大量的劳动力资源外流。文化产业属于新兴产业，重视文化产品的内容创作，不仅需要文化艺术创作人才，更离不开文化产业日常运作所需要的基本人才，即管理人才和营销人才。但由于资金不足等原因，造成激励措施不完善，文化人才的积极性和创造性不高，文化原创能力降低，整体实力和竞争力受到削弱。

4. 科技基础薄弱，科技开发与成果转化不够

科技基础薄弱，许多文化产品由于加工手段和制作水平不高，依靠传统工艺技术，创新能力不强，高新技术和先进设备引领作用有限，以致文化产品档次不高，市场占有率和影响力偏低。因此，未能把丰富的历史文化资源有效转变为产业优势，未能充分利用地域优势将人才、科技转化为生产力，民俗体育

文化产品供给还远远不能满足消费者日益增长的文化需求。

（三）机遇（opportunities）

1. 国家良好的文化产业发展政策环境

近年来，中央关于文化及产业有明确的政策倾斜，充分认识到发展我国文化产业的紧迫性和重要性。党的十七大明确提出"推动社会主义文化大发展大繁荣，兴起社会主义文化建设新高潮"，并要求以重大文化产业项目建设带动文化产业发展，加快文化产业基地建设，加快区域性特色文化产业群建设，培育文化产业骨干企业和战略投资者，培育新的文化业态，增强国际竞争力。2009年国务院又通过了《文化产业振兴规划》，明确重点做好加快资源整合，培育一批骨干文化企业；建设一批现代文化产业示范基地和示范园区；大力促进文化科技创新，利用先进科技改造传统的文化生产传播方式；积极拓展国际文化市场，扩大文化的服务和贸易进出口；加快推动文化体制改革进一步取得实质性进展；加强资金、人才等要素市场建设，积极探索和建立适应文化产业特点的投融资体系和人才培养机制等六个方面的工作。表明了国家对文化产业的重视，也突出了文化产业的重要地位。

2010年3月，国务院办公厅下发了《关于加快发展体育产业的指导意见》，《意见》鲜明地指出："加快发展体育产业，对拓展体育发展空间，丰富群众体育生活，培养体育人才，提高全民族身体素质、生活质量和竞技体育水平，促进我国由体育大国向体育强国的转变，促进经济社会协调发展，具有重要意义。"[①]"走出去"战略是党中央、国务院根据经济全球化新形势和国民经济发展的内在需要作出的重大决策，是发展开放型经济、全面提高对外开放水平的重大举措，是实现我国经济与社会长远发展、促进与世界各国共同发展的有效途径。在这种形式下，文化产业"走出去"战略应运而生。

2009年8月30日，国务院正式批复《中国图们江区域合作开发规划纲

---

① 国务院办公厅：《国务院办公厅关于加快发展体育产业的指导意见》，2010年3月19日。

要——以长吉图为先导区》，中国朝鲜族民俗体育文化产业面临的最大机遇就是将长吉图开发开放先导区上升为国家战略，成为迄今唯一一个国家批准实施的沿边开发开放区域。图们江区域位于东北亚区域的中心部位，是东北亚区域经济合作与环日本海经济圈的核心地带，位于中、朝、俄三国接壤地带。中国朝鲜族聚集区（延边）是中国图们江区域开发的核心区域。① 因此应抓住这千载难逢的发展机遇，科学把握中国朝鲜族民俗体育文化的本质和走向，正确决策其发展模式，合理规划朝鲜族民俗体育的保护与传承。

2. 体育产业成为提供人们精神需求的重要途径

随着我国国民收入的迅速提高，物质生活的不断丰富，思想观念的不断改变，体育消费逐渐成为时尚，我国的体育产业具有很大的市场发展潜力。不同的发展阶段，人们对需求的重点不一样，尤其是在物质需求得到满足后，对精神需求提出更高的要求。目前，我国已经进入小康社会，正处在全面建设和完善小康社会的阶段，满足人民日益增长的精神需求是这一阶段的重要目标之一。2010 年中国的体育产业增值人民币 2220 亿元，占 GDP 的比重为 0.55%，比上一年增长 13.44%，增长速度高于 GDP 增速（10.3%）。时任国家体育总局局长的刘鹏表示，国内体育产业大致分为体育产品制造业、体育竞赛表演业和体育休闲健身业三个部分，体育产业不仅制造物质产品，还发挥着满足人们精神文化生活需求的重要作用。

3. 对文化产业的研究处于不断上升阶段

文化产业是伴随着文化体制改革而逐渐兴起的新兴产业，发端于 2003 年的文化体制改革。在不到十年的时间里，文化产业从无到有、从小到大、从自发到自觉、从局部到全局，在理论与实践方面都取得了很大的突破。取得这样的成绩既得益于国家的方针政策，也离不开众多专家、学者的关注与研究。在此期间产生很多有代表性的研究，主要有胡惠林《中国国家文化安全论》、祁

---

① 金青云：《中国图们江区域合作开发与朝鲜族聚集区竞技体育发展研究》，《西安体育学院学报》2012 年第 6 期。

述裕《中国文化产业竞争力研究》、陈少峰《文化产业战略与商业模式》、朱建刚《文化产业发展战略研究》等。① 这些著作为我国文化产业发展战略研究提供了理论基础。2006 年我国政府连续四个有关支持文化产业"走出去"的中央文件出台，学术界开始了更多的文化产业"走出去"的相关研究。直至在文化产业领域的研究中，标题中含有"走出去"的学术论文数量达一百四十八篇，其中 80% 以上为 2006 年以后发表的。

近几年，关于朝鲜族体育方面的研究专著相继出版。如，姜允哲《中国朝鲜族体育研究》、金青云《中国朝鲜族体育发展战略研究》等。这些研究一定能为朝鲜族民俗体育文化的发展提供理论依据。

（四）威胁（threats）

1. 发展环境不优，外来文化冲击

各种民俗体育产生的源泉和土壤具有特有的地理环境、生产方式、价值观念以及宗教信仰，但是在当今全球化发展的背景下，民俗体育的这种生存环境正受到前所未有的冲击和碰撞，威胁着其生存与发展。② 地理环境是民俗体育形成的重要物质基础和前提条件，随着全球化进程的不断加快，民俗体育的发展已经失去了原有地理环境的天然屏障的保护，随之而来的是民俗体育要直接面对外来体育文化的冲击。生产方式是民俗体育产生的源泉，而全球化的发展正在改变传统的生产方式，其对思维方式和价值观的改变势必会影响到民俗体育的生存与发展。③ 民俗文化体育产业的动力来源于民俗体育文化，朝鲜族虽然有着丰富的民俗体育文化资源，但受外来文化侵入的影响，其民俗体育文化产业势必会承受更多的挑战。

---

① 胡惠林主编：《我国文化产业发展战略理论文献研究综述》，上海人民出版社 2010 年版，第 121—125 页。
② 张国栋等：《我国民俗体育发展现状及对策研究》，《西安体育学院学报》2008 年第 1 期。
③ 于景发：《对民俗体育文化发展困境及解决对策的思考》，《理论观察》2012 年第 5 期。

2.经济发展水平低，缺乏竞争力

经济发展水平是制约文化产业发展的重要因素，文化产业作为经济结构调整中的新兴产业，在经济发达的省份发展更完善，经济欠发达地区的文化产业发展相对不足，所以经济发展水平是文化产业发展的重要基础。经济发达地区对文化的需求量大，文化消费的扩大对经济发展尤其是文化产业发展的拉动作用非常明显。例如北京、上海、南京、杭州等城市，其居民的人均 GDP 早已突破 1 万美元，其文化消费快速增长，而经济较落后的中西部地区文化消费水平较低，其文化产业竞争力也较弱。此外经济发达地区市场机制更加完善、高端人才进一步集聚、社会民间资本充裕，这些都大大提高了文化产业竞争力。① 朝鲜族主要聚居区——延边朝鲜族自治州，属于经济欠发达地区，这势必会影响民俗体育文化产业的发展。

五、实施中国特色朝鲜族民俗体育文化产业"走出去"战略的对策

（一）树立"走出去"战略思维，加强文化创新意识

朝鲜族有着丰富的民俗体育文化资源，要完成"十二五"体育产业发展规划，必须发挥民俗体育文化产业"走出去"战略的优势。对民俗体育资源展开深入的调查与分析，对民俗体育项目进行分化、提炼、创新，同时要借鉴现代体育科学的理论与方法，对一些民俗特色鲜明健身效果明显的传统项目进行改造，以满足不同层次不同人群的需求。民俗体育文化资源不仅是文化资源，更是重要的产业资源，在加大力度挖掘、开发民俗体育文化资源的同时，更要实施民俗体育文化"走出去"战略，只有"走出去"才能更广泛地传播文化价值，只有"走出去"才能更深度地开发文化资源，只有"走出去"才会让是世界知道朝鲜族民俗体育文化存在的价值。在"走出去"过程中势必会面对世界各种文化的碰撞与交融，形成自己的文化特色，需要具备文化创新的意识。积极

---

① 梁君、黄慧芳：《中国省级区域文化产业竞争力分析》，《统计与决策》2012 年第 11 期。

"走出去"，拓展对外文化的交流，在交流和学习中，要体现出朝鲜族民俗体育文化应有的价值，对外文化发展好的方面积极地引荐，使朝鲜族民俗体育文化产业的发展更好地融入世界文化市场氛围。

（二）利用相关政策，大力发展民俗文化产业

目前，我国民俗体育文化产业处于起步阶段，基础薄弱，生产力发展水平不高；同时作为新兴产业，也具备发展速度快、创新性强等特点。因此，国家也十分重视民俗体育文化产业的发展，多次出台相关政策，包括资金投入、消费导向、特殊待遇等政策倾斜。"走出去"作为国家重要战略，制定符合"走出去"战略相关政策的方针路线，对朝鲜族民俗体育文化产业发展起到了至关重要的作用。首先要建立好相关的政策规划，认清国内外文化交易平台的运行机制，积极参与国际文化交易的竞争中去，制定并实施更灵活、宽松、自由的文化外贸政策；其次要建立和文化产业对外贸易的法律体系，使民俗特色文化在对外交流和竞争过程中得到法律上的保护；最后宏观调控文化产业布局和发展方向，我国文化产业在对外竞争和交流中，要体现出应有的规律和方式，做到形成有序的贸易大环境，在国际竞争中通过有序的运作提高经济效益和文化占有率，使文化产业在"走出去"战略中得到良好实施。

（三）发挥品牌效应，拓宽产业路径

中国朝鲜族民俗体育文化产业想要"走出去"，文化产品是决定性的因素。充分发挥当地的民俗体育资源的优势，集中选择大众喜爱，易于传播，既有民族特色又兼具体育休闲娱乐、健身作用，既有参与性又具有观赏性，能满足大众需求的民俗体育项目进行重点打造、集中投入，推向市场，打造产业品牌，开发出符合世界文化市场发展需求的文化产品。民俗文化的特点具有一定的区域性和集群性，所以朝鲜族民俗体育文化产业应在延边区域建立起集群效应的产业园区，从中培育良好的骨干企业，以产业园区作为发展平台，提高朝鲜族民俗体育文化在国际文化市场的竞争力。在良好的竞争平台基础上树立自己独

特的品牌，良好的品牌形象会增加消费者对文化产品的认同感和信任感，会形成一批相对固定的文化消费群体，这样不仅使文化产业可持续发展，也会间接传播文化产品的内涵。在分析国内外市场的前提下，制定适合本身发展的文化产业规划，尽快建立属于自己的文化产业品牌才能使朝鲜族民俗体育文化产业"走出去"的目标得以实现。

第六章　边缘文化背景下中国特色朝鲜族
民俗体育文化传承研究

　　自从 1818 年德国学者费特在《体育史》中最早使用"体育文化"一词以来，体育文化的概念被广泛地使用和传播。1922 年多元文化（multicultural）一词第一次被提出，20 世纪 70 年代又在加拿大再度被提出，因为世界各地的移民影响了加拿大的本地文化，因移民而产生的同化观念逐渐被"多元文化"取代。

　　1942 年德国地理学家、植物学家比查首先发现了边缘效应，他指出：不同地貌单元生物群落的界面地带或交互作用处，结构比较复杂，不同物种共生于此，种群密度非常大，一些物种特别活跃，生产力水平相对较高，这种现象就是"边缘效应"。①

　　在民俗学研究中，德国的起步是最早的，但是由于德国民俗学中的浪漫主义，民俗学的社会功能未能受到重视。在作为民俗学的故乡，英国学者以进化论人类学为理论基础，强调重视民俗学的社会功能。其他北欧国家、美国等也在不同的民俗学领域有所发展。

　　90 年代后期，马克思主义的文化生产力论点在中国被重新审视，并把文化与经济、政治放在了同等的重要地位，出现了文化研究的繁荣景象。国内，越来越多关于体育文化研究的著作出版，如，闻吴的《体育文化学概论》、伍

---

① 宋豫秦：《生态过渡带之人地关系刍议》，载周昆叔等主编：《环境考古学研究（第 2 辑）》，科学出版社 2000 年版，第 14 页。

晓军的《体育文化学》等，均指出体育文化是一种利用身体活动以改善人类身体素质、追求精神自由的实践活动，体育文化不等同于"身体文化""人体文化""运动文化"以及"竞技运动文化"。

对于边缘文化与朝鲜族文化的融合，国内学者金强一教授提出了一些开创性的观点，发表《朝鲜族社会萎缩的危机及其发展路径选择》《边缘文化：一种多元文化融合的文化资源》等相关论文。认为"边缘文化不仅是跨国民族区域所具有的特殊的文化形态，而且也是开放社会发展所需的必要的文化组合方式和文化资源，这种文化现象在全球化时代进程中占据着极为重要的地位。边缘文化是多元文化融合而形成的一种特殊的文化资源，这种文化资源具有直接转化为经济力的特点。据此，以边缘文化资源为基点的文化战略的构思亦具有可行性和现实操作性。"①

饶永辉等在《新语境下的民俗体育文化发展》中指出："在非物质文化遗产保护和新农村建设以及《国家"十一五"文化发展规划纲要》的颁布等新的语境下，有着浓郁乡土情结的民俗体育发展面临着新的历史契机，而民俗体育的发展又是新的文化语境形成的现实需要。在新语境下应通过把民俗体育文化传承放在首位，对民俗体育传承人要准确把握；民俗体育产业化要适度并本着'人无我有'的原则进行；有意识地扩展民俗体育文化空间等策略来促进民俗体育文化的发展。"②

金青云教授在《中国朝鲜族体育发展战略研究》一书中撰写的第六章"中国朝鲜族民族传统体育发展与对策研究"，文中从我国朝鲜族民族传统体育的由来与发展简况入手，深入分析了朝鲜族传统民俗体育项目，如摔跤、秋千、跳板的由来、发展状况和特点，系统、全面、科学地分析了朝鲜族民俗传统体育。提出中国特色朝鲜族民俗传统体育发展过程中存在的民族化与世界化的冲突、区域化与国家化的矛盾、精英化与大众化的矛盾、个性化与规范化的矛盾

---

① 　金强一：《中国朝鲜族社会的文化资源和发展的文化战略》，《东疆学刊》2004 年第 1 期。

② 　饶永辉、郎勇春、李伟艳：《新语境下的民俗体育文化发展》，《江西师范大学学报》2010 年第 6 期。

等问题。最后，根据朝鲜族民俗传统体育的定位，结合实际情况，制定出中国朝鲜族民俗传统体育发展过程中的应对策略，为中国朝鲜族民俗传统体育的发展，提供参考理论和决策依据。

张子中在《边缘文化三论》中认为："共生"思想和"边缘效应"理论以及"文化多样性"的思想是理解边缘文化的理论依据，边缘文化具有众多的历史根据和现实表现形态，并有其特殊的优势，在共生语境中，边缘文化与主流文化的之间不断发生双向运动，二者结成共生的"伙伴关系"。① 归纳总结了边缘文化的理论依据、不同地域的表现形态、与主流文化的关系。

方浩范教授在《对文化全球化与边缘文化的思考》中说："在全球多元文化建构中，边缘文化作为特殊的文化模式，呈现出民族性与整合性的特质。"

第一节　边缘文化与民俗体育文化

一、文化

对于文化的准确含义，当前众多学者的研究呈现众说纷纭的状况。从文化的外延角度出发，有人指出文化是无形的，是一种精神世界的现象，或者是由精神世界创造出来的。举例来说，人的思想境界、知识素养、道德伦理等，都可以被认为是文化。也有人认为，文化包括所有物质自然之外的东西，简单地理解，就是所有具有人文或者社会烙印的东西都是文化。此外，也有学者将人类所产生出的物质和精神财产的共同体定义为文化。

在西方，从历史进程来看，文化的词源中含有"种植、耕耘"的意思，这指的是人类在对自然进行改造以使其满足自身需求的时候对土地进行的改造和

---

① 张子中：《边缘文化三论》，《东方论坛》2007 年第 2 期。

加工。随着社会的进步，文化中所包含的组件越来越多，其外延也逐渐变得越来越广阔。举例来说，在现代社会中，使本国人民提高政治素养、参与政治生活也被归于文化范围之中。著名人类学家 A. L. 克娄伯和 C. 克鲁克洪，对自泰勒以来西方的文化定义现象进行过统计研究，他们从 1871 年到 1951 年的 164 种文化定义中总结出六组类型：列举和描述性的、历史性的、规范性的、心理性的、结构性的、遗传性的。① 从深层含义来看，"文"可以被理解为各类具有象征意义的符号或者典章、制度等。而"化"最初指的是变化、造化、产生，可以被深入理解为改造、使变化、培养等。这两字最初是单独使用的，最早在《周易·贲卦》被共同使用。而"文化"作为一个词语，其最初的形成是在汉代。此外，晋束皙和南齐的王融也在各自的诗作中使用过文化一词。在理解的过程中，我们发现，对文化这一词汇的使用，在早期通常与武力或者野蛮对应，体现出其正面性，同时也具有一定的理想主义特征。文化一词的使用，表现的是古代帝王在治理国家时所采用的怀柔的一面，其中既具有政治意味，也具有伦理色彩。

二、边缘文化

"边缘"是指沿边的部分，即边沿地区，而且靠着两方或多方之间的分界。从政治的视角来看，"边缘"代表着权利低、是处于较弱势地位的；从经济的视角来看，"边缘"代表着经济的落后；从文化的视角来看，"边缘"代表着少数人、常常受到忽视。但是，在历史的实际发展中，"边缘"又代表着演变，弱势的一方并不会一直弱势下去。在物理中、精神中以及理论中这三个不同的环境下，边缘这一词汇可以得到不同的解读。在物理界中，一个系统通常可以具有明确的界限，或者存在自身的封闭性。在这种条件下，边缘指的就是同系统中心距离较远、更接近系统边界部分，具有单一性。而在理论当中，系统的

---

① 李传刚、朱平：《刍议文化的定义与功能》，《科技信息》2008 年第 29 期。

边界常常比较模糊，多个系统之间相互交叉，形成多学科融合的特色。在这种情况下，边缘就比较难以界定，通常具有多个学科的特色，表现出多元性。从地理视角出发，可以将边缘文化理解为处于不同文化区域的交叉位置处产生出的特有的区域文化，其中融合了多种文化的内涵，而不是简单的堆叠，这种融合能够产生一种新的体系，而这种体系是不同于其所融合的母体的、一种具有独立特征的文化体系。我们也可以这样理解边缘文化，其涉及两个或者两个以上的源文化，这些源文化的发展过程是互不影响的，但是在其接触的位置，通过两者间的相互渗透、形成了一种新的文化体系，这就是我们所说的边缘文化。文化同民族是分不开的，任何民族都有其独特的民族文化，而所有的文化模式都是依附于特定的民族的，会受到该民族特有的心理或行为特点影响，从而形成独特的主题。而且，一个民族的文化在发展过程中要经历对其他不符合本民族心理特征因素的剔除，这是一个不断吸取和筛选的过程。就边缘文化而言，其就是由边远地区的人们在历史发展中经过不断学习、改造、调整而形成的一种特殊文化。边缘文化具有非常鲜明的特点，其所具有的复杂性和多层性，是其他文化所不具备的。这种特性最终导致该地区民族的独特性。

通常意义上，在国家相临的位置或者某一国的边疆地区、沿海地区都可以叫作边缘地带。也有一些说法中将少数民族地区叫作边远地区，这是相对于中原地区而言的。这种地区位于不同的文化结合的位置，因此其文化也同中原文化有很大区别，形成了自己特有的文化，这种文化不如中原文化主流、强势，因此被称为"边缘文化"。类似地，边缘地区体育文化，也可以称之为"边缘体育文化"。从其发展历史中我们可以看出，这些在边缘地区存在的、由非主流民族人们从事的体育文化，起初的发展环境是封闭的。而随着人群的迁移，中原地区的主流体育文化与边缘地区的体育文化发生了接触，从而相互融合。这种融合通常是不平等的，是中原体育文化主导的，有时会导致边缘体育文化的被动接受。但是，我们必须看到，这种融合是一种双方共同的行为，其中存在许多互动，从而实现了两种体育文化的共同进步。在全球化、多元化的现代社会。我国传统体育文化发展的边缘化趋势是社会需求和人们价值选择的必然结果。

建议在不违背文化发展生态的前提下，采取适宜手段对其进行保护和传承。

边缘化在《辞海》中被定义为交叉化现象。边缘文化在政治方面代表着没有权力，在经济方面代表着贫穷和落后，在文化方面代表着非主流的、可以被忽视的，在历史方面代表着正在消失的，而在人类学的视角，边缘文化就是我们过去的生存状态。佤族主要生活在我国云南地区，是这种文化中非常具有代表性一个民族。

当今世界，文化多样性在全球范围内的重要性逐渐得到凸显，佤族文化也正在表现出更加旺盛的生命力。在解读边缘文化时，首先需要了解共生思想、文化多样性思想以及边缘效应的理论，在此基础上才能更好地理解边缘文化。边缘文化无论是从历史发展上，还是从其自身形态上，都具有多样性和特殊性，边缘文化在发展过程中不断同主流的文化进行交互，最终形成二者共生的状态。此前，多样性这一说法多集中于生物领域，《生物多样性公约》中指出，生物多样性指的是来自不同地理空间的各种生物和谐共生，构成生态综合体。这一公约的签订是为了引起人们对自然环境的关注，意识到生物多样性的重要价值。随着这一理念的发展，学界提出了"多样共生"的概念，并且这一概念逐渐被人文学科的研究者所接收，被应用到人们日常生活当中。这种思想是对既有传统思想的一种冲击，促使人们接收边缘文化，理性地解读这种文化，进而实现更深入地研究。本研究的边缘文化是指在非主流意识形态文化与主流意识形态文化交往过程中，相互吸收融合之后，派生出的新的文化。

三、边缘文化的特质

边缘文化区域是边缘文化体系在地理环境下的表现，是边缘文化所呈现出的一种比较特别的状态。通常，边缘文化区域都处于不同的文化圈周边，具有多种文化的复合型，表现出文化和地理双重的交叉属性。这种文化内部常常进行跨越区域地理界限的文化沟通，从而获得了与同源文化有所区别的新的文化体系。举例来说，我国的内蒙古自治区和延边朝鲜族自治州都是比较有代表性的边缘文化区域。这种类型的区域具有一个非常明显的特征，就是其所具有的双向的、开放的文化性格，这同其形成条件有关。边缘文化区域的产生位置是不同文化体系相交的地方，这就使得这种文化体系能够同这些不同的文化进行交互，从而吸纳多种文化体系，形成独具特色的特质。朝鲜族的社会文化体系发展到今天，已经能够同适宜的文化环境进行融合，从而得到更广大的文化功能。① 对这种文化特性的解读可以从三个方面进行。

第一，从发展阶段来看，朝鲜族社会已经能够比较完全地表现出边缘文化区域所应具有的特征，而从地理条件来看，其又有明显的边缘文化性格，这就使得朝鲜族社会本身具有产生较强文化功能的能力。这种边缘文化特性的产生，是朝鲜族社会文化所固有的部分给其带来的好处，同时也是由于其所处的特殊地理位置而带来的自然的优越性。第二，朝鲜族社会的边缘文化是可以直接转化为经济形态的文化资源。任何文化体系都具有在不同程度上进行转化后，成为社会经济形态的条件，但是根据与生产相关的程度不一样，所以使得向经济发展变化的形态不同，这也在一定层次上使得变化的深浅不一。就好像那些可以和生产过程完全直接相关而直接转变为社会的经济力，但是文化、艺术这些虚拟的必须要借助人类的感情、价值观等媒介转变为经济力。前面提到的相关情况在文化力向经济力变化过程起至关重要的功能，但是后者不是生产所定的，所以其在生产力转换中只有很小的可能。朝鲜族社会的文化资源与后者不同，它可以在特定的生产过程中作为其必需的要素而起作用，因而内在地具有直接转化为经济力的可能性。所以说边缘文化给直接转为经济力以便在长期的历史发展中为经济资源的发展提供有利的因素。

四、民俗体育文化

民俗体育是一定民众所创造，为一定民众所传承，并融入和依附于民众日

---

① 金强一：《中国朝鲜族社会的文化资源和发展的文化战略》，《东疆学刊》2004 年第 1 期。

常生活的风俗习惯（如节日、礼仪等）之中的一种集体性、模式化、传统性、生活化的体育活动，它既是一种体育文化，也是一种生活文化。① 体育文化渗透于中华文化的各个层面，是一种涉及领域广泛的文化，同时又是一个逐渐从大文化中不断分离、独立的亚文化体系。在不同的区域体育文化又被不同的区域文化熏陶，因而带着明显的区域体育文化特征。各具区域特色和民族特色的文化互相交流和互相融合，就构成了绚丽多彩、光辉灿烂的中华文化。② 民俗体育文化是区域文化和民俗体育的衍生物，是两者交融的一种表现形态。③

第二节　朝鲜族民俗体育文化发展的理性思考

一、朝鲜族民俗体育文化传承的意义

（一）朝鲜族民俗体育文化自身的传承

民俗体育的发展有利于促进非物质文化遗产保护。民俗体育具有浓郁的乡土气息，融入传统节庆、习俗、礼仪、休闲中而伴随于人们的日常生活，节庆活动本身就聚集了大量的人气，人们因为地缘关系、亲缘关系聚在一起。④ 可以依靠其很好地进行非物质文化遗产保护的宣传，更有力地引起广大人民和社会注意，使更多的人来保护非物质文化遗产，让更多的人了解知道如何保护非物质文化遗产，共建属于整个民族的精神力量。非物质文化遗产的更好发展可以通过民俗体育的进一步营造，它不仅代表一个地方的文化模式，而且代表这

---

① 涂传飞等：《民间体育、传统体育、民俗体育、民族体育的概念及其关系辨析》，《武汉体育学院学报》2007 年第 8 期。
② 张荷：《中国地域文化丛书——吴越文化》，辽宁教育出版社 1998 年版，第 30 页。
③ 陈莉：《区域民俗体育文化的研究定位及其策略选择》，《体育与科学》2010 年第 1 期。
④ 饶永辉、郎勇春、李伟艳：《新语境下的民俗体育文化发展》，《江西师范大学学报》2010 年第 6 期。

个地区的人们对于过去的完整的追忆，民俗体育活动能够让人们理解和认可自己区域沿袭下来的文化，让人们更加有意识的去保护沿袭自己的传统文化，进而从内心中真正地认同自己的文化，从而更加主动地去保护非物质文化遗产。

民俗体育很好地在农村中得以推广，这是社会主义新农村发展建设的、中央对建设社会主义的必要条件。传统体育活动能够让人们的身心得到发展，使人们身体健康，促进疾病恢复，进而可以提高劳动能力，使得社会生产更好地进步；人们可以通过传统体育的系统化规划来丰富大家的生活，在此过程中获得经济效益，能够让大家的生活变得更加富裕；优良的传统体育规划能够让村民形成良好的生活娱乐模式，使人们生活水平不断提高；民俗体育因为它被人们所熟悉，有好的融合力，可以通过它对人们发挥教育的作用，使人们的素质和文明程度得以提升。根据一些案例表明，很多地区已经通过体育活动来使社会氛围变好，进而使得越来越多的农民可以拥有一种健康文明科学的生活方式，使他们的思想得以升华，民风民俗不断向良好的方向进展。

因此，不断加大体育活动在社会主义农村中的建设，使得相应的文化可以得到更好的发展。传统体育可以使得一些民间的体育机构得以更好地发展，逐步壮大。相应的文化使得这些地区的农民融合而成一个社会群体，这些拥有血亲和同宗的相关因素是比其他更重要的因素，这个社会群体主要是依靠家庭、血亲、区域等为联系而产生的生活方式。社会网络可以使得村落的相应特殊传统文化表现得淋漓尽致。并且通过这种载体成立的民间体育机构，能够让传统的名望和国家政治能力更好地融合，在各方面的意志上很好地体现出来并且有效地在行动中表现。

（二）边缘文化背景下朝鲜族民俗体育文化传承的意义

中国朝鲜族的民俗体育文化不仅具有中华民族的本国属性，同时也具有面向全球的世界属性，是世界人类的一项珍贵遗产，作为极富代表性的一项文化，是世界文化丰富多彩的重要展现。当今社会，各民族之间的文化生存时时刻刻都面临着竞争，且竞争十分激烈。这种竞争在某种程度上也是朝鲜族推动社会文化发展和经济建设的源动力，使之对自身文化结构进行深入思考，充分发挥文化资本的作用，进而将朝鲜族的社会生存力得以切实提高，为传统民族的延续和继承提供保障。

纵观世界，我们可以看到很多民族不但将自己的文化在本民族内部薪火相传，还以各种各样的形式对外进行文化输出，展示自己的同时对本民族产生文化影响。传统文化通过生活的方方面面对本民族成员进行潜移默化的影响。而这些传统之所以能够走向世界为全世界所了解、所接受，在一定程度上是因为每一个民族都尝试着以调整和改革的形式，与边缘文化和现实的多元文化相适应并且融合，在对外展示本民族优秀文化的同时，不断拓宽文化外延，从而使之有一定影响力。这就必须建设一条适合本民族实际情况的极具自身特色的发展道路。而如何实现上述发展模式的重点在于，在多元化的民族生态下，如何将民族的文化加以调适进而积极适应，对其他民族的文化如何加以选择性的接纳和融合。因此，对本民族文化结构的积极调整显得十分有必要，这可以从内部推动着新生的文化因子从而促进本民族的文化发展，进而更好地将民族社会的发展向前推动。朝鲜民俗体育文化是一项十分重要的社会文化内容，在当今世界如此复杂多变的多元文化格局和发展态势下，需要对自身进行深入而细致的思考，从而进行有针对性的调整，要做到既能让本民族成员对文化有强烈的认同感和归属感，也要对其他文化进行适应和吸收。

中国朝鲜族民俗体育文化具有的边缘文化功能和特质，是具有历史性和传承性的独特文化资源，它还拥有独特的地理优势，尽管目前还没充分开发，但发展空间很大，未来的道路上，要利用好边缘文化的优势，在经济、文化、教育等领域制定完善的文化战略。

二、朝鲜族民俗体育文化的生存选择

（一）面临的危机与挑战

国家体育委员会在 1993 年发布了《社会体育指导员技术等级制度》，其中有对于体育的相关规定：只有通过正式申请后得到当地相关部门给予的许可证，并且通过了在工商局的注册，才可以开展有经济关系的体育活动。在延边地区，我们很容易发现，它的社会体育活动市场没有良好的秩序，不论是经营，还是训练员的水平都是很混乱的。大多数的训练员都没有通过考试得到相应的许可证就开始进入这项工作。这样的结果不但使得训练人员市场变化混乱，而且安全问题也大大增加，没有通过严格训练的训练员很可能会错误引导体育爱好者，甚至在保护不当的情况下造成危险。

朝鲜族学校在体育上的规划建设相对比较完善。不仅能够很好地完成国家在教学方面的要求，而且很多学校都很关注在课下的体育训练，差不多每个学校都拥有一只完整的体育训练队。每所学校的体育训练上都按照自身的发展有相应的特色。学校都在参与市级、甚至省级以上的赛事。为了使自己学校的名气攀升，很多朝鲜族学校选择不再训练自己传统的民族特色体育，而是更多地进行比赛对应项目的体育训练。延边州龙井市朝阳川一中就是一个很明显的例子，在全国少数民族运动会上，其秋千队伍过去多次作为吉林代表队获得了较好的成绩，但是现在只有珲春市五中还在进行传统的体育训练，其他学校就更少见了。在课下的体育运动中，可以看出朝鲜族中学大概有四分之三的同学可以积极地参加体育活动，而且男生显然比女生数量要多一些；每周参加活动大约在三次以上的同学有17%，大多数同学每天的体育运动都维持在30分钟以上，但是还是有一些女生的体育活动不到30分钟，符合体育标准的同学人数大概在32%。虽然体育活动已经成为课下的主要娱乐方式，但是随着课程增多，学业压力变大，加上场地不够，运动设施缺少等原因，体育活动的发展很难向好的方向进行。

通过这些年中国朝鲜族人们的体育成绩可以看出，朝鲜族的体育活动依旧较少，处在低迷时段。虽然很多项目在一些方面还有一些优势，但是整体依旧日渐衰退。因为现在的社会经济体制改革造成地方之间经济发展不平衡，使得今天的朝鲜族体育水平下滑。我国目前处于社会主义初级阶段，现在的经济是以计划经济为基础发展起来的。在过去特殊的历史条件下，各地区在体育方面的投资是不相上下的。但是体制改变之后，经济发展飞速，人们更加关注生活品质。但是市场经济条件下的各地区发展不平衡，在体育方面的投资也有很大的落差，进而各地区的体育发展不同也是可以理解的。这些都是在一些显而易见的整体因素上的影响。其实我们在研究中发现，朝鲜族的训练员的整体素质较低，在文化方面理论较差，比较愿意培养熟悉的学员；而且没有经过好的上岗培训、整体学习；特别是无法脱离传统落后的思想，不想创新，依靠以往经验来进行训练，没有科学的规划、练习；等等。此外，没有高水平的体育人员，无法对现有水平训练员进行培训，人才衔接跟不上，进而引起断层。现今大多数朝鲜族学校体育活动正处于由传统向现代转变的时期，各体育部门都在不断开辟新的道路。

中国朝鲜族的传统体育发展过程还有众多困难。在大型的朝鲜族体育运动会上，几乎很难看到传统体育项目比赛。现在能够看到的传统项目上面的高素质选手，都是过去传统体育高峰时期培养的人才。加上西方主流体育文化精神的冲击，具有边缘文化特色的朝鲜族民俗体育传承与发展令人堪忧。

（二）文化选择

通过解释学，我们可以知道，文化背景决定着一个人的价值取向，在相同文本的理解上有着很大的不同，所以很难通过文本来进行控制。当我们开始西方体育项目的训练时，需要注意，我们不仅要有快高强的追求，同时也一定要秉承传统体育的精髓。虽然我们认可奥林匹克精神，但是并不代表我们的体育精神已经被西方同化。虽然我们会参加奥林匹克运动会，但是我们在一定程度上有自己独立的体育精神，并没有完全认可西方体育精神。确实在一定程度上，西方体育在西方文化的帮助下，不断地向全球各类文化中渗透，但是西方体育文化的存在并不代表西方体育文化意识形态的存在，两者是不可以等同的。我们在对西方体育进行了解和引入时，并没有全部地认同，而是依靠西方文化对西方体育进行解读。我们可以根据自己的文化背景对西方体育文化进行对比认知。西方体育文化在全球内流行，而且由于它造成的文化威胁，使我们不得不讨论"重构中国国家形象品牌"，其实问题的关键并不是这个国家形象重新构建是否需要，而是打开国门融入世界的过程，如何以好的文化心态将大国的形象展示给世界。想要很好地解决与西方体育文化之间的关系，就不能简单为了讨好而去全盘接受西方体育文化，不能将自己的文化全部放弃而使得西方来认可我们的身份。从一定方式上讲，最本质的不是我们在他人心目中的形象是怎样，而是什么是我们真正的价值归属。民族传统的体育要以中国本土的文化为基础。在当今社会竞争日趋白热化的状态中，随着综合国力的发展，文化竞争变得越来越重要。在文化方面更好地发展，就可以在激烈的综合国力竞争中脱颖而出。

我国长期以来重视文化的作用，并给予它一个更高的定位。因此把形成的体育文化放在国际性的平台上仔细考量，准确把握它在我国重新兴起的可能性，理性地认识它逐渐远离中心，在我国重新兴起的现实，这些都将成为具有中国特色的体育兴盛的因素。逐渐远离中心是其兴盛不得不经历的一个阶段，在当前国际一体化的格局下，中西方在这一领域仅可能形成焦点和周边的地位。逐渐远离中心是具有中国历史色彩的体育从其国际融合中汲取到的仅有的经验，这将成为现在和未来相当长时间中不得不碰到的情况，而且无法逃避。

此外，逐渐远离中心不是一个主观的认知，不把具有历史色彩的体育放在世界中心，而是逐渐远离，这不是妄自菲薄，远离中心并不意味着永远地滞后以及一事无成，也不意味着无法兴盛，这是和欧美国家的强点比较后产生的。这一强点的存在和焦点有紧密的关系，并不是一成不变的。面对现代化和西方体育文化的冲击，要在现代化和民俗文化之间选择，这是一个在多元文化生态环境中，传承和发展朝鲜族民俗体育文化并使其向现代化发展的过程。因此，要树立正确的文化选择观，形成公平、客观、和谐的文化生存理念，积极向群众渗透朝鲜族民俗体育文化的选择意识，以均衡、平等的心态认知和传承中国朝鲜族民俗体育文化。

第三节　边缘文化背景下朝鲜族民俗体育文化发展策略

一、边缘文化背景下中国朝鲜族民俗体育文化的定位

（一）中国朝鲜族体育文化的层次定位

中国朝鲜族体育文化的层次定位即站在整个国家的高度，思考具有我国朝鲜族特色的体育文化拥有一个什么样的地位。比如考察朝鲜族的相关运动，管理这一领域的机构对待运动的态度一直是以省级目标作为基础，努力追求国家级目标，于是导致了管理机构的短视行为，它们极力发展短期就能产生效果的类别，而且希望通过冠军来促进其他领域发展，这有些过于急促。这一切产生的根源在于对体育的定位不明确。我们国家主管这一领域的单位开展相关工作有四个切入点，分属于不同的范围。但是朝鲜族具有管理权的区域在其首府延边，而相关机构则归吉林省有关机构管辖。所以，在这里能够将朝鲜族的在这一领域相关的文化理解为具有他们自己风格的区域性文明。所以可以把中国朝鲜族民俗体育文化的层次定位为：具有边缘文化功能与特质的地方性民俗体育文化。

（二）中国朝鲜族体育文化的服务定位

在对朝鲜族在运动中产生的精神成果进行认识时，可以发现这一精神成果的影响范围集中在该朝鲜族人民生活的区域。其首府拥有我国最多的朝鲜族居住人口，在那一区域里，他们拥有管辖权，能够自己管理自己的事务，是朝鲜族一切活动的核心地带。当然全国各地都遍布着朝鲜族人民生活的痕迹，而且存在居住规模巨大的区域，不过由于某些东西的欠缺，无法对朝鲜族的精神成果进行撼动。相比之下，其首府则完全有这些条件。由此看来，在对朝鲜族的精神成果的影响范围进行认识时，能够确定它是以其首府为基础，来推动整个民族在体育领域上精神成果的形成，从而满足地方和全国的发展需要。可以把

中国朝鲜族民俗体育文化的服务定位为：立足延边，为可开展的地区的体育事业和丰富人民群众的精神文化生活服务。

（三）中国朝鲜族体育文化的目标定位

以上述两个分论点为基础，并综合考虑朝鲜族体育领域精神成果的特征，能够将其发展的目标确定为：就总体而言，整个国家会对其有所认识；在个体方面，有些具有朝鲜族特色的运动努力走向全国前列；全民性运动走向商业化运作；针对学生群体的运动则要巩固优势，积极宣扬体育精神成果，使其烙上朝鲜族的印迹。

民俗体育文化研究的定位是突出张扬区域民俗在体育领域形成的精神成果的个性特征；贴近民众的地区性风俗在体育领域形成的精神成果已经成为彰显其与众不同内容的对象。注重野外实践，直接感受地区性风俗在体育领域形成的精神成果的现状，突破原始探究的瓶颈；丰富地区性民情风俗考察的内容；运用地区优越性，增强地区性风俗在体育领域形成的精神成果对各个领域的作用；有序地进行探寻梳理，明确探究的核心将成为地区性风俗在体育领域形成的精神成果的战略性抉择。

为朝鲜族政治经济的繁荣提供精神成果上的思路，就要把握它独一无二的偏远性精神成果的特点和在此基础上产生的多元化的精神成果。它的关键点是这一民族需要将繁荣的根基植于中朝政治经济方面的联系以及中朝之间精神成果上的内在关系，从而最大限度地放大其精神成果所承载的作用，这一做法将使朝鲜族凭借拥有的多样化精神成果较快地融入当前创新频繁的精神成果综合体中。

为一个精神成果综合体提供精神成果思路，普通人往往会关注这一精神成果综合体会产生具有相应作用的精神成果个性。假设一个精神成果综合体不具备突出的精神成果个性，则为其发展提供的思路就会显得极其平庸。但是无论对其精神成果综合体提供的发展思路的表现形式怎样，它的终极目的只可以是让国家凭借独一无二的精神成果的个性增强综合国力；反过来，一旦一个精神成果综合体拥有了创造精神成果作用的独一无二的个性，则能够为它提供具有更深层次的发展思路，并且因为这样能够促进国家各个方面的快速提高。朝鲜族拥有产生精神成果的巨大潜力，精神成果综合体既表现了可以发挥巨大作用的精神成果个性，又拥有了可以为它提供具有更深层次的发展思路的基础要素。可以把中国朝鲜族民俗体育文化的目标定位为：力争普及朝鲜族民俗体育文化，争取在全国形成一定的影响力。

二、边缘文化背景下中国朝鲜族民俗体育文化传承的理性思考

（一）坚持朝鲜族民俗体育的边缘文化战略

金强一教授在《边缘文化的文化功能与中国朝鲜族社会的文化优势》一文中，[①] 提出了中国朝鲜族文化具有"文化边缘性"的观点。这与文化人类学上欧美学者提出的 ias-pora（离散）概念一致。

边缘文化最突出的文化特征在于其具有的强大的文化转换功能。当今的新时代，边缘文化起到了转换和传递世界各种文化，形成信息网点的作用，其对各国政治、经济、文化等各个领域发展所产生的影响是莫大的。

一百多年来，中国朝鲜族成为中华民族文化大家庭中的一员。朝鲜族文化的边缘性又直接反映到中国朝鲜族民俗体育中，为中国朝鲜族民俗体育文化的传承与保护提供坚实的基础与特色。

（二）朝鲜族民俗体育的现代化调适与变革

传统文化的现代化变革与调适是文化发展的必经之路。应借鉴满族的珍珠球成功的经验，不仅在保护原有传统体育的基础上，对一些民俗体育规则和方法进行改进和更新，使其更适合现代化社会和现代人的生活方式，与时代文化发展同步，从而永葆生存魅力。因此朝鲜族民俗体育应注意其精细化、系统

---

① 金强一：《边缘文化的文化功能与中国朝鲜族社会的文化优势》，《东疆学刊》2005 年第 1 期。

化、技能化和多样化，在突出安全性的基础上，可根据不同的年龄、性别和体能，适当地调整。也应根据身心特点和差异性等主体因素，避免采取"一刀切"的规则与玩法。如跳板项目中可设置把手，增加高度，取消成人的跳板、空中翻滚、花样等高难度的规则和要求等，让朝鲜族民俗体育项目不仅适合于成年人的体育，也适合儿童、青少年等一些社会群体，突出跳板运动的娱乐性，从而促进朝鲜族民俗体育的推广和普及。

（三）突出变与不变相统一的原则

文化不是僵死的，而是发展的。今天的中国朝鲜族传统体育的发展，随着时代的变迁、地域的转移而发生变化；在与不同文化的交流中，在异质文化的影响下，它也会改变其内容和形式的。如跳板运动中由单一的单人腾空到轮番腾空和技艺腾空等多种"变"。但文化又是稳定的、延续的，在不断的发展变化中，文化中具有普遍性的内容会在发展中保存和延续下来，成为贯穿整个发展过程的基本精神、基本特点，形成文化的传统，这就是我们应该追求的不变。追求中国朝鲜族民族传统体育发展中变与不变的统一，实现朝鲜民族传统体育本身"其具有普遍意义的精神和内容是不变的，其具体内容和形式则是变动不居的"目的。①

（四）推进自治立法保护，开发和导入体育课程

在诸多的保护措施中，最关键是立法保护。立法保护能起到纲举目张的作用，不仅系统全面，而且能规范政府、社会、民间的行为，使其有法可依。政府部门应制定朝鲜族传统体育保护与发展规划和相关政策、法律法规，设立专项资金，纳入财政预算，按财政收入增长比例逐年递增，并扫清其项目的阻碍因素，建立健全朝鲜族传统体育监管机制。

教育部门应在学校体育教育中进行朝鲜族民族传统体育课程的开发设置，

---

① 金青云：《朝鲜族传统体育文化的传承与保护研究》，《中国图们江学术论坛》2010 年 11 月。

使其"既要选择符合培养目标的文化，也要选择符合教育对象接受能力的文化"。因而，民族传统体育课程的开发，需要在不同层级教育之间接轨与形成梯队。如学前教育阶段的跳板等文化渗透与铺垫作为基点，实施传统游戏的趣味性等；突出教育对象的特点，考虑场地、季节等客观因素；根据跳板运动的特点，突出团队协作精神、协调性和柔韧性；等等。

（五）建立文化的"走出去，请进来"模式

文化发展是动态过程，如果一个文化处于静态，则说明其已经退化甚至面临消失的危机。一个民族的文化生存并不是孤立而存在的，无论是纵向还是横向发展，都与各民族文化有着千丝万缕的联系。因此，传承跳板等朝鲜族传统体育文化，不能封闭自己，更不能打着所谓保护文化的旗号而闭门谢客，应通过建构健全的文化交流机制，采取"走出去，请进来"的传承模式，不断调整自己的民族文化结构，使其适应社会的发展，才能真正适合文化传承规律，才能为调整自己的民族文化不断注入新的活力而延续下去。

2001 年 3 月 8 日，延边搭上了中国"西部大开发"这趟快车；2009 年，国务院正式批复《中国图们江区域合作开发规划纲要——以长吉图为先导区》，延边地区是图们江区域开发的核心区域，因此充分利用好图们江区域开发政策、民族、地域等优势，以民俗体育旅游为平台，向外界展示中国朝鲜族传统体育文化，使民族传统体育文化向社会化、市场化转型，探索朝鲜族传统体育文化发展新模式。①

---

① 　金青云等：《我国朝鲜族体育发展研究》，《体育文化导刊》2009 年第 11 期。

后　记

　　本书是我的第二部专著，凝聚了多年研究的心血。此时的心情与第一次出版专著时候的心情相比，少了些紧张与激动，而多了些自信与期盼。自信，可能来自多年来一直潜心研究朝鲜族体育而所取得的一些成果；期盼，毋庸置疑，该书的完成和出版不仅对朝鲜族体育在文化层面上的传播、推广有着积极作用，而且更多的学人专著问世，能促进民族传统体育学理论的发展。

　　在出版专著之前，一些学者、专家多次问我：撰写此书的动力是什么？我毫不犹豫地说，"忘记历史，就意味着背叛"。只有懂得历史，才会珍惜今天，才会找到自己的正确立场，才不至于迷失方向，才会热爱祖国和民族。一个民族一旦失去自己民族的文化传统，尤其是标志文化特质、体现文化灵魂的哲学思维传统，历史证明是很难"自立于世界民族之林"的，终究会被淘汰出局。

　　在世界日益成为地球村的今天，任何一个地区和民族的生存方式都离不开全球化潮流和国际模式的影响。朝鲜族体育只有多样民族文化的和平共存与善意的竞争，才能创造美好的未来。朝鲜族体育文化是朝鲜族人民的宝贵文化财富，它在自身的发展过程中形成了鲜明的中国特色。但它必须自觉地认识这一新的世界文化潮流，积极主动应对，谋求自身的生存与发展。

　　朝鲜族体育的发展问题研究，应建立在"与历史对话、与现实对话和与自己对话"的视角下，审视和展望朝鲜族体育的发展。这应该是我写作的出发点。

　　我是幸运的。耕耘的过程是艰辛的，一路走来，周围的很多人给我提供了帮助和支持。我的研究从一开始就得到了很多学者和朋友的支持。近几年来，我始终没有放弃对中国朝鲜族及其地区体育领域的研究，其更多的动因是来自周围多位老师和师长的不断鼓励和鞭策。他们无私的教诲和独到的学术见解都成为本书框架形成和撰写的重要依据。

我是庆幸的。因为，本书的出版得到了人民出版社詹夺老师、延边大学校领导及很多学者们的支持和鼓励。

我是荣幸的。因为，这个时代是文化的时代，文化的研究成果大量地见诸各类学术期刊，已经为我这本小书作了大量的铺垫，起到非常重要的借鉴与参考价值，在此应该感谢这些学者！

幸运、庆幸、荣幸，催生了拙作的问世。在此，对所有使我获得幸运、庆幸、荣幸的老师、朋友还有我的研究生们表示衷心的感谢！感谢我的夫人郑红英女士及我的家人，他们的无私付出使我能够执着于研究，自甘于清苦。

"怀胎十月，一朝分娩。"在这本书即将付梓之际，我不会追忆写作过程的艰辛，我更多地希望朝鲜族体育的研究是一个新的开始。囿于水平的局限，整个书稿之中一定存在疏漏和缺憾。渴望得到更多的指正与批评。

最后，祝愿中国朝鲜族体育拥有一个灿烂的未来！

2018 年 9 月 26 日于延边大学

策　　划：杨松岩

责任编辑：徐　源

图书在版编目（CIP）数据

中国特色朝鲜族民俗体育文化及其多元化发展研究／金青云 著.—北京：
　人民出版社，2019.9

ISBN 978 - 7 - 01 - 021126 - 8

I.①中… II.①金… III.①朝鲜族－民族形式体育－体育文化－研究－中国
　IV.① G852.9

中国版本图书馆 CIP 数据核字（2019）第 158210 号

中国特色朝鲜族民俗体育文化及其多元化发展研究

ZHONGGUO TESE CHAOXIANZU MINSU TIYU WENHUA JIQI DUOYUANHUA FAZHAN YANJIU

金青云　著

人民出版社 出版发行

（100706　北京市东城区隆福寺街 99 号）

万昌印刷石家庄有限公司印刷　新华书店经销

2019 年 9 月第 1 版　2019 年 9 月北京第 1 次印刷
开本：710 毫米 ×1000 毫米 1/16　印张：18.75
字数：271 千字

ISBN 978 - 7 - 01 - 021126 - 8　定价：59.00 元

邮购地址 100706　北京市东城区隆福寺街 99 号
人民东方图书销售中心　电话（010）65250042　65289539